黄培杰　著

育儿有方

校长家庭教育说

知识产权出版社

全国百佳图书出版单位

——北京——

图书在版编目（CIP）数据

育儿有方：校长家庭教育说 / 黄培杰著 . — 北京：知识产权出版社，2023.8
ISBN 978-7-5130-8845-9

Ⅰ . ①育… Ⅱ . ①黄… Ⅲ . ①家庭教育 Ⅳ . ① G78

中国国家版本馆 CIP 数据核字（2023）第 140528 号

内容提要

家庭教育与学校教育相辅相成，是孩子树立正确价值观的重要环节。《家庭教育促进法》出台后，黄培杰校长深入研究相关法律内容，结合多年一线教育经验，从家庭成员情绪管理、学习计划安排、良性亲子关系的构建、父母角色认同等角度全面探讨家庭教育的重要性，同时，从方法论角度告诉家长应该如何做好家庭教育。本书的内容既有家庭教育中可能存在问题的分析，又有家庭教育中实操性较强的方法介绍，实用价值较大。

责任编辑：李 婧　　　　　　　责任印制：刘译文

育儿有方——校长家庭教育说
YUER YOUFANG——XIAOZHANG JIATING JIAOYUSHUO

黄培杰　著

出版发行：知识产权出版社 有限责任公司		网　　址：http://www.ipph.cn	
		http://www.laichushu.com	
电　　话：010-82004826			
社　　址：北京市海淀区气象路50号院		邮　　编：100081	
责编电话：010-82000860转8594		责编邮箱：laichushu@cnipr.com	
发行电话：010-82000860转8101		发行传真：010-82000893	
印　　刷：天津嘉恒印务有限公司		经　　销：新华书店、各大网上书店及相关专业书店	
开　　本：720mm×1000mm　1/16		印　　张：18	
版　　次：2023年8月第1版		印　　次：2023年8月第1次印刷	
字　　数：290千字		定　　价：68.00元	

ISBN 978-7-5130-8845-9

序 一

参天之木，必有其根；怀山之水，必有其源。家庭教育是孩子得以健康成长的"根"与"源"。古人崇尚"修身、齐家、治国、平天下"，强调家庭与社会的和谐，家庭教育与学校教育、社会教育共同构成完善的教育体系。党的十八大以来，习近平总书记在不同场合，多次谈到家庭教育的重要性，强调家风建设的意义，提倡要大力弘扬中华好家风。

家庭教育是教育的起点，也是教育的基础。家长作为孩子的第一任老师，其素质直接影响到孩子的成长。做好儿童教育必须从家长的改变开始。黄培杰校长的著作《育儿有方——校长家庭教育说》，集多年的一线教育经验，用通俗易懂的语言阐述了家长日常的育儿困惑，又从实践层面提供了不少切实可行的方法和策略，具有很强的可读性、针对性和可操作性。既为新时代的家庭教育助力赋能，又符合新时代家庭教育的要求。例如，青春期学生如何调节情绪；父母在家庭教育中如何找准各自角色，父母教育如何保持一致性；父母如何与孩子有效沟通，如何注重家庭生活的仪式感；如何正确看待孩子的"早恋"问题；如何培养孩子学习的专注力；如何培养孩子的自信心；等等。每一篇都体现了不同的教育意义，暖心的语言充分彰显了温暖讲堂和暖心家教的魅力。

不得不说，黄培杰校长在繁忙的教育教学管理中还能做到笔耕不辍，这与他拥有浓厚的教育情怀密不可分。同时，敏锐的洞察力、较强的前瞻意识和创新意识也是成就他成为执行能力较强的好校长的重要因素。

希望他的第二本著作《育儿有方——校长家庭教育说》能够走进更多的家庭，

让更多家长受益。尤其在《中华人民共和国家庭教育促进法》实施之后，能够唤醒广大家长主动承担育人的主体责任，引发家长的育人思考，点燃家庭教育的学习兴趣，以此掌握儿童的成长规律，了解儿童成长的秘密，最终为青少年儿童的健康成长保驾护航。

　　是为序！

中共广东省委宣传部原副部长

现为广东省志愿者联合会会长

顾作义

序 二

　　家庭是社会的基本细胞，正所谓"国之本在家"。习近平总书记强调：不论时代发生多大变化，不论生活格局发生多大变化，我们都要重视家庭建设、注重家庭、注重家教、注重家风，紧密结合培育和弘扬社会主义核心价值观，发扬光大中华民族传统家庭美德，促进家庭和睦，促进亲人相亲相爱，促进下一代健康成长，促进老年人老有所养，使千千万万个家庭成为国家发展、民族进步、社会和谐的重要基点。由此可见家庭教育的重要性。家庭教育是人生的第一课堂，父母是孩子的首任老师。在孩子入校后，父母配合学校使孩子在德、智、体、美、劳等方面得到全面发展，营造和谐的家校共育环境，这有利于孩子快乐健康成长。

　　现代家庭教育理论告诉我们，浮躁和功利是不可取的。现实的家庭教育也让家长面临压力与困惑。如何从现实的焦虑和功利走向从容与快乐？如何走出家庭教育的误区与旋涡？《校长爸爸说家教》栏目自 2020 年 10 月 10 日开通以来，以音频形式与家长隔空相会，在家庭和学校两个不同的教育场所，形成家校共育互动，寄语家校融合教育，迄今已播出 104 期。

　　黄培杰校长是位"爸爸型"和"老朋友型"的校长。面对不同年龄段的学生，他扮演着不同的角色。在学生面前，他是亲切的校长爸爸，他是他们的老朋友。据我所知，黄培杰校长在学校大名鼎鼎，学生无人不知、无人不晓。作为新办学校的首任党支部书记、校长，亦如崭新的校园，都是一个全新的状态。他用心用情用功做教育，以校为家，以学生为中心，彰显了一位教育工作者的情怀。针对家庭教育中存在的困惑与纠结，既是父亲又是校长的黄培杰，每隔三天，在宁静的夜晚，以"双重角色"的身份通过学校公众号以音频的形式，结合自己的成长经历、教育案

例、教育故事及家庭教育理论，开启"校长爸爸说家教"系列之谈。

"校长爸爸说家教"围绕"家庭、家教、家风"，以亲切的口吻娓娓道来，循循善诱，直抵人心。"校长爸爸说家教"系列之谈，亮点纷呈，囿于篇幅，择其三篇。针对"双减"实施，作业变少，课后太"闲"怎么办？他在"'双减'政策的实施，家长可以这样做"中建议，家长无须为孩子准备更多的学科作业，可在孩子的课后时间多提生活小问题，如：为什么人民币只有这几个币值？在日常消费中，如何进行纸币的配额？让孩子探索，培养学习兴趣。在"再谈'双减'背景下，家长的'减'与'增'"中提出，"双减"不减父母的责任担当。父母不能再唯分数论，要想办法提高孩子的综合素质和应变能力，要真正培养孩子的独立人格、自由思想、生活能力和创新意识等。针对"双减"政策和《家庭教育促进法》实施后第一个寒假，如何让孩子度过健康积极、充实快乐的假期，在"寒假，家长应该怎样'关注'孩子呢？"中，结合教育部门的建议，提出做好三个关注：第一，关注自主发展，合理制订寒假计划；第二，关注亲子陪伴，多与孩子沟通交流；第三，关注身心健康，把孩子全面发展放在首位。"三个关注"紧扣"双减"和《家庭教育促进法》，赋予家庭教育温度，使其变得暖心。

为了孩子的明天，我们一起携手。黄培杰校长以父亲和校长的角色通过音频谈家庭教育，在家长和学校之间架起一座沟通的桥梁，达到家校联手、共育英才的目的，是家庭教育的一种创新。从家庭教育入手，引导家长正确教育孩子，走出家庭教育的误区，走进孩子的内心世界，做最好的自己，发挥榜样的力量。在家校共育方面提供了指导方法，共同配合学校完成对孩子成长阶段的教育和关怀。正如"校长爸爸说家教"开篇所言："这是我的期待与祝福，愿我这真诚的付出、朴素的言语能给你带来帮助、带来新的家庭教育思考，从而促进孩子健康快乐成长，促进家教共育，增强家校合作。"15个月的坚持和守望，104次的隔空之谈，其言之有物、言之有情、言之有理，让家长们受益匪浅。

黄培杰校长秉持"办温暖人心的教育，让学校有故事可讲"的办学理念，笔耕不辍，一篇篇"校长爸爸说家教"，给学生家庭送去温暖、信心和关爱，让越来越多的学生因自己的努力而进步，使家庭教育如虎添翼。继《暖言润心——校长寄语陪你成长》出版，《育儿有方——校长家庭教育说》即将结集出版。我应邀到他办公室接受为该书作序的任务。看到办公桌上摆了一套《颜氏家训》，得悉他正在研读，期盼他的《品读颜氏家训——校长家风教育谈》一书也能够早日面世。

是为序。

广东省作家协会会员

广东社会科学普及协会常务理事、副秘书长

广东省优秀社会科学普及专家

中共广东省委党校副教授

吴松山

自 序

"敬教劝学，建国之大本；兴贤育才，为政之先务"，习近平总书记引用明代学者朱之瑜这十八个字强调教育的重要性，强调教育是民族振兴、社会进步的重要基石，功在当代，利在千秋。众所周知，教育离不开家庭教育，而家庭教育中家长需要帮助，需要有学习渠道。

教育从家庭开始，教育改变从家长的改变开始。

《育儿有方——校长家庭教育说》初稿形成于 2022 年，也正是在《家庭教育促进法》实施之年。希望与各位读者、家长，有眼光有智慧的你早日见面。每一讲都通过书面和音频的形式与各位相遇；希望在这宁静而温馨的时空、轻松和谐的环境里，与大家一起交流、探讨家庭教育；希望通过这种形式我们一起探讨、解决家庭教育中存在的一些困惑与纠结；希望这一百多讲的内容能给大家带来一丁点儿的启迪，为推进落实《家庭教育促进法》做出微薄的贡献。

孟子说："天下之本在国，国之本在家，家之本在身。"家里谁在掌管着孩子的健康快乐成长和心智发展呢？是母亲。家里谁在无私保护母亲，养育孩子的心智，培养孩子有胸怀有远见呢？是父亲。谁能让家庭宁静，家庭和谐呢？是有个乖巧、听话、健康快乐的孩子。可见家庭教育尤其重要，经营一个家庭，创建一个温馨有温度的家园多么可贵。从这儿也可以看到家庭每一个成员都很重要，家庭成员之间要互相支持、包容，共同学习、成长。在家庭教育中，夫妻要一致，不互相拆台。在家庭教育中，母亲要以"情"求和，父亲要以"理"求和。这样既有温度，有亲情，有包容接纳，又不缺乏原则和规矩，从而有利于营造融洽的家庭氛围，促进家校共育，建设和谐的教育环境，让孩子健康快乐地学习与生活，达到手牵手同成长的目的。

这么多年来，我真正体会到了做家长的无奈、焦虑、困惑，我把自己的一些感触、经验分享给我的学生和家长，希望各位家长朋友能调整好自己的心态、情绪。如今现实的家庭教育是浮躁和功利的，家长也面临着很大的压力与困惑。我们要走出家庭教育的误区与旋涡，在宁静中追求教育的真善美，表达生命的可贵，从现实的焦虑和功利走向永久的从容与快乐，从教育的担忧走向教育过程的幸福与美好。这是我的期待与祝福。愿我的真诚付出，以及朴素的言语能给家长朋友带来帮助、带来新时代的家庭教育思考，从而促进孩子健康快乐成长，促进家校共育，增强家校合作，当然更期待"家校社"共同探讨协同育人的新举措，可喜之处就是如今国家有了《家庭教育促进法》的保障，让我们共同期待家庭教育有更美好的明天。

古人崇尚"修身、齐家、治国、平天下"。中国传统也是以家庭为本位，强调家庭与社会的联系与和谐共生。"天下之本在国，国之本在家，家之本在身"，自古以来，中华民族传统很重视"修身""治家"，这也就是家风。"家风正，子孙兴"，"家风正则天下明"，"家风正，民风淳，政风清"，可见良好的家风是人生幸福、家庭兴旺、国家兴盛的关键。家是最小国，国是千万家，家风是一个家庭的精神内核。习近平总书记也在不同场合多次谈到家庭教育和加强家风建设的重要性。可见，家庭教育要致力于加强家风的营造与发扬，助力家庭教育的新征程、新气象，实现新作为，有新突破。

本书是我的教育成长经历过程的一些成功经验和失败教训，有教育案例、有家庭教育故事。由于水平有限，希望各位家长朋友不吝赐教。希望各位家长朋友、读者朋友能够实践本书中所提到的做法及策略，学之所学，学之所用，并因此而成功获得你期待的生活。

读者朋友们，家庭教育是基础，家庭教育对孩子的成长影响很大，只有家庭教育与学校教育相得益彰才会让孩子情商、智商获得双增长。让我们一起努力营造和谐的家校共育环境，做教育的智者和仁者，共同促孩子健康快乐成长。

家庭教育永远在路上，我们已经踏上了新征途。

黄培杰

2022 年 5 月于广州

目录

第一篇

教子有道　亲子关系更和睦

第二篇

育儿有方　孩子成长更美好

第三篇

家训有度　合家携手同进步

第四篇

家风有章　家庭发展有目标

第五篇

家教有法　父母应对有准备

教子有道
亲子关系更和睦

　　为人父母，总是希望孩子成为优秀、有用的人，但现实却往往事与愿违，父母说东，孩子往西，亲子矛盾、关系紧张便由此产生。亲子关系如同一颗定时炸弹，让人担忧焦虑。面对这样的困难、困惑，家长自身是否能够做出改变？

　　孩子如同种子，每一粒种子都蕴藏着巨大的可能性。和睦的亲子关系，有助于种子发挥潜能，长成参天大树。智慧的父母，在浇灌种子生长发芽的过程中，能够站在孩子的角度看问题，掌握其中之"道"，真正走进孩子内心，把种子的可能性变成现实性，让树拥有树的挺拔，让花散发芬芳。本篇内容将从实际问题出发，在构建和睦亲子关系之时，探寻孩子成长的正确之"道"。

第一讲
家长如何看待对孩子的"爱"

请问你爱自己的孩子吗？我相信回答百分之百是肯定的。那么怎样爱自己的孩子呢？怎样才算是真的爱呢？你给自己打几分呢？这么多年以来，在与家长们交谈中都有一个共同的话题：很爱孩子，但孩子就是不理解、不接纳。家长们也纷纷表示他们并不是"溺爱"孩子。究竟是不是"溺爱"呢？关键是要看孩子能否接纳，看看是否适合孩子的成长。

俗话说：天下父母心。我想没有一个父母不爱自己的孩子，因为爱自己孩子是一种天性，当然教育孩子也是家长的职责。但我们也必须面对一个事实，就是大多数情况下，父母越爱孩子，孩子越是不接受，甚至对立。这让我们真的要好好思考一下"爱的方式""爱之度""爱的时空"。

"爱"是建立在尊重的基础上的。"爱"不能失去尊严和原则。"爱"要让孩子感到是真的，感到舒服而不是感到"紧张而有压力"，所以爱需要真情实感。有原则性、孩子自然接受的爱就是真正的爱，而不是溺爱。

爱不是只有物质的满足，爱更是精神上的满足。有些家长只要孩子取得一定的成绩就信口开河地答应孩子所有的要求，其实这是不太合适的。要重视孩子的成长规律，进行精神鼓励和恰当目标的制定。有条件的爱不是真爱。

其实，每一个孩子心中都有一个重要的大人，只要尊重孩子，让他有尊严，你的教育自然有用，你的爱他自然能感受到，这样的教育自然就成功了一半。用心养心，用心润爱，这样的父母之爱才是孩子健康成长的助推力。

"爱"是家庭教育的起点。在父母对孩子的爱中，经常会谈到母爱。母爱在家庭教育中起到关键作用，爱的启蒙者就是母亲，所以母亲更要对爱有原则。母亲要通过学习让自己能"静"下来，调节好情绪。在这种爱的状态下，自然会让孩子感到被爱得舒服，这种爱会转化为孩子的内在素养，母爱就是通过静的状态激发和孕育孩子的爱心。父爱是通过理性去分析与理解，通过理解去"育"与"导"，父亲通过这种方式培养孩子的规矩意识与责任感。夫妻双方通过"刚与柔"相融合的方式给予孩子的爱能浸润孩子的心灵。

怎样爱自己的孩子呢？我相信已经有答案了。你爱孩子吗？爱孩子的真谛是"关心＋了解＋尊重＋自由"。关心：真正的爱是付出和给予。了解：不了解孩子的爱是盲目的爱。要了解孩子的需要，尽可能满足孩子的合理需求。尊重：如果没有尊重，爱很容易变成占有或控制。自由：给孩子一定的自由，让孩子有自我选择的权利，让孩子自己成长。这才是真正的爱。

各位家长朋友们，千万不能以"爱的名义"绑架孩子，影响孩子的自由成长。让我们重新审视对孩子的"爱"，让我们付出的"爱"能陪伴孩子健康快乐成长，要能珍惜生命，成为懂感恩、有责任的新时代接班人。

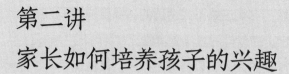

第二讲
家长如何培养孩子的兴趣

叶圣陶先生说："教育就是培养习惯，衡量教育是不是成功就是看有没有形成良好的习惯。"积极的生活态度、良好的学习习惯很关键，要从小培养。孩子的教育从家庭教育开始，家庭教育是家长在有形的言传身教和无形的家庭氛围中形成的，良好的家风对孩子成长将产生深远影响。在家庭教育中，家长要重视孩子兴趣的培养，包括爱好特长和生活兴趣，学习兴趣。当然我这里要说的是兴趣爱好的培养不要带有功利性，更多的是对生活习惯、生活兴趣有意无意的培养。

兴趣是需要自觉的、乐意做的、开心接纳的事情，有兴趣才能有学习动力。有了学习兴趣，才能产生积极的学习情趣与乐趣，学生的学习才会主动、积极。怎样培养孩子的兴趣爱好呢？

我想大家要明白一点：家长要求严格苛刻，对孩子不接纳、不肯定、不信任的态度是无法培养兴趣的，尤其面对年幼的孩子。例如，家长让孩子做饭，我们一开始要给予孩子指导，饭菜做好以后，如果家长一味地嫌弃，孩子下次还会主动去做吗？甚至以后也嫌弃父母做的饭菜不好吃。相反，一开始无论结果如何，我们都要给予肯定，给予称赞。孩子得到肯定了，就会增强自信心。然后在恰当的时机提出恰当的建议，希望下次做饭菜的时候可以尝试一些改进的办法，让他存有好奇心，跃跃欲试，下次就会主动去做饭。久而久之，孩子自然喜欢上做饭，同时也会体会到父母每天都要做一日三餐的辛苦与不易，甚至有想做美食、品尝美食的兴趣，进而形成承担家务劳动的习惯，享受生活带来的乐趣。所以我们在培养孩子的兴趣时首先要让孩子尝到甜头，给予肯定，不吝惜点赞。同时，家长在讲话时应该注意语气、语调，应使用宽容的、信任的、有温度的言语，如"我很高兴看到你做饭的样子""今天这道菜做起来还是比较难的，你能做到这样已经很不错了，但我相信你下次再做这道菜的时候肯定会做得更好，我相信你""今天你的表现很棒"等。如果我们这样说，孩子必定会增强自信且存有好奇心，肯定会问你有没有需要改进的地方，一定会向你寻求指导。

欲速则不达，培养兴趣要注重过程且要有恒心；要多鼓励，不要与别人盲目攀比；发挥榜样的力量，言传身教；注重孩子的参与感和体验感，让孩子在体验过程中得到进步，从而养成习惯，产生兴趣。我们就以登泰山为例，如果我们一心只想登上山顶，而忽略了登山的沿途风景，我们的身心是劳累的、焦虑的；万般艰辛登上泰山之后，早已没有了"会当凌绝顶，一览众山小"的雅致心境，会因提早将所有的希望都寄托在山顶的旖旎风光中而不得大失所望。很多时候我们能坚持做一件事，是因为在这个过程中我们获得了快乐，如果没有了中途的快乐支撑，哪来的冲刺奋力一击？这就是我说的培养兴趣要注重过程，注重过程的兴趣其结果必然是令人满意的。

培养孩子的兴趣要注重在细节中渗透，懂得合理安排，分清轻重缓急、循序渐进，不能急于求成，同时要注重营造宽松和谐的家庭氛围。培养孩子的兴趣还要注重家长的陪伴，陪伴是最好的成长，在陪伴中了解孩子的需要，尝试了解孩子的内心，并且帮助孩子一起探索什么是对孩子真正重要的东西，引导孩子勤动手、善思考。

最后让我们记住：兴趣才是最好的老师！

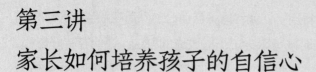

第三讲
家长如何培养孩子的自信心

各位家长朋友们，今天我想和大家聊聊关于"自信"的话题。

何为自信呢？

广义地讲，自信本身是一种积极性，自信是在自我评价上的积极态度。狭义地讲，自信是与积极密切相关的事情。没有自信的积极，是软弱的、不彻底的、低能的、低效的积极。自信是每个人成功快乐的第一秘诀。作为家长、作为老师，特别希望自己的孩子、学生都可以成功。

管理学的"二八定律"：促使一个人进步，应该给他20%的压力和80%的动力，动力来自肯定和奖励。培养孩子自信心的最重要途径是肯定他、鼓励他、相信他、信任他，适当为他点赞。

一、鼓励孩子多接纳自己，多肯定自己

接纳自己就不要否定自己，否定自己的人会感到非常大的无力感。

比如，学校进行了知识检测，成绩出来后，孩子和同伴相比，对自己不满意。

作为家长和老师，要肯定孩子的努力，和孩子一起分析在知识检测中做得好的地方，总结经验，查漏补缺。每次进步一点点，都值得点赞，进步就是优秀！

二、提醒自己，多肯定孩子

平等的态度、轻松的微笑，平静、平稳的声调，让孩子感受到家长、老师给予的肯定。在孩子做的任何一件事中找到值得肯定的地方：肯定他的动机或者肯定他的情绪。比如，孩子做家务时，不小心打碎了碗，不要生气、更不要责骂孩子。应该先关心孩子，把孩子带到安全的地方，检查孩子有没有受伤，肯定孩子积极做家务的行为，再教给孩子洗碗的方法，多练习几次，相信孩子会越做越好。

三、用简单的语言重复给予孩子鼓励

在孩子认真做好一件事时，可以用简洁的语言来肯定：做得不错！做得很好！做得很用心！就是这样不断重复鼓励！其实，目的就是希望下次孩子能做得更好。

增强孩子自信心的途径其实还有很多：第一，教师、家长多创设机会，让自己的孩子在学校多参加朗读比赛、演讲比赛等，鼓励参加各种社团等；第二，家长带孩子参加其他家庭的聚会，促进沟通、交流，增大胆量，增长见识，增强自信心。

四、父母学会向孩子请教学习

如何培养孩子的自信心？作为家长要注意，切勿总是高高在上，自认为孩子处处不如你，摆出一副审视、怀疑的姿态。家长也千万不要总在孩子面前说你跟他这么大的时候多么优秀，总是说教，居高临下。其实，这样无形中给孩子造成伤害。说教是冰冷的，孩子是无法接受的。智慧的家长是肯定孩子。家长不懂的可以虚心向孩子请教。有时，家长甚至可以故意装作不懂，听听孩子的见解。如果家庭教育坚持这样的沟通方式，教育的效果一定很好，家庭氛围也一定是和谐、宽松的。家长向孩子学习、请教也是家庭教育中很好的一种方式，也是培养孩子自信心很好的方法。尊重孩子，承认孩子的优点，激励孩子继续努力学习，不断进步。

各位家长朋友，何为成功？一个人成功必备的条件是什么？我一直希望我的学生能做到"三管四品质""三趣六目标"，通过"三管"养"四品质"。所谓"三管

四品质"，是指在暖心教育体系下，学生能够养成"管住嘴、管住手、管住腿"的自律能力，同时具备"自信阳光，诚实守信，刻苦努力，学会尊重"这四个重要品质。在具体实施上，我们能够通过创设平台，以活动为载体，通过活动、劳动给予学生生活体验，从而达到育人的目的，进而培养他们的"四品质"，以使学生"生活有乐趣，学习有兴趣、人生有志趣"，从而拥有幸福一辈子的能力，我想这就是一个成功人士，这也是我通过点点滴滴、细微之处去培养学生的自信心的目的。在家庭教育中，我们可以营造氛围，让孩子有获得感，尝到成功的甜头，久而久之，孩子自然会比其他人自信多了。

每个孩子都是一座金矿，希望在我们的共同努力下，孩子都能扬起自信的风帆，驶向远方！

第四讲
如何让孩子尊重父母

"弟子入则孝，出则悌！""父母在，不远游，游必有方！""父在观其志，父没观其行；三年无改于父之道，可谓孝矣。"孝敬父母、尊老爱幼是中华民族的传统美德，也是我们倡导的家风。教育孩子有礼貌、知感恩、懂尊重、会孝顺是我们家长的责任。

孝敬父母要从尊重父母开始，尊重父母要从孩子的礼貌教育开始。如何让孩子尊重父母呢？尊重的前提必须是平等的，只有建立平等关系，尊重才是真正的尊重。父母要孩子尊重自己，对下必须尊重孩子，对上则孝顺父母，切勿以居高临下态度谈"尊重与孝顺"。一个尊重父母的孩子背后必然有一个幸福的家庭。我从平时和孩子们的聊天中可以了解到，对于孩子来说，幸福的家庭无非就是父母恩爱，父母能充分尊重自己的意愿，并关心和欣赏自己。孩子的礼貌意识、文明行为是要培养的，而且要多学，内化于行。我们可以从以下几点去尝试。

一、营造良好的家庭氛围和亲子关系

倡导良好的家风、营造良好的家庭环境很重要。家是每一个人的港湾，可以给我们无条件的爱和温暖。要营造良好的家庭氛围。首先，家庭和睦，夫妻关系融洽，凡事有商有量，有事好好说，对孩子要采取态度一致的温情教育。父母每天预留亲子时间，多和孩子聊聊当天发生的事情，帮孩子分析分析，给予指导。也可以抱抱孩子，通过肢体接触建立亲密的亲子关系，让孩子感受到父母的爱、家的温暖。

其次，在一些特定的日子里，父母要和孩子一起庆祝，增加生活的仪式感。比如，家人的生日、传统节日等，我们可以与孩子一起布置屋子、做活动，一起去看电影、玩游戏、亲子阅读等，这些都可以让我们建立良好的亲子关系，让孩子在温馨、幸福的家庭氛围中成长。当然，我们还可以和孩子一起做家务，让孩子体会到父母每日操持家务的辛劳，从而懂得感恩和尊重他人的劳动成果，同时也让孩子明白作为家庭成员做家务也是他的"责任"。良好的家庭关系和融洽的氛围，必然会得到彼此的尊重。

二、用实际行动教育孩子懂得尊重他人

很多家长都向老师反馈，打也打了，骂也骂了，可孩子就是不听，很叛逆，没法管了，怎么办？我们要知道，时代已经变了，为人父母，教育观念也要转变。父母越是说教，越是打压，孩子就越不会听。其实，教育无他，唯爱与榜样。和孩子沟通，了解孩子的意愿，尊重他，选择适当的时机进行教育，孩子就会接受，从而学会尊重父母。

父母是孩子的第一任老师，孩子最喜欢或者无意识模仿的往往是父母。所以，在孩子小的时候，父母就要做好榜样，尊重孩子和自己的父母，以及家里每一个人。身体力行，用自己的行动向孩子示范。孩子在父母的熏陶下，明白哪些是尊重他人的具体行为并模仿父母的行动，而不是父母每天重复无趣的说教。

当然，除了在家里，在外面我们也要尊重孩子，给足孩子面子。我们在外面往往会夸别人的孩子如何的好，而挑自己孩子的毛病。其实这对孩子来说是很不公平的，很没面子的。别的孩子的好，我们可以回家后和孩子分析学习情况，这样才能

赢得孩子的尊重与认同，而不是在公共场合给孩子"难堪"。只有孩子感受到了父母对他的尊重，他才会尊重父母。

三、有礼貌地纠正孩子的错误，养成好脾气

孩子脾气不好的，往往父母脾气也不好。如果孩子有时对父母有不敬行为，如和父母顶嘴、对父母的要求置之不理、生气时摔门而去等，父母首先要反思自己平时有没有这种行为。千万不能发脾气，打骂孩子。要等到孩子的心情平复之后，再心平气和地和孩子谈心，分析事情的前因后果。这样做，才能让孩子重新去审视自己的所作所为，从而找到正确的处理方法。

当然，就像在学校和班主任一起制定班规一样，我们也可以和孩子一起商量制定家规，家庭所有成员都要遵守和执行。尤其家长务必要以身作则，让孩子明白可以通过达到目标来获得奖励；如果违反了，也会受到相应的惩罚。这样既可以培养孩子的自律性，又可让家庭成员之间形成相互尊重的习惯。

总之，孩子是独立的个体，需要被接纳、被关注、被尊重。我们不能忽视孩子的需求，一味地要求孩子符合我们的期待。家长们，请接纳孩子的不完美吧，控制好自己的情绪，尊重孩子，走进孩子的内心世界，和孩子共同成长。孩子感受到父母的用心良苦，才能尊重我们。

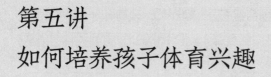

第五讲
如何培养孩子体育兴趣

各位家长朋友，清华人说：无体育，不清华；也有人说：无体育，没教育。可见体育对每个人的一生多么重要。请问您重视了吗？您重视对孩子的体育兴趣的培养了吗？

柏拉图说：为了让人类有成功的生活，神提供了两种管道——教育与运动。事实证明，这两种管道是相辅相成、缺一不可的。体育运动对一个人一生很重要！体育可以让我们健康，而健康是人生最宝贵的财富；体育可以让我们有积极的心态；体育可以让我们具备迈向成功的重要品质——坚强；体育可以让我们更加乐观、阳光。

现代奥林匹克之父顾拜旦提倡的体育不是一般的体育，而是强调体育必须与文化和教育相结合，只有这样才能使人们在体育运动中得到的不仅是发达的肌肉、匀称的肢体、机敏的头脑，还有健康的心理素质和良好的社会公德心。体育是一种行动的教育。在体育运动中，常常要求克服困难，勇敢奋斗，有利于培养勇敢、坚毅、果断、机智等意志。体育训练能培养非智力因素，激发学生的学习兴趣；可以提高大脑皮层的兴奋和抑制的协调作用，促进学生的思维发展。

有研究表明：多运动不但可以少生病，还可以节省因忧郁症、失智症等慢性疾病所造成的社会成本。有好的体魄才能把所学的知识、技能长久地应用出来。多运动能加强团队合作的默契度及提高社会交往能力；多运动可以养成健康的生活习惯；多运动在塑造人的外形和气质上起到了核心作用；多运动可以帮助我们建立成熟、积极的心态；多运动可以让我们发现自己的长处，不断追求卓越。体育运动使人快乐，体育运动丰富人生，体育运动塑造人格，体育运动可以增进亲子感情，促进家庭和谐。

体育运动如此重要，家长在家庭教育中应该重视培养孩子体育运动方面的兴趣，我们家长可以用不同方式尝试培养孩子的体育运动兴趣和爱好。

一、提高孩子体育运动的兴趣

好动是孩子的天性，家长应保护孩子的这种积极的天性，培养体育兴趣。给孩子讲名人锻炼的逸闻，讲体育明星的成长历程，与孩子一起观看体育比赛，与孩子一起跑步、打球、做操等，这些都是促进孩子产生体育兴趣的有效途径。在指导年幼的孩子锻炼身体时，还可以把体育锻炼同游戏结合起来，如教孩子一边唱儿歌，一边跳橡皮筋；郊游时，和孩子比赛，看谁最先到达目的地等。这种锻炼方式会使孩子满心喜悦，充满激情，整个身心都得到放松。

二、帮助孩子了解体育运动知识

体育锻炼强调通过具体活动增强体能，但仅把体育运动作为一种体力活动是不行的，应该学习有关的知识和技能，增强孩子锻炼的积极性并提升锻炼效果。比如，田径类运动靠力量和速度，球类运动对灵敏性和弹跳力要求较高，还可以教孩子一些常见运动项目的技术，指导孩子正确练习，如跑步运动中的起跑、加速跑、途中跑、变速跑、冲刺，打篮球的传接球、带球突破、投篮、防守等。

三、督促孩子坚持锻炼

孩子的自觉性和毅力不强，若没有家长督促鼓励，就可能出现"三天打鱼，两

天晒网"的情况，不利于保持体育锻炼的效果。对此，家长可以帮孩子制订锻炼计划，明确锻炼的目标、内容、时间和次数，做好运动记录表或运动成长记录袋。

四、指导孩子科学锻炼

运动会引起身体机能的深刻变化，过少的运动量对身体机能无刺激作用，超负荷运动又会对身体造成损害。家长既要警惕超负荷运动，伤害孩子身体或使孩子失去锻炼的信心，又要提供合适的运动负荷，帮助孩子对自己运动负荷能力建立信心。

五、父母要以身作则

其实，孩子不喜欢运动，很大一部分原因来自家长不喜欢运动。对电子产品的无节制使用，让更多的大人也在偷懒，手机变成重要的生活工具，无论是吃饭还是睡觉，都喜欢抱着手机。孩子看在眼里，久而久之就开始模仿了，慢慢地形成了与大人一样的习惯。作为家长，要以身作则，身教重于言教，为孩子树立一个好的榜样。孩子的可塑性强，只要有一个好的引导，就可以做得很好！家长不妨放下手机，每天用玩手机的时间，给孩子阅读一小段文章，或者带孩子出门散散步，主动积极参加户外运动，减少孩子对手机的依赖性！

运动就是一味良药，可以解决烦恼，拥抱生活。所以我们在家庭教育中不可忽视培养孩子的体育运动爱好与兴趣。请做好运动规划及进行体育运动打卡！

第六讲
家长什么样的语言才是最美的

  有很多家长都觉得，随着孩子年龄的不断增大，自己说的话孩子根本就不爱听、拒绝听，甚至和自己对着干，产生障碍、隔阂，从而就下结论说孩子变坏了，自己也陷入焦虑。其实，这种想法、说法都是错的。教育是动态的，孩子已经长大，用小时候教育的方式和口气，用昨天的标准来衡量，肯定是错误的且会影响孩子的进步与成长，无形中也压制了孩子明天的发展。我们不如反思一下我们的教育方式、说教方式、讲话方式。在家庭教育中，家长的语言是很重要的，怎样的语言合适、有度呢？怎样的语言才是最美的呢？答案是一半的理性加一半的感性，即：有讲理但会控制，有教育但不乏温度，让人容易接受、接纳，让人听起来舒服，这样的讲话就有分量了。

  我们爱孩子是要有度的，爱中有分寸。讲道理、说教不要干巴巴的，要有艺术，要有感情，要讲原则，严中有爱。在说教、给孩子讲道理的时候，我们要有点感情温度，适当的情绪，进入教育的状态，这样的交流及教育方式就会有效果，有教育的味道。各位家长，我们千万要记住，不是我们声音大就可以解决问题的。往

往浮躁的人能量是不大的。所以，要让孩子对我们产生敬畏，我们有时就要不动声色，不要轻易就急躁，要学会静，耐心等待。老子曰：重为轻根，静为躁君。意思就是说根的分量要远远大于枝叶的分量，这也就告诉我们对孩子心智的关注要远远大于对孩子行为表现的关注，要学会关注其情绪、内心世界。静会主宰动，静会决定动的分寸及分量，所以，教育要学会静，培养孩子也要学会静。静能制动，静能生慧，也许就是这个道理。轻则失本，躁则失君，在语言方面就要学会这个度，把握好这个度，掌握好这门艺术。

其实，我们自己也清楚，反复地强调、反复地讲"学习"这两个字，整天督促孩子做作业、辅导孩子做作业——有些家长还觉得自己学历低，水平有限，辅导不了孩子了，有点自责——家长如果这样做都会真的很辛苦。我们应该清楚，不是我们整天强调学习，做作业，孩子成绩就能优秀的。辅导孩子学习我认为不是父母的责任，哪怕有水平辅导，我认为还是不要主动去辅导，因为学习是孩子自己的事情；相反，要培养孩子碰到困难、问题的时候自主寻求解决办法。我们知道，家长说的、讲的都是有道理的，但为什么孩子就是偏偏不听呢？那是我们不注重时间、对象，不注重时机、抓错时机，简单讲就是我们没有"应时而动"。比如，孩子不饿，你做再多再好的菜，他都不喜欢，不会觉得好吃，甚至还觉得你烦、啰嗦。相反，当他肚子饿得咕咕叫，跟你要吃的时候，你随便给他一个馒头，他都吃得津津有味。就是这个道理，教育要抓到孩子的需要和成长点。家长提到孩子，出口就是"学习""成绩"这四个字，满脑子也只有这四个字。孩子成绩不理想，首先想到的就是孩子不努力、不认真、不争气，于是坐在孩子旁边，监督做作业。其实这是对孩子的不信任，处理不当就是捣乱，扰乱孩子学习的秩序，治标不治本，将来孩子就会对你反感。我们要帮孩子收起会让他们学习分心的东西，给他们一个清净、安静、专心、不被打扰的学习环境，帮助他们提高学习效率。

最美的语言就是有感性也有理性，需要家长有智慧，有好的心态与良好的情绪，也需要家长不断学习，不断进步。在家庭教育中，要调节好"静"与"动"的状态及分量，更希望母亲不要过于严苛，要学会自觉把握好"静"的分寸。母亲更要学会平和守"静"。母亲的守"静"就是不要动不动受到外界因素的影响而迁怒于其他人，不管有理还是没理，一定要学会控制情绪，否则会破坏环境、家庭氛围，前功尽弃。若能坚持做到这个姿态，我相信母亲所说的每一句话都是最美的语言，都是最美的表达，这是母爱春风化雨的力量。静是无限的，是无形的，动是有限的。父亲要从外行这个角度去教育引导孩子的成长，就是从"动"的角度去表达，言传身教。父亲要阳刚守"动"，要动出一条真正给孩子生命导向的路，用自己的言行、精神去影响孩子的成长，这就是父亲的教育能够决定孩子的高度，决定孩子能走多远的道理。家庭中要学会守"静"与守"动"平衡，在这份守恒的指引下所有的言行都会是最美的，因为这样的家庭教育有理性，有道理，有感性，有亲情，有温度。

各位家长朋友，家庭教育中，母亲要善于在"情"求和，父亲要在"理"求和，各司其职，把握好分寸，这就是教育的艺术。记住：有时无声胜有声，无声也是最美的语言。在日常的点点滴滴中，时刻用"良言一句三冬暖，恶语伤人六月寒"提醒自己，让最美的语言时刻陪伴着我们，让最美的语言陪伴孩子健康快乐自信地成长。

第七讲
如何让孩子养成主动学习的习惯

　　各位家长朋友，人人都希望有一个主动学习的孩子，自觉学习的孩子。但很多家长都说，自从孩子进入小学后，每天晚上要辅导、监督孩子做作业，家里经常鸡飞狗跳。家长不禁感慨：这日子，啥时候才是个头啊？孩子为什么就不能自己主动点学习呢？其实，归根结底是孩子还没有养成主动学习的习惯。

　　伟大的思想家培根说过："习惯，看不见，摸不着，但它是一种顽强而巨大的力量，它可以主宰人的一生。"要想孩子主动学习，从幼儿起就应该培养他的学习习惯。我们应该让孩子从小就明白学习是自己的事。家长要从辅导作业、监督做作业中解脱出来，从小开始让孩子养成自觉学习的习惯。那么，怎样培养孩子主动学习的习惯呢？

一、营造良好的学习氛围

　　孩子的年龄特征注定了他们注意力难以集中太长时间，要保证孩子的学习，首先要有一个良好的学习空间，排除一切学习干扰。特别要注意，不要在孩子学习期间，你在旁边唠叨、玩手机、看电视，或是和其他家人聊天。孩子学习上犯错，要多一点包容，多一点鼓励，给孩子营造一种良好、温馨的学习环境。我们要相信，好孩子是夸出来的。当然，适当的时候我们可以加以引导，让孩子懂得为自己负责，明白学习是自己的事情，而不应该由家长天天操心。

二、树立榜样，以身作则

我们常说，如果你希望孩子长大成为什么样的人，那最好的方法就是你变成什么样的人，因为榜样的力量是无穷的。孩子学习的时候，家长要以身作则，有效陪伴，有时间就和孩子一起学习，或者看书，为孩子树立榜样。坚持下去，家长自觉学习的榜样一旦在孩子心里树立，孩子自然就会主动去学习模仿。

三、制定学习作息表、严格执行

一个好的习惯，绝对不是一天两天就可以养成的。养成一个好习惯要坚持 21 天，它是一次次重复行为的结果。在幼儿时期，我们就要给孩子制定学习作息表，在固定的时间做特定的事。比如，周日至周五晚上 8 点到 9 点是学业学习时间，9 点到 9 点半是兴趣学习时间。每天家长督促执行，坚持下去，孩子自然就会有相应时间做相应事的意识。

但孩子毕竟是孩子，如果每天都是重复的学习，久而久之也会变得厌倦、懈怠。因此，我们必须制定相应的激励机制。比如，达到要求可以获得一定的小星星，做不到就抵扣小星星，孩子可以用获得的小星星兑换奖励，如看电视、户外活动，或实现一个合理的心愿等。家长要根据孩子的实际情况提出有新意的奖励，这样可以让孩子有动力去主动学习，长此以往，就可以养成良好的学习习惯。

四、设定目标，积极实现

学习是一个漫长的过程，是件苦差事，学海无涯，如果没有目标，很难学有成效。其实，目标比努力、习惯更重要，如果没有目标，孩子很快就会失去信心，没有前进的动力。但是如果和孩子一起商量，把每天的学习设置成比较容易实现的小目标，让孩子通过完成一个个小目标，学习上的获得感能够增加自信心，学习自然

就会有动力。孩子对每一次的学习都感到愉快，再加上家长及时的肯定和鼓励，孩子就会产生继续学习的浓厚兴趣，学习也就更有主动性和自觉性，快乐学习就是这样养成的。

五、培养阅读习惯，促进学习能力

"要么旅行，要么阅读，身体和灵魂总有一个要在路上"。可见读书和实践一样重要，是获得知识的重要途径。然而旅行不是能说走就走的，而为孩子提供阅读条件，和孩子一起阅读，却是比较容易做到的。孩子小的时候，我们可以和孩子进行亲子共读，家长读绘本给孩子听，引导孩子体会书里的乐趣：孩子稍微大一点，可以让孩子读给家长听：如果上小学了，可以多带孩子去图书馆，家长和孩子一起阅读，让孩子静下心来看世界，从书里汲取智慧、开阔视野。日积月累孩子就会养成自己读书的习惯。孩子阅读的习惯一旦养成，他就会主动找书读，对自己的要求会更高，学习能力自然更强、更主动。

总而言之，要培养孩子主动学习的习惯，没有捷径。家长要创造一切可让孩子学习的环境和机会，并持之以恒。因为环境对一个人一辈子的成长很重要，如果家长能懂得以身作则，树立榜样，比任何管教都要管用，孩子主动学习自然不在话下了。

第八讲
如何培养孩子的书写习惯

　　各位家长朋友，我们经常会对一个书写工整又漂亮的人给予赞赏。这次我要聊的主题是如何培养孩子的书写习惯。老师们都喜欢批阅字迹工整、页面整洁的作业本，哪怕一份作业正确率不算高，但页面整洁规范，字迹大方端正，老师在批阅时的心情也会好许多。相反，如果孩子的作业本潦草脏乱，或龙飞凤舞，或字迹模糊，第一眼看过去就没有好印象，即使作业全对，老师也会觉得不舒服。当前这种考试方式、阅卷方式对学生的书写要求比较高，我真心希望我的学生能够把字练好。

　　从孩子自身来说，在孩子学习阶段，字迹潦草对孩子的学习成绩影响较大，尤其是考试的时候，书写问题影响老师阅卷，以致失分较多。等孩子长大了进入职场，一手漂亮的字是孩子的门面。人们常说"字如其人"，书写代表的是一种态度，字迹潦草的页面容易让人感觉对工作不认真，会影响到孩子的未来。因此，我们必须重视孩子的书写习惯。家长们平时除了关心孩子有没有学到知识，还要及时关注孩子的作业本和文字书写，帮助孩子养成良好习惯，让他们能写出一手工整规范

的字。

那么家长们如何帮助孩子培养良好的书写习惯呢？

一、帮助孩子提高对作业和书写的重视程度

在孩子开始做作业前，家长要提出要求，让孩子意识到写作业时需注意书写工整、专心致志、减少笔误、保持作业本的干净整洁，这一点要从小培养。对低年级的孩子，更要从细节处着手，如对孩子握笔的姿势、写字的坐姿、笔画的顺序等都要严格要求。一定要在孩子写作业前就提出要求，制定好书写规则，这样可以避免不愉快事情的发生。有的家长在孩子写作业前不说明书写的重要性，等孩子写完作业后，一看到潦草的作业本，气不打一处来，对孩子劈头盖脸一顿教训，孩子下次能记住吗？事后臭骂的效果肯定不如事前提醒说明，让孩子从内心深处认识到书写的重要性。有些家长只在乎孩子有没有完成作业，考试成绩是否理想，并不是很在意孩子的书写。其实要求书写工整就是在要求一种学习态度，一定要重视且从小培养，这也是培养一种认真做事、认真学习的态度。

二、帮助孩子提升对作业和书写的兴趣

在孩子写作业过程中，家长需要适时适度地表扬和鼓励孩子，提高孩子的书写兴趣，激励孩子继续努力，不断进步。在表扬孩子时，表扬内容要具体，可以挑出孩子写得好的字，用欣赏的口气表扬他们："这几个字看起来横平竖直的，十分端正""这几个字结构平稳，看着很舒服"，这样的评价可以让孩子更加注意字体的规范和架构。有些家长一看到孩子字写得不好，批评的话语就会脱口而出："你看你写的字，没有一个能拿得出手的""你这是写了些什么东西，擦了重写"。这样的指责非但不能让孩子写好字，还会让孩子对写作业产生抵触情绪，越写越糟糕。良好的书写习惯不是一蹴而就，需要日复一日的练习，家长切勿心急，要给孩子时间，逐步培养孩子热爱书写的兴趣。

三、帮助孩子提高对作业和书写的认知高度

家长可以准备一些书法字帖，或者其他孩子的优秀作业，让孩子多看看。既可

以提高孩子的眼界，在孩子心中形成标准和努力方向，还能激发孩子的进取心，让孩子在"别人能做到的，我也能做到"的心理暗示下，对自己严格要求，养成认真完成作业的良好习惯。孩子的模仿能力强，家长可以让孩子临摹字帖进行练习，在练习中既弥补了书写的不足，掌握了字的结构，还可以培养孩子的品性，让孩子能静下心来，一举多得。平时家长也要做好示范，在日常写字时，努力做到一笔一画，不随便涂改。

四、持之以恒是最有效的秘诀

凡事贵在坚持，很多孩子都知道书写的重要性，知道写作业要认真，知道写字的正确姿势，但在做作业时就忘记了，只在乎速度，同时也不能长期坚持。家长们要给予必要的监督，在孩子成长阶段，家长的坚持更加重要，等到孩子养成了正确的书写习惯，有了成功的体验，这种美好的感受会推动着孩子前进。到那时，就不再需要家长在后面督促了，孩子自己会主动努力向前，形成良性循环，越努力越美好。

要想使孩子书写工整、美观，养成良好的书写习惯，家长们要有耐心，有方法，相信在老师和家长的共同重视下，孩子们的书写一定会突飞猛进！

第九讲
如何培养孩子的阅读习惯

　　各位家长朋友，你喜欢阅读吗？你有阅读的习惯吗？请问你一年大概读多少本书呢？

　　阅读有什么好处呢？阅读可以开阔眼界，提高生命的高度，滋养心灵的宽度，增加思想的厚度，拓宽眼界的广度，提升格局的大度，增强情感的温度。社会不断进步，教育也在改革中更加重视阅读。当今，如果阅读能力不过关，阅读速度慢，考试几乎连卷子都做不完，会吃大亏。所以，想要孩子学得好，考得好，有温度有远见，我们必须从小重视孩子阅读习惯、阅读兴趣的培养，让阅读陪伴其成长的轨迹。

　　当然，培养孩子的阅读习惯，并不仅仅是为了提升成绩，更重要的是通过阅读来获取独立汲取知识的能力。阅读，是打开世界的一扇门；阅读，可以开启一个人的心智，让人明辨事理。

　　《让阅读改善家庭教育的氛围》一书中提到，亲子阅读、阅读分享会、家庭读书日都是提高阅读兴趣很好的办法，当然这些也贵在持之以恒。

相信家长们都清楚阅读的重要意义，也都期望能提高孩子阅读的积极性。本讲我们谈谈应该怎样从小培养孩子独立的阅读习惯和阅读兴趣。

我们有两个自我：一个是理性的自我，另一个是感性的自我。按照心理学家乔纳森·海特的说法，人的感性就像一头大象，而理性就像一个骑在大象身上的骑象人。骑象人骑在大象背上，手里握着缰绳，好像在指挥大象。但事实上，和大象相比，他的力量微不足道。一旦和大象发生冲突，那骑象人通常是拗不过大象的。这头大象，也就是感性的自我，喜欢立刻获得收益，比如玩游戏、看视频等娱乐活动，可以带给人即时性愉悦，形成正反馈，大象就会沉迷在这些好处中不愿离开。而骑象人，也就是理性的自我，明知道时间不能浪费，却难以驱动大象朝着自己希望的方向前进。所以，如何培养孩子阅读兴趣，或者让家长们自己也爱上看书，就需要了解感性这头"大象"，家长们需要给孩子和自己建立一套可以获得即时利益的方法，让孩子养成阅读的习惯。

一、设定规则，给出奖励，把阅读的长期收益变成实在的可被感知的短期收益

家长们可以与孩子一同制定两个清单：一个清单上列出需阅读的书目，另一个清单写出孩子想要而家长也认可的奖励品。每天尽量在同一个时间段开始阅读，当阅读完多少本书后就可以获得相应的奖励。家长可以根据孩子目前对阅读的热爱程度来决定这个清单的执行规则，坚持"小步子原理"，给孩子制定的阅读目标一定不要"一口吃成个胖子"，要符合孩子的年龄特点。比如，在习惯养成的开始阶段，条件可以低一点，诱惑可以大一点，逐渐提高奖励的门槛。"奖励品"也并非只能是物品，可以是一本课外书，或者看动画片，或者和孩子一起出去玩等，目的是让孩子尤其是对阅读不感兴趣的孩子能切实感受到阅读带来的即时利益。当孩子养成阅读的习惯后，他们会从书本中获得更多的好处，就不再需要家长的奖励了。

二、创设一个让孩子和家长自己都能爱上阅读的环境

人是在环境中生存的，环境的细微变化都可能会影响到孩子阅读是否能够持续。家长们对此应该深有感触，单位是工作的环境，而家就是让我们放松的环境，

就像到了图书馆，我们会自觉地不再大声喧哗。在我们的生活经验中，会将图书馆、自习室或书房与工作学习相联系，而家、宿舍是和休息娱乐相联系的。为了让孩子和自己能够喜欢上阅读，就需要家长们为孩子创设一个阅读环境，逐步形成孩子来到这个环境就会想要阅读的心理暗示效应。在这个阅读的环境里，不能有嘈杂的声音，远离电视和各种电子产品，最好有让孩子能够随手就能拿到书的书架，有可供孩子选择的大量书籍，有可以舒服坐着的沙发或椅子，有一盏保护视力的护眼灯，最好还有一个可以记录读书笔记的小书桌。有了这些配套的硬件设施，孩子就离爱上阅读更近了一步。除此之外，将图书馆列为周末陪伴孩子的常去场所，孩子可以在图书馆看到"别人家的孩子"，不用家长唠叨和提醒，榜样的力量就可以让孩子自觉地开始阅读。

三、培养孩子阅读的习惯，选书非常关键

在信息爆炸的时代，知识其实已经多到学不完，而很多家长给孩子买书时，仍有功利性目的，考虑的是"这本书有用""这本书能增长知识""这本书是名著"……表面看起来是很有选择性，实际上却没有考虑孩子是否能读懂或者是否能读进去。在孩子阅读习惯还没有养成的时候，不要着急让孩子去读一些晦涩难懂的名著。很多人在自己年轻时买了经典名著，可真正读完的有几本呢？当一本难以理解的书让我们失去阅读兴趣时，大多数人放弃的不仅是一本书，而是阅读这件事。所以培养孩子的阅读习惯，可以从孩子喜欢的书开始，从喜欢的书中激发孩子的兴趣，让感性这只"大象"从喜欢的书中获得即时利益，然后逐渐过渡到有深度的书籍。鼓励孩子选择自己喜欢的书籍，不代表家长可以完全不管不问。信息社会的特点是人人都有展示自己的机会，所以市面上的书鱼龙混杂，家长需要帮孩子过滤。家长也可以先选择不同类别的书籍，让孩子在一定范围内挑选自己喜欢的书阅读。家长还可以选一本书进行亲子阅读，然后彼此分享，各自提出看这本书之后的见解和观点。

各位家长朋友，以上分享了三点培养孩子阅读习惯的方法。这三点方法都是让孩子能够直接感受到阅读带来的即时利益，让孩子心里感性的"大象"能够感知到阅读带来的实际好处。培养孩子阅读的习惯，家长还可以减少手机、iPad 带给孩

子的利益诱惑，平时出门，随时随地准备一本书，当孩子无聊时，用书本代替手机打发时间。长此以往，当孩子有空闲时，他的首要选择就不再是手机，而是阅读。

一个擅长读书的孩子，在他长大后，童年的阅读经历会成为美好记忆。最后我用作家毕淑敏的一句话："让孩子爱上阅读，必将成为你这一生最划算的教育投资"送给家长们，但无论如何，家长务必在阅读上做到言传身教，用自己的行动去影响孩子。从而让孩子喜欢阅读，养成阅读的习惯，让阅读成就最美的模样，让阅读成就最美的人生。

第十讲
阅读让学困生找回自信心

　　各位家长朋友，孩子的学习有困难吗？孩子自信吗？学习有困难的孩子该怎么办呢？孩子好动又该怎么办呢？学习有困难我们一直还追着让他好好学习，认真学习，坚持学习，不问原因，就责怪他，这样教育的效果会越来越差，孩子会厌学，越来越自卑。孩子好动，静不下来，如果通过打骂要求静下来，我想这也是暂时的，治标不治本，长久以往，相信打骂也不起作用了，孩子可能会越来越好动，因为变本加厉，你打骂得越厉害，孩子可能就好动得越厉害。那该怎么办呢？我们得来找找问题存在的根源，有的放矢。

　　成为学困生的一个主要原因是他们缺乏自信，越缺乏自信就越不敢开口，任何场合都有自卑感。孩子好动需要让他自觉能静下来，只有静下来才能治标也能治本。鉴于这样的情况，我们可以利用阅读的作用来改变孩子，唤回孩子的自信心，能动也能静，动静恰如其分。

　　在家里、在课堂，我们可以搭建平台，创造机会，让这些孩子参与阅读，培养阅读兴趣，通过阅读让他们慢慢善于开口，善于与人沟通交流，让他们喜欢上阅读，这样会慢慢找回自信心。其实很多的知识也会从阅读中学到；学习的方法、能力、意志是可以从阅读中获得的。要增强孩子的自信心，培养他们的阅读兴趣，首先要尊重孩子，对他们的阅读喜好及水准心中要有数，充分发挥其阅读积极性。在孩子阅读基础不牢不扎实、阅读习惯还需尽快培养的时候，先让他们拥有对阅读的自信心和兴趣。我们可以降低起点，及时表扬，让孩子逐步养成好习惯。我也深信，如能坚持阅读，孩子的学业成绩也会进步，孩子的性格更开朗。

重视家庭阅读，重视阅读氛围的打造，重视阅读习惯的养成，重视阅读兴趣的培养，都是很有必要的。希望家长朋友把焦急的情绪、训斥的精力和时间用在自己的阅读上、用在与孩子一起阅读上。学校一直也很重视阅读，如成立阅读小组，开展亲子阅读活动、读书分享会。以阅读润心智，以阅读促成长。

各位家长朋友，孩子阅读习惯的培养，是个长期而漫长的过程。只要我们认定目标，坚持不懈。当恒心维护的阅读习惯蔓长叶茂时，就会在这棵常春藤上挂满成功的花蕾，只待金秋来临时，自有硕果压枝的喜悦。

第十一讲
家长应如何鼓励孩子（一）

　　各位家长朋友，每个孩子都是上天赐给家长一份最好的礼物，是一颗精美的种子，是一个生命，在他们小的时候，需要家长悉心呵护，陪伴成长。家长的爱和陪伴就像阳光和雨露，是孩子健康生长必不可少的条件。孩子的成长如同种子发芽、长大，呈现不同的姿态。他们也许会变成一朵美丽的鲜花，也许会长大成为参天大树，也许会是一棵奇特的盆景，不管最后呈现的是怎样的结果，在种子成长过程中，有一种肥料可以让种子更加自信和璀璨，那就是在恰当的时机做恰当的"鼓励"。

　　各位家长朋友，我们每一位家长都知道要表扬孩子、鼓励孩子，但往往很多家长把"表扬"与"鼓励"混为一谈，认为是一样的，两者都是激励孩子积极上进的精神动力。其实不然。表扬与鼓励有着明显的不同。表扬是指对一件事的成果、品行进行宣扬，希望能再接再厉；而鼓励更多是在鼓劲与支持，甚至给出参考的指导。表扬不能盲目与夸大，鼓励要因人因事，两者都要恰到好处。在孩子的成长道路上，家长在适当表扬的同时更应该多鼓励孩子。那么我们应该怎样恰当、合理、有效地鼓励孩子呢？

鼓励就是"激发、勉励"。对孩子的鼓励包含两方面的内容：一方面是行为发生前的激发和鼓励，让孩子对未知不再恐惧和胆怯，勇于尝试新鲜事物并坚定信心；另一方面是行为发生过程中和结果出现后的勉励与评价，让孩子不因犹疑中断或放弃，在家长的肯定和支持中发现自己的能力，增强自信心，振奋精神，获得继续前进的动力与方向。

鼓励使人进步，打击使人落后。鼓励被看作人类心灵的甘泉。随着赏识教育理念的深入人心，越来越多的家长已经习惯于表扬和鼓励孩子。那您表扬和鼓励孩子的方式是否恰当、恰到好处呢？如果表扬和鼓励的方式不当，可能使孩子盲目骄傲自大，目中无人，给孩子的成长带来不利影响。

比如，有的家长喜欢对孩子说："做对啦，你真是个聪明的孩子！""你太棒了！你比某某强多了！"或者是："你一定是你们班上最乖的好孩子！""你比你爸爸（或妈妈）都厉害"，虽然这些话都是表扬，表面上看是对孩子的行为做出了正面评价，有一定的鼓励作用，可是这样模糊而夸大事实的表扬、以偏概全式的鼓励，却难以经得起推敲，容易让孩子变得自负，盲目自信，在日常生活中经不起外界的批评，经不起挫折与失败。同时也存在鼓励当中贬低其他同龄孩子的潜台词，为了鼓励表扬孩子而贬低家长的另一面，这样的表扬是不恰当的，会影响孩子再也听不进家长的教导了，因为孩子觉得他都比家长厉害了。这样的鼓励方式不可取！

还有的家长言不由衷，内心深处不相信孩子的进步，对孩子的表扬十分勉强，明褒暗贬。比如，"你今天做好了，真是太阳从西边出来了，明天别再忘了！"或者"难得啊，你居然也能得奖！"这样的表扬有可能于无形中打击了孩子的积极性，让孩子产生自卑的心理。很明显，这种鼓励、肯定是很吝啬的，还带点挖苦。所以家长要大大方方给予肯定，不吝啬肯定及鼓励，注意措辞，鼓励语言要带有赞赏温度、有感情。有些家长明明内心知道要多鼓励孩子，允许孩子犯错，多给孩子机会，要多肯定孩子，多接纳孩子，多包容孩子，但往往一开口就变味了，词不达

意。这也要求我们家长要多学习，善于言辞，准确定位，调整心态，有耐心、恒心且有爱心，这也是我经常提到的父亲要在榜样、理性上取胜，取得孩子的信任，母亲要在感性上得到孩子的认可，用温度暖心。我也知道，真的要做到这样很难，但我们要坚持、互相提醒、相互鼓励，共同学习，共同进步。

　　各位家长朋友，每一位孩子都希望能得到家长、老师的肯定、赞赏与鼓励，那我们应该怎样去肯定、鼓励孩子，激励孩子进步呢？下一篇继续探讨。

第十二讲
家长应如何鼓励孩子（二）

各位家长朋友，这一讲让我们继续探讨家长如何更好地鼓励孩子。

我们都知道，任何一个人，都渴望得到他人的肯定。家长给孩子恰当的鼓励，是家长爱孩子的体现，更是帮助孩子建立自信，建立好彼此信任的和谐亲子关系，提高自我认知和自我肯定的重要方式之一。那么如何鼓励孩子才更行之有效呢？这里，我真心送给大家五个关键词：真诚、慷慨、具体、全面、努力。

（1）真诚。对孩子的鼓励要发自内心，真心实意。家长既然爱孩子，就要真心行动与付出，就要用心观察和关注孩子的成长之路，相信自己的孩子，用发展的眼光看待孩子的进步，以真诚和积极的话语表扬和鼓励孩子。

（2）慷慨。不要吝啬你的表扬和鼓励，要学会包容、接纳孩子的不足。家长如果用成人的眼光去看待孩子，尤其是对低年级的孩子，就会认为他们的成长是轻松的，"认个字、算道题这么简单，你怎么能不会？"几乎没什么事值得表扬。可是

我们不能抛开年龄看问题，孩子只有把简单事情做好才形成良好的习惯。家长在孩子成长过程中，要慷慨地给予表扬和鼓励，让孩子在家长的肯定中建立自我认识和肯定的意识。

（3）具体。家长对孩子的表扬和鼓励越具体，孩子就越容易找准努力的方向。"你真棒！""你今天表现不错！"这样的表扬效果并不显著，因为孩子不明白自己哪里棒，什么地方不错，只能暂时获得心理满足。鼓励要有的放矢，家长需找准孩子做得好的点，有针对性地鼓励孩子，"你自己收拾的书架真整齐！""你今天做作业的时间安排很合理！"这样的表扬和鼓励是具体的，孩子接收到家长的反馈和肯定后可以规范自己的行为。

（4）全面。家长对孩子的鼓励不要只盯着学习这一个方面。家长鼓励什么，其实就表明强调什么，孩子也就重视什么。所以"鼓励"会推动孩子朝着家长希望的方向发展。如果只对孩子的学习进行表扬，会让孩子认为品行、文明、卫生等其他问题都不重要，这对孩子的健康成长有害而无益。家长可以从孩子的性格、文明礼貌、劳动表现、动手能力、为人处世、卫生习惯等多个方面，对孩子进行表扬和鼓励。鼓励的方式也可以全面多样，口头鼓励、书面鼓励、手势动作鼓励、物质鼓励等，尽量让每次的表扬和鼓励都能将激励的作用发挥到位。

（5）努力。对孩子的表扬和鼓励不能只针对结果，过程也很重要。如果我们一味表扬孩子聪明、有天赋、很棒，就会让孩子产生惰性心理，同时也不敢面对挑战，因为他们害怕失败后将失去自己"聪明"和"有天赋"的标签。当孩子考试取得好成绩时，可以鼓励他们："你付出了很多努力，取得了今天的好成绩，祝贺你！"考试考得不好时也可以鼓励："因为你努力了，即使失败也是美好的，失败是一种历练。别放弃，坚持下去肯定行！""如果随随便便就成功是不踏实的，不长久的，所以，不用灰心，关键我们要找到失败的根源"。家长要重视孩子走向成功的过程，表扬孩子在这个过程中付出的努力、积累的经验和取得的进步。

总而言之，鼓励是人类心灵的甘泉，是让孩子这颗种子能更加自信与璀璨的健康营养品。家长对孩子的鼓励并不需要刻意地堆砌华丽辞藻，只需要真诚、慷慨、具体、全面。用心关注孩子的成长，将孩子的好行为看在眼里，并适当予以肯定，让孩子在你们的关注中感受家庭的爱、家的温馨、家的和谐，家长的真心才是最重要的。各位家长朋友，每一个人都是希望得到肯定的，需要有获得感的，及时适当的鼓励会有不一样的教育效果。但千万记住，鼓励应该适当适时，其实批评也是要注意有度及时效性的，相信大家一定会把握好这个度。相信在父母的鼓励下，孩子一定会有幸福的童年，美好的明天。

第十三讲
我们应该成为什么样的父母呢

　　各位家长朋友，在家庭教育中，我们应该让自己成为怎样的角色呢？从孩子出生那一刻开始，父母就永远有操不完的心。随着孩子的长大，入校读书，面临升学压力，无形之中让家长变得焦虑，那么，我们应该成为怎样的父母呢？

　　电视连续剧《小别离》《小欢喜》《小舍得》的热播，聚集社会热点，反映家庭教育中的普遍现象令人深思！《小别离》中中考和留学，反映了中国家长的普遍焦虑。三个孩子——学霸琴琴，学酥朵朵，学渣小宇分属三个不同类型的家庭，从他们的家庭格局中，似乎也看到了自家孩子未来的走向。《小舍得》围绕小升初、再婚家庭、教育焦虑、亲子关系等家庭教育话题展开，剧中的三个妈妈是当仁不让的主角——子悠妈妈、欢欢妈妈、米桃妈妈，展示了教育孩子三种截然不同的风格，我们不妨也对照一下，我们是属于哪一种风格呢？《小欢喜》分别代表的是"离异家庭"对子女的教育、"虎妈猫爸"式的教育，以及"留守"式教育，这三种方式反映了当下绝大多数家庭的教育现状，同时给我们的启示是别用"爱"的名义绑架孩子；不要对孩子采取"咆哮式"的教育；父母缺席的教育让孩子缺乏安全感。

　　有一种教育就是名义上是想让孩子自由，想让孩子开心，但其实又是左右摇摆，纠结；有一种教育就是什么都要管，而且也必须按照家长的旨意去做。其实，我们在家庭教育中是不能有太多附加条件的，同时在教育中要学会"放手"但绝不"撒手"。不要让家长的想当然毁了孩子的一生。孩子是有个性的、有兴趣的，家长应该参照孩子的个性与实际情况，引导孩子向适合自己的方向发展。要做学习型、成长型的家长；要学会低头认错；要学会善待自己，善于调节情绪。

　　近年来，我们也经常会看到出现一些"明星"父母，尤其"明星"妈妈，他们在教育孩子、处理工作问题上都做得井井有条，于是，我们很多现实里的父母在教育孩子的路上就会以他们为榜样，对自己要求很高，要求完美，绝对不允许自己疲惫、软弱等。家长这样要求自己了以后，对孩子的教育、要求也是如此，不允许孩子有瑕疵，要求孩子优秀完美，同时也看管得很紧。这样彼此都累，效果并不好，不利于孩子的学习与成长。我们作为家长要明白，"明星"父母毕竟是少数，我们要做回自己，做真实的自己，做最好的自己，要学会接受自己的不完美，要学会原谅自己的力所不能，这样自然而然就会接纳孩子的力所不及。其实，这些不及恰恰就是孩子的创造力发挥的空间。要学会温和善待自己，要学会改变自己，学会调节情绪，要让自己变得更好，这无形中也是为孩子创造改变自己的机会与空间；要善于真实真诚表达自己，也许孩子会更理解父母，接纳父母的教导。我们也要相信自己的孩子，不攀比，不跟风，要有自己的定力，要学会稳住、稳重，如果我们能做到，也许孩子才能慢慢释放自己的潜力空间。

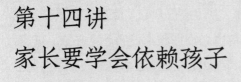

第十四讲
家长要学会依赖孩子

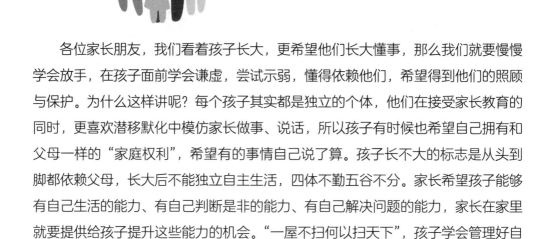

　　各位家长朋友，我们看着孩子长大，更希望他们长大懂事，那么我们就要慢慢学会放手，在孩子面前学会谦虚，尝试示弱，懂得依赖他们，希望得到他们的照顾与保护。为什么这样讲呢？每个孩子其实都是独立的个体，他们在接受家长教育的同时，更喜欢潜移默化中模仿家长做事、说话，所以孩子有时候也希望自己拥有和父母一样的"家庭权利"，希望有的事情自己说了算。孩子长不大的标志是从头到脚都依赖父母，长大后不能独立自主生活，四体不勤五谷不分。家长希望孩子能够有自己生活的能力、有自己判断是非的能力、有自己解决问题的能力，家长在家里就要提供给孩子提升这些能力的机会。"一屋不扫何以扫天下"，孩子学会管理好自己的"小家"，才能走出家门，面对学校、社会，有解决问题的能力。

　　如何为孩子提供这种机会呢？ 学会在孩子面前示弱、让孩子感受到被依赖、来自家长的"被关怀"是一个不错的锻炼方式。比如，在孩子生病的时候，家长会焦头烂额、忙前忙后、无微不至，在这个过程中，孩子也在观察家长的一举一动。如果遇到家长自己生病的时候，可以把这个"照顾我"的机会转手交给孩子，向他示弱，说出自己的不舒服，希望得到孩子的照顾。我想大部分孩子是不会拒绝来自爸爸妈妈的这种请求的。你会发现，通过他以往的观察学习，他会模仿你照顾他的情形来照顾你，会提醒你吃药、吃清淡一些；提醒你工作不要太累、早点休息；提醒你多穿衣物、小心着凉……如果你生病的时候收到了孩子这样的关怀，是不是觉得自己的教育有了很大成效，觉得孩子的进步令你很感动？

　　家长们，即使你懂很多，也请不要在孩子面前表现出你什么都懂，很强势。其实孩子也有从众心理，想要自由自主，想要证明自己也有能力，想要展示自己的个性。若是他的一切都被安排好、规划好，要他按部就班地走你为他规划的人生，他会觉得自己不被认可、不被尊重，自然就不听你的话。相反，我们若能从另一方面尊重他们，学会寻求他们的照顾，学会依赖他们，承认他们的见识、优势，这样孩子就能够在自己被信赖的需求中，深刻地感受到自己被需要、被肯定，从而找到自信。

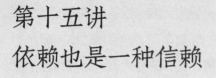

第十五讲
依赖也是一种信赖

各位家长朋友，教育要走向信仰，摆脱功利。如果我们学会依赖孩子，得到孩子的照顾与保护，这既是一种感动，又是一种教育。依赖，也是一种信赖。

我们学校一直推崇"四菜一汤"的劳动教育、亲子活动，本篇为大家分享一个关于做饭的小故事。有一位小朋友，她从小就看着妈妈做饭而自己喜欢上了做饭，喜欢模仿妈妈的样子在厨房忙来忙去。但家里人担心影响她学习，于是便不再让她待在厨房，而是把更多的时间花在书桌前，但是成绩一直也没有多大的变化。期末的一天，因为妈妈病了，无法做饭，孩子便自己煮面条吃，还端了一碗面给妈妈吃，最后还把碗筷洗干净，把厨房收拾干净。妈妈虽然内心有些内疚，却惊奇地发现：那天孩子比平时更迅速地完成了学校的功课，还主动把课外班布置的作业也一并完成了。问孩子原因时，孩子说："那天我做饭的时候特别高兴，做好饭您说好吃我也特别高兴，我觉得能照顾您我更开心，后来写作业的时候也挺高兴的，一高兴就很快写完了。对了，我那天的作业还写得特别好，一点错儿都没有！还得到老师的表扬呢。"后来，这位妈妈有意识地又安排了几次做饭的任务给孩子，发现如果是预先告知了孩子要占用自己的时间做饭，孩子就会提前安排好自己的时间，让自己的学习变得更高效。

各位家长朋友，通过这个例子，我们明白：家长可以适当依赖孩子，让孩子做一些力所能及的事情，这有利于培养孩子的自主性。所谓"自主性"，就是主体的独立性，指主体能够自由支配和调控自身及其活动的能力。自主性是主动性和创造性的基础。家长适当依赖孩子，孩子便能够做"自身的主人"，这将极大激发孩子的主动性和创造性。在上述案例中，孩子能够根据自己的爱好和身心特点，独立自主地做饭和完成学习任务，一旦孩子发现她能主宰自己、控制自己，她便对相关活动拥有了热情和活力。于是，家长便感受到孩子成长的惊喜。所以，在家庭教育中，家长要学会适当地"放手"，给予自己依赖孩子的机会，这样也许会收到不一样的教育效果。依赖，其实也是一种信赖。

第十六讲
家长如何陪伴孩子备战中考呢

　　家有考生，家长就如履薄冰。家长朋友如何学会自我调节和自我管理，为考生营造良好的家庭氛围呢？心平常，自非凡。无论如何，要保持平常心。家长若用心陪伴与支持，则能促进孩子更安心、从容地应对考试，家长做到"三放一陪伴、服务"，一定能为孩子考试增分。

　　放平心态。在备考的这一年中，除了各种平时测验，还有各种模考，孩子的成绩一定会有起有落，有进步有退步，由此也会有情绪的起伏，学习有紧也有松，有用功的时候也有松散的时候。家长不要因为这些情况而发脾气，责怪孩子不争气、不努力，反而应该放平心态，稳定情绪，接纳孩子的这些表现。否则在备考这一年，家庭都没有宁静的时候，自然就没有好的学习环境，若处理不当，会造成恶性循环。建议家长朋友可以采用转移注意力的方法：尽量改变或减少对孩子的负面评价和指责，要看到孩子的优势与潜能；通过运动等合适的方式宣泄不良情绪；要多倾听、少说教，多正面疏导；多给孩子鼓励、积极反馈，让其有更多的获得感、成就感。

放低姿态。在备考的这一年中，家长更应该放低自己的姿态，降低过高的期望值；不要以自己以前备考的做法、用功、效果来衡量孩子，更不要只是把关注点放在学习和成绩上。尝试着协助孩子制定合理的小目标，短安排、中期、长期计划都做好；一起商讨落实计划的措施；帮助孩子发现存在的问题，尽量避免事倍功半；在允许的条件下引导孩子整理知识点和框架，陪伴孩子全方面复习功课。

适当放手。在备考的这一年中，家长更应该学会放手，但不是撒手不管，要让孩子自主学习，家长减少唠叨，多点肯定和鼓励，多点关心与信任。以实际行动满足孩子备考的需求，营造一个宽松和谐的环境，减少家人之间的矛盾，家长要做到言传身教。同时家长也不要轻易放弃，应该相信孩子的可塑性与潜能，并对孩子进行引导和鼓励，让孩子尽可能地挖掘并发挥潜能。

陪伴和服务。在备考的这一年中，家长要做到真正的陪伴，引导孩子说出自己的心声，表达自己的心情，反馈自己的心态，稳定孩子的情绪，坚定孩子的信心，提升自己的耐心。做一个倾听者远比做一个说教者更有亲和力和感染力。但也无须过度关注，要有"服务"的意识，真正做好"后勤部长"的工作，做饭菜、煲靓汤，菜式变化多样，营养搭配均衡，科学膳食，把所有的关心、关注、期望融入美食中。

各位家长朋友，陪伴孩子中考不单单是为了取得中考的胜利，更要从备考的这一年中让孩子收获自信和执着追求的意志。我相信只要我们真正做到"三放一陪伴、服务"，孩子的成绩一定会有所提升尤其在中考前的一个月里，而这一年的备考时光会是孩子成长过程中不可多得的财富，也会留下美好回忆，相信孩子的备考也会有好的结果，也会收获了成长的幸福。

另外，我想说的是运动与劳动，"双动"能为孩子的中考提质增效，后期更要挖掘孩子的非智力因素，发挥孩子的非智力因素为中考增分。

第十七讲
如何培养孩子的专注力

　　家长朋友，我们希望孩子做事专心，学习有较强的专注力。但很多家长都苦于孩子做作业不专注，听课注意力不集中，做事不专心。专注力是指一个人专心于某一事物或活动时的心理状态；注意力，它所涉及的范畴更大，是指人的心理活动指向和集中于某种事物的能力。两者都是要从小给孩子培养的一种习惯，都属于非常重要的心理素质，两者都会受到环境、家庭、社会等因素的影响。注意力不集中，随之出现学习、做作业不专注，做事情粗枝大叶，解决问题不求甚解等，两者的确都会影响孩子做事的方式、风格和效果。正所谓："书痴者文必工，艺痴者技必良。"从小训练孩子的专注力可以让孩子一开始就养成集中注意力的习惯。高度的专注力是孩子今后学习成绩好的有力保障，而专注力不是天生的，它更需要后天的培养。如果从小不注意，随着年龄长大会越来越严重，这就更要求我们家长从小就重视和培养，尽早干预。那怎样培养孩子的专注力呢？谈几点建议仅供大家参考。

　　阅读可以增长见识，也是培养孩子专注力的一个非常有效的途径。孩子如果能对一个情节、一段文字有一小时甚至更久的关注，那一定是陶醉其中，也就说明孩子看书"看进去了"。为什么总是讲要让孩子爱读书、爱阅读，培养良好的读书兴趣，这就是原因之一。除了看书，我们还可以鼓励孩子读书。书声琅琅，是让孩子沉浸在书本中的一个方法，可以鼓励孩子大声复述书中的情节、故事。我们鼓励孩子看完这本书说说自己的心得体会，阐述自己的观点，有自己的认知和看法，真正发挥阅读的作用。借鉴聪明家长的做法：每天早上起床、接送孩子途中，有意给孩子安排大声伴读、读书，每天用 20 分钟左右的时间，这对孩子的口、眼、脑的协调性有很大帮助。孩子的读书过程中尽量不要读错、不读丢、不读断，要连贯。

采用艺术训练法。倡导学生应该学会一种乐器、写一手好字等，这些家长要配合支持，适当给予鼓励、奖励，不要因为孩子天赋不在此就打消孩子积极性，否定孩子的付出和热情。要循序渐进，用欣赏的眼光去要求，用陪伴的方式去点拨和欣赏，让孩子把接受艺术熏陶养成习惯。不要吝啬夸奖他的每一次进步。

营造轻松和谐的家庭环境，特别是做作业的环境，不钻牛角尖一样去苛责孩子的错误。显性环境，现在的家庭几乎都能满足，但隐性环境对营造轻松环境更重要。父母的不良情绪都会给孩子带来压力，这样会影响孩子的专注力。

改变教育方式。把训斥改为征求；把命令改为商量。当然，商量是有前提、有原则的、有底线的，不能讨价还价。把做事、做作业的定时改为定量原则。家长也要有智慧地运用"3+1<5-1"的教育心理法则。"3+1<5-1"的教育心理法则，也可以称为"心理加减法"，它利用的是人们"习惯得到，不习惯失去"的心理倾向。例如，有一筐苹果打算平均分配。由于不知道一共有多少个苹果，所以有两种分法：第一种分法是先给每个人 3 个苹果，如果苹果还有多余，就再给每人多一个苹果；第二种分法是先给每个人 5 个苹果，后来发现苹果不够，就又从大家手中拿回来一个苹果。虽然最后每个人都得到 4 个苹果，但是很显然，这两种分法给人的心理感受是不同的。第一种让人开心，因为人们觉得多得到了一个苹果；第二种则让人失落，因为人们感觉失去了一个苹果。在家庭教育中，如果家长多多和孩子商量，征求孩子的意见，孩子便会有获得感，因此做事会更加积极。

通过适当的运动，培养一种体育运动方面的兴趣，如打好一种球类，每天坚持户外跑步等，都可以增强孩子的意志品质，增强孩子的自信心，培养孩子做事情的计划性。要培养孩子制定目标的习惯。

训练孩子保持良好的坐姿，尤其在做作业的时候；训练孩子善于在闹中取静，静中培养孩子集中注意力。

各位家长朋友，孩子的注意力不集中也许有很多原因，甚至可能来源于听觉、视觉的问题，不容小觑，也不能忽视。家长要有意识地寻找孩子注意力不集中、不专注的问题根源，找出相应对策，找到适合提高孩子专注力的方法。

第十八讲
家长应如何处理好与老师、
孩子之间的关系

　　各位家长朋友，家长、老师都在孩子的成长过程中扮演着重要角色，这三者关系应该如何处理呢？家长、老师、孩子可以说是一个三角关系，这三者密不可分，孩子在学校期间与老师的关系处理是否得当？家长与老师的关系处理如何？这些都与孩子的成长息息相关。

　　在家校共育的过程中，大家可能也都听过老师和家长沟通的矛盾。作为家长，在家校沟通的过程中，有哪些可能会忽略的因素呢？

　　第一，家长没有正视自己在教育中的重要地位。我曾见过个别家长对老师直接说："教育是你的事情、你的任务、你的责任。"这是一句让老师十分伤心的话，同时表现出这位家长忽视了自己在孩子成长过程中发挥的重要作用。有人说过：教育，如果父母缺席，孩子有可能不成功。作为家长，教育孩子不是生命中唯一重要的事情，毕竟，人都有多样的社会角色，承担着复杂的社会责任，需要工作，还需

要兼顾家庭，面对孩子成长过程中各种各样的突发状况，家长有时感到力不从心。但是，这并不是家长当"甩手掌柜"的理由。孩子取得进步，离不开老师的教导，同样离不开家长的引导。

第二，家长和老师看待问题的出发点不同。面对作业，同一个班的老师可能会收到截然相反的两种反馈：有些家长面对孩子在家不认真做作业，或者作业很快就完成了的情况，希望孩子多学习一点，孩子不听，家长就埋怨老师作业布置太少了；但又有些家长抱怨老师布置的作业太多，孩子每晚都很晚才能睡觉。这是因为家长站在自己孩子的角度去看待老师布置的作业，而老师则要站在全班同学的角度去布置作业。如果家长真心觉得自己孩子学习能力与作业布置不符，可以私下与老师沟通。其实，每一位任课老师布置的作业基本都是适中的，家长也可以根据孩子的实际情况做相应的调整，和老师沟通好，结合实际情况来解决问题才能达到最佳教育效果。否则，孩子也不知道听谁的好。

第三，家长在家庭教育中没有与老师统一战线。有些家长并不是真的对老师不满，而是为了赢得孩子的喜爱，故意让老师当"恶人"。例如，有些家长教育批评孩子，孩子不听，便会把老师的威力搬出来。又如，校纪校规中提到不允许学生带手机进校园，但由于家长自己拿孩子没办法，结果一边让孩子带手机，一边立马打电话给老师要严格管理学生使用手机，要求老师把手机没收了，自己则在孩子面前充当"老好人"。这样矛盾的做法，容易让孩子对老师产生敌对情绪，甚至不再尊重老师，渐渐地便不再听老师的教导，因为孩子的是非辨别能力还不强，还会认为有家长为自己撑腰。老师的教育效果不佳，家长又会错误认为这是老师的能力或者态度问题，从而激化矛盾。

家长要正确处理与老师、孩子之间的关系。首先，要明确孩子的成长离不开父母，也离不开老师。只有双方共同努力、相互配合，才能及时发现并解决孩子身上出现的问题，才能更好地让孩子成长和发展。

其次，家长要明确老师教育的目的、意图。在孩子成长的每一个阶段，老师都会有不同的教育方法，包括教育、教书，但随着孩子年龄的增长，老师更多的是指导、引导，会更像一盏"灯塔"，照亮孩子前进的道路，指引孩子找到自己的方向和目标。这是符合教育规律和孩子成长规律的。

最后，作为家长，要与老师保持一致的教育目标，形成统一战线，这样孩子才没有机会钻空子。家长要与老师密切配合，给老师足够的尊重。教育的前提就是人人都要懂得尊师重教，与老师要保持足够的平等关系。不需要把老师夸上天，也不要贬低老师的价值和付出。家长在任何时刻、任何场合、任何途径都要始终给孩子传递正能量，不做多事的父母，也不做没有事实依据就乱发表言论、下结论的人。若发现问题，或有建议可以私下与老师沟通商讨，学会用不同的方式处理问题。要看见老师的付出。其实，现在做老师也挺不容易的，对老师要宽容一点，对孩子也要好一点，少一点责备；当然，当前的父母也不容易，老师"伤不起"，家长更"输不起"。所以，两个不容易的角色更要互相包容、彼此接纳，拧成一股绳，彼此都要学会换位思考。家长要教会孩子尊重老师，善于与老师沟通，教会孩子与老师互动，要与老师交朋友。我想，如果家长能努力做到这几点，相信与老师、孩子的关系会处理得比较融洽，这样对孩子的成长也很有好处！

老师、家长两个不同身份与角色，对孩子一生的影响都很大，家长养育，老师教育，两者相辅相成，互为补充，相得益彰。各位家长，要想教育好孩子，尊重知识，尊重老师，要处理好与老师、孩子三者之间的关系，同时更需要家校携手，家校共育，共同绘制一个以孩子为圆心、以社会为大背景的同心圆。唯有这样，才能真正把孩子教育好！

第十九讲
建立良性亲子关系的七个"不"

　　各位家长朋友，在家庭教育中，处理好亲子关系非常重要，只有与孩子建立平等的关系，信任孩子，才能让孩子觉得父母可信赖、不可怕、不必紧张，这样的沟通才有效，这样的教育也才有效。我们应该知道，无论是什么关系，都是以彼此尊重、建立平等关系为前提的。只有处理好彼此的关系，大家相处起来才舒服、轻松，才能更好地生活、工作。父母与孩子的关系融洽了，对孩子的教育就容易成功、有效；如果关系不好了，对孩子的教育就容易失败、无效。

　　在家庭教育中培养融洽的亲子关系是关键，父母应该怎样做呢？我觉得可以做如下尝试。

　　（1）父母不当"法官"，学做"律师"。父母要不失原则且有底线地恰当呵护孩子，保护其自尊心，维护其权利，尊重孩子，就像律师对待自己的当事人一样，了解其内心需求，维护其合法的权益，而不要轻易地不给孩子阐明理由的机会，就直接下结论。

　　（2）不当"裁判"，学做"啦啦队"。父母不要轻易替代孩子做决定，要善于发现孩子身上的闪光点，恰到好处地赞赏孩子，同时要引导孩子如何面对失败，正视失败。

（3）不当"驯兽师"，学做"镜子"。父母要成为孩子的一面镜子，是孩子学习、成长的榜样，而不是强调要孩子"你应该怎样"！

（4）不当"父母"，学做"朋友"。父母不要总是高高在上，要学会尊重孩子，学习与孩子做朋友。

（5）不急"定调"，学会"定位"。在家庭教育中，要真正了解孩子的需要，考虑孩子的实际情况，从孩子的实际情况出发做合理的定位。

（6）不急"施力"，学会"等待"。不要急于发力，不急于立马处理，不急于立马有定论，有时等等会有不一样的结果。学会冷处理、学会等待也是很好的办法。等一等，给孩子倾诉的机会，与孩子有效沟通，有时不用说教就能把问题解决了。

（7）不能"迁就"，学会"拒绝"。在教育中，没有原则的迁就和没有底线的满足，以及直接性拒绝都会带来不良后果。教育也要坚持原则，要守住底线，不是一味地迁就，也要学会适当地引导、合理地拒绝。

良好的亲子关系，是巨大的滋养，也是幸福的陪伴、长情的告白。建立良好的亲子关系可以唤醒内在的宽容、理解，也学会了情愿、付出、欣赏、陪伴，是温暖，是骄傲！

各位家长朋友，育人也，十年树木，百年树人，犹如滔滔江水又如涓涓细流，不急不躁。我一直认为教育不能操之过急，不能急功近利，追求的是水到渠成，讲究火候，等待时机。教育是三分教，七分等的，"等一等"也许会有奇迹发生，这就是教育要在日常生活中去渗透与浸润的道理。

第二十讲
家长如何培养孩子的学习力

　　家长应如何激发孩子内在学习动力？我们可以看到很多优秀的学生不是通过补课而成功的，而是这些学生有好的学习方法，有良好的学习习惯，有充足的学习动力，也就是通常所说的"会学习"。会学习其本质就是学习力。所以，我们不是要急于给孩子补课，上补习班，而是要真正培养孩子具有相应的学习力，就是孩子要"会学习"，尤其在当前的"双减"大环境下，培养孩子的学习力和良好的学习习惯，使孩子具有学习的动力，显得尤其急迫。当然，没有一把万能钥匙能解决所有问题，因为家庭类型是多样的，不能"一刀切"，也要因人而异。

　　家长要培养孩子的兴趣爱好。兴趣会引导孩子找到正确有价值的人生之路；兴趣是最好的老师，它会指引孩子找到人生之路。兴趣是能促进学习的，因为孩子的视野开阔了，觉得自己懂得多，会对自己更有信心，更爱学习。一个人的成长需要三条途径：自我学习，同伴合作，专家引领。而"专家引领"的这个"专家"对孩子来说，不仅包括老师，还包括家长，最重要的是兴趣爱好，所以培养孩子对学习的兴趣是关键。

家长要给予孩子信心，培养孩子自信心，同时给予孩子合理的目标，不要大包大揽，也不要对孩子抱有过高的期望值。不如让孩子跳一跳就能拿到，就能获得，否则孩子会失去信心，也会失去动力，当然就没有学习的兴趣了。

家长不攀比，不要为了自己的面子而强逼孩子学习，不在公众场合拿自己的孩子与其他人比，在他人面前不揭孩子的短，反而要给孩子面子，说出他的优点。在适当的时间、恰当的环境放大孩子的优点，尽可能地缩小孩子的缺点。

家长要鼓励孩子与他人合作学习，形成小组，开展讨论学习，甚至因学习内容而争论，营造同伴之间互动讨论的学习氛围。其实，自己学会的东西，再教别人一遍，自己领会得更深，而且讨论可以激发新思路。所以，讨论的结果是双赢的，孩子的沟通能力、合作意识也能得到很好培养。

家长要更新观念，不要有经验之谈，要引导孩子学会转变学习方式，学会整合思维、创新式学习，学会自觉、主动学习。

家长要做好榜样，自觉学习提升自身素质。孩子在学习期间，家长最好也在学习或看书读报，而不是在孩子学习时，家长进行一些娱乐活动，当然也不是站在门口盯着孩子写作业。在学习上，家长和孩子应该是平等讨论，相互启发，而不是灌输式的、压制式的、强制式的。当前流行一句话：一流的家长做榜样，二流的家长做教练，三流的家长做保姆。榜样是一种看得见的力量，会激励人奋发向上。树立学习榜样很关键，家庭的榜样对孩子的教育起到潜移默化的作用。

叶圣陶先生说，我以为好的老师不是教书，不是教学生，而是教学生学。我想作为家长也应如此，在家庭教育中，培养学生拥有学习的动力，具有学习力，培养"会学习"的能力。让学校、家长、老师一起努力培养"会学习"的学生，让每个孩子都学会学习，享受学习，终身学习。

第二十一讲
家长如何引导孩子
面对生命中的"小波澜"

各位家长朋友，本讲聊聊家长应如何增强孩子生命的韧性。

2017 年，由皮克斯动画工作室出品的动画短片《鹬》，获得了第 89 届奥斯卡金像奖、最佳动画短片奖。短片讲的是一只鹬教孩子在经历挫折后，如何通过自己的努力觅食的故事。这只小鹬在学习独立的过程中遇到重重困难，并最终得到成长。

当家长看到自己的孩子遇到挫折，失去信心，甚至沉迷在挫折情境中无法自拔，想要用结束生命的方式来应对挫折时，往往会惊慌失措，或者常有冲动想帮他们消除所有的困难。但是我们应该提醒自己，人生成长的过程中，肯定会遇到挫折和失败。俗话说，一分耕耘，一分收获。那些能够去克服困难的孩子，远比那些从来没有遇到困难的孩子更有安全感和自信心。

在孩子的生活中，他们会时常感到自己不如别人，缺乏自信。但是经过一段时间的学习与成长，却发现成长的坎坷中有利于塑造完美性格。孩子在他们的成长过程中，是需要有些挫折的，家长的责任不是帮孩子免去一切困难，而是成为一个支持他的朋友。在他感到沮丧、挫败的时候，在旁边安慰、鼓励他，让他有足够的力量，战胜挫折。

大部分的家长认为在平时的生活中，可以创设一些挫折情境和事件对孩子进行挫折教育。这种理论其实完全没有必要，只要家长注重对孩子这方面能力的培养和教育，在任何时候都可以对孩子实施挫折教育。比如，在假日的郊游、适当的体育锻炼和体力劳动中等，都可以培养孩子的抗挫折能力。那么，如何合理对孩子进行挫折教育呢？

引导孩子正确对待挫折的前提就是，家长要做好孩子的榜样。如果家长在受挫之后惊慌失措，那么孩子遇到了挫折是不可能表现得很沉着冷静的。所以家长要以身示教，做好孩子的榜样。在自己遇到挫折时，应该表现得淡定和镇静，然后积极地想办法应对，言传身教，用实际行动告诉孩子面对挫折的好办法。家长要注意把身边的好榜样及时介绍给孩子，使他们从鲜活的生活事例中受到教益，获得如何应对挫折的经验。

和孩子相互沟通，一起战胜挫折。当家长发现孩子遇到挫折时，一定要和孩子在第一时间相互沟通，鼓励孩子向自己倾诉，家长要像朋友一样耐心地倾听孩子诉说。帮助孩子分析失败的原因，怎样才能不在挫折中被打败，引导孩子敢于正视自己，给自己合理定位，及时改变策略。

鼓励和支持孩子重新树立信心。在孩子遇到挫折时，家长要帮助孩子重树信心，疏导孩子的不良情绪，使孩子坦然地面对学习和生活中的成功与挫折，真正做到在顺境中不盲目得意，在逆境中不唉声叹气，胜不骄、败不馁，培养坚强的意志、持之以恒的精神，提高抗挫折的能力。

挫折教育的目的就是让孩子在现实生活中具有独立生存能力。因此，家长可以利用生活中自然产生的情境对孩子进行挫折教育，这对孩子的成长有着十分重要的意义。

坚定地放手，温柔地鼓励，耐心地等待，然后，一切风浪都将换作丰硕的果实和凯旋的歌舞。当然，我还是要再次强调，挫折教育需要家长有效的陪伴，主动关

心孩子，建立良好的亲子关系尤为重要。好的成长陪伴，好的亲子关系，其核心内容无非是这么一点："孩子，无论你是在金字塔的塔尖还是基座，我都深深地牵挂你，默默感受到你带来的幸福；我的骄傲，无须外界的肯定，只需与你分享。鼓足勇气去尝试成为那个理想中的你吧，就算失败，我也微笑接纳你的归来，孩子。"大家都记住，对方笑起来都是真好看的。

第二十二讲
家长如何提高
孩子的生活自理能力

　　各位家长朋友，独立生活是每一个人步入社会所必须掌握的一项基本技能。培养孩子的独立生活能力，独立意识，要从小开始，在生活的点滴中进行培养，在日常生活中培养孩子的劳动意识。随着孩子年龄的增长，孩子的独立意识、劳动意识没有随之增强，主要是家长有一个教育误区——家长担心培养孩子的独立意识、劳动意识会影响学业。其实，恰恰相反，培养孩子的劳动意识、独立生活的能力，会促进孩子学习的主动性，提高孩子学习的效率及分析问题的能力。这需要家长善于指导孩子，做孩子的坚强后盾，而不是为孩子包办一切。现在部分年轻人过分依赖外卖，这告诉我们其实有部分孩子独立生活的意识、能力，包括自理能力、劳动能力等生活的基本技能，并没有得到良好的培养，以至于逐渐减退。家长要重视从小培养孩子的独立意识及生活的自理能力，不要包办一切，不要在孩子的成长路上试图为孩子排除所有困难，最好是引导孩子发现和解决问题，教孩子体验生活，体验

困难，解决困难。

那么，家长如何更好地提高孩子的生活自理能力呢？

俗话说：一屋不扫，何以扫天下。从家务的小事情入手，孩子自己的事情要让其自己完成，坚持自己的事自己做，让孩子做自己力所能及的事。

家长要善用一些特殊事情的处理方法，抓住机会培养孩子的能力。比如，孩子不小心把玻璃杯摔碎了，家长这样说："孩子，有没有烫着，以后要小心点哦，哇！还划破皮了，流了点血，没事没事，没什么大碍，我去帮你贴个创可贴，然后你用扫把把地上的玻璃碎片打扫干净，我再重新给你拿个杯子去，能自己去装水喝吗？"这样的处理方式是蕴含很多内容的，既是在关心，又是在教孩子如何自己处理突发状况，长此以往，其处理能力、独立能力也随之慢慢养成。

家长要重视对孩子的劳动习惯的培养。在家庭中，家长要更新观念，顺应教育的潮流，与时俱进创造一切的可能条件开展劳动教育。让劳动融入家庭教育中，让孩子参与一些力所能及的劳动，以劳育劳，以劳育美，懂得劳动，尊重劳动，爱劳动，掌握劳动技能，从而在劳动中体验劳动的乐趣，增强生活的自信。劳动教育是通过学校教育给予发展与提升，要以家庭教育为阵地，劳动教育与学校教育是共融共生的共同体。家长应该做孩子的依靠者，而不应该成为孩子的依赖者。家长应该引导、培养孩子独立思考、解决问题的能力，不应该事事找他人帮助解决，依赖他人。家长也应该有意地给孩子自己处理事情的机会与空间，而不是处处包办。家长让孩子自理，不能心血来潮，要有监督，要有培养，要持之以恒。家长以身作则，给孩子正面的鼓励及评价，才能起到作用。家长要让孩子幸福一辈子，首先要有意识去努力培养孩子的独立意识和独立的能力，以及生活的自理能力。

各位家长朋友，若爱自己的孩子，那就要学会放手，孩子才会慢慢长大，才会有独立的意识及能力。温室里长不出参天大树，孩子终究要自己面对未来的一切的，所以，孩子就得从小在日常生活中学会面对生活的一切。

第二十三讲
家长眼中只有分数吗

　　各位家长朋友，家长心中、眼中只有分数吗？我相信回答是否定的。家长需要孩子的分数，也需要孩子健康与快乐。锡山中学校长唐江澎表示："学生没有分数，就过不了今天的高考；但孩子如果只有分数，恐怕也赢不了未来的大考；一个学校没有升学率，就没有高考竞争力；但我们的教育，只关注升学率，我们的国家恐怕也就没有核心竞争力。"可见，对于孩子的教育，如果只关心孩子的分数，便会使孩子失去立足社会的核心竞争力。

　　那么，我们应当如何正确看待考试的分数呢？我们不妨从这个真实案例入手：有这样一位家长，因为孩子的考试成绩是 A，气得吃不下饭、睡不着觉。这位家长的孩子平常考试都是满分，是 A+ 的，家长一直引以为荣，因为孩子是大家心目中优秀的孩子，是别人眼中学习的榜样。但这次孩子"跌下神坛"，孩子妈妈犹如当头一棒，感觉迷茫，无法接受从而怀疑"双减"政策。孩子因为母亲的失望与责骂，也流下眼泪，看着妈妈不吃饭，自己也不敢吃饭了。这个案例中的母亲，以片面的眼光错误地看待分数，孩子的分数下降了，便认为孩子"不争气""没出息"，

以分数高低作为判断学习优劣的唯一标准，把分数当成了评价孩子的唯一标准，片面地关注成绩，对孩子期望和要求过高，使这个孩子得不到接纳和肯定。长此以往，孩子将无法形成客观的、良好的自我认同感，无法建立起对自我的认同感与自信心，从而失去内心的快乐，这样对孩子的成长得不偿失。

因此，各位家长朋友，心中只有分数并不是真正的教育，我们应当将分数当成一次客观的反馈，借助考试这个"工具"，和孩子一起对阶段性的学习进行客观的评价和深度分析。我们可以从试卷难度、孩子学习基础、学习习惯、勤奋程度、兴趣和毅力等方面进行科学分析。考后的试卷分析其实是考试最重要的一个部分，比起冰冷的分数，考后分析才会帮助孩子真正地从考试中有所收获。

什么是真正的教育？除了成绩优秀，心灵的善良，身心的健康才是关键。所以，作为父母，我们虽然需要分数，但面对孩子，要少谈分数。平常在家，可以多跟孩子谈生活，谈未来，谈人生的思考和定位，这些对孩子的未来发展才更重要。从这个层面来看，"双减"政策十分及时，也非常必要。

长久以来，一些家长为了所谓的分数和面子，一心扎进应试教育的苦海中，孩子从小就被安排好一切，被逼着学、赶着学、提前学，被各种辅导班、试卷、刷题压得喘不过气来，结果成了没有方向、没有自我、没有快乐、没有自主、没有自律、没有自信的考试机器。这样的人没有健全的人格，无法对自己的未来负起责任，更无法承担起家庭和社会的责任。

"解铃还须系铃人"，要改变孩子先从我们自身改变起，从观念改变和行动开始吧。孩子的学习成绩既不是检验学习的唯一标准，也不是我们炫耀的资本。正确看待分数，有助于我们纠正错误的成绩观，关注孩子成长的关键因素。同时，孩子对未来有了明确的目标，对人生有了自己的追求，自然会以健康、乐观、自信的心态对待学习，取得学习上的成功也将会是水到渠成的事情。

第二十四讲
要改变孩子，
从家长自身改变开始

　　各位家长朋友，家庭是社会的基本单元，可以说是社会的细胞。家庭教育是教育的基础和起点，也是教育中的关键环节。我一直极力倡议，在家庭教育中，家长要从改变自身开始，学会与时俱进，做一位名副其实的阅读型、学习型父母，影响孩子去改变与成长。

　　《家庭教育促进法》的实施促使全社会关注青少年的教育，要求家长学习科学的育儿理念与方法。因此，那些主动放弃对孩子的养育，重智轻德、重知轻能的现象终将被淘汰，成为过去。新的教育方法也需要各位家长认真学习。在《家庭教育促进法》实施之际，我所在的学校乘着这股家庭教育的东风，成立了"暖心家庭教育指导中心"，旨在整合资源、借力提升，并进一步成为"南粤家长网校""区家长学校""区家校社"的共建基地。同时，家庭教育名师工作室也顺利挂牌，一起商讨孩子的教育策略，分享育儿心得，并借助专家、名师为家长赋能。希望在新时

期，通过家长聊吧、家校网、家长沙龙、温暖家讲堂、专家论坛等形式为家长更好地育儿提供学习平台和科学指导，一起守护和谐家庭，促进家校共育，营造和谐温馨的育人环境，真正做到依法育儿和家校共育。

习近平总书记强调，家庭是人生的第一所学校，家长是孩子的第一任老师，要给孩子讲好"人生第一课"，帮助孩子"扣好人生第一粒扣子"。所以，家长要认真思考和学习，更新观念，学会改变，切实肩负起育儿的责任。

在育儿的过程中，有些家长抱怨不了解孩子的学习情况。想要了解孩子的情况，家长可以主动和老师沟通。如果父母要给孩子在家加作业，估计很多孩子并不情愿，这非常考验父母的智慧。家长可以换一种方式，用日常生活的一些常识去引导孩子思考、学习，家长也可以设计有趣的问题让孩子动手、动笔、动脑。比如，为什么我们经常听到鲸鱼濒临灭绝，却不会听到鸡灭绝呢？让孩子学习的方法有很多种，关键看父母能否做个有心人。家长如果不学习教育的新思路，只是一成不变地干着急，不仅不能起到作用，还会适得其反。如果换种教育方式，让孩子在生活点滴中学习，孩子的学习主动性更强，学得有兴趣、有乐趣，亲子关系也融洽了，何乐而不为呢？所以，我认为改变孩子要从父母自身改变开始。

为了督促孩子学习，有些家长在孩子做作业的时候，经常进进出出，以关心孩子为理由，端茶递水，嘘寒问暖。这样做会影响孩子学习的专注力，也给孩子幼小心灵种下不信任的种子，对孩子的成长不利，孩子只能想方设法去应对甚至对付父母的这种行为。要让孩子静心学习，陪伴也许是一种更好的方式。父母可以和孩子一起，安静地看会儿书，学会儿习。这个例子，依然是父母从自身改变，进而影响孩子，教育应该是春风化雨式的、是浸润式的。如果孩子一直在应对、对付父母有意无意中带来的一些伤害，学习的心思便会被分散，学习成绩便会受到影响。让孩子心情放松，保持良好的情绪和状态，学习效率便会提升。

"双减"政策出台后，很多家长认为孩子放学后无作业可做，空余时间多。其实，家长完全可以换一种思维对待孩子多余的时间，利用好这个时间培养孩子的习惯和兴趣，如运动、劳动等。在陪伴过程中，家长可以根据情景设计问题。比如，带着孩子做美食，引导孩子给菜品命名，趁机启发孩子思考有什么样的寓意，提醒孩子记录制作菜品的过程，思考亲手制作的美食吃起来心情怎样、味道如何，以备下一次再做的时候有一个对比。家长一定要注意，只有孩子愿意做，才有可能成为好习惯。这在无形中可以培养孩子的观察力、思考力及写作能力。带孩子购物时，可以提出与钱有关的问题，如人民币为什么只有"1、2、5、10"这几个数字呢？这无形中激发了孩子的求知欲，培养其数字敏感性，当一个孩子对数字有了敏感性，他也就会对数学感兴趣。请家长们记住，教育孩子的时候，千万不要提要求或者是以命令的口吻，要换一种方式对待孩子。其实，只要家长用心陪伴孩子，生活处处都有可供孩子学习、成长的场景。因此，想要孩子拥有好习惯，家长首先要有意识为孩子营造其乐融融的生活氛围。

各位家长朋友，努力之后就顺其自然，相信一切都是最好的安排。我们改变不了他们，那就改变自己。我们也不要试图改变他人，因为这样会很累，甚至会适得其反。换一种方式、换一种思维，也许会收到不一样的效果。

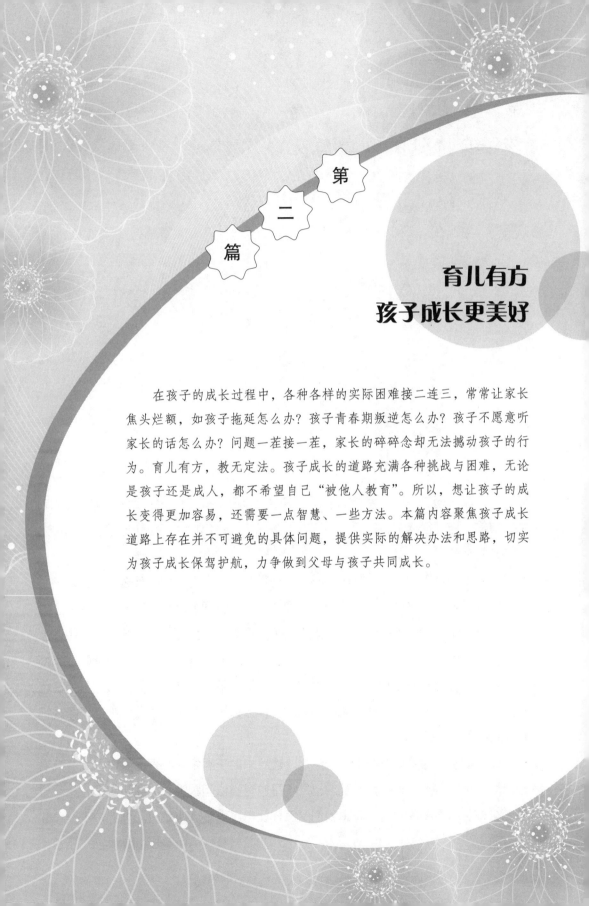

第二篇

育儿有方
孩子成长更美好

在孩子的成长过程中，各种各样的实际困难接二连三，常常让家长焦头烂额，如孩子拖延怎么办？孩子青春期叛逆怎么办？孩子不愿意听家长的话怎么办？问题一茬接一茬，家长的碎碎念却无法撼动孩子的行为。育儿有方，教无定法。孩子成长的道路充满各种挑战与困难，无论是孩子还是成人，都不希望自己"被他人教育"。所以，想让孩子的成长变得更加容易，还需要一点智慧、一些方法。本篇内容聚焦孩子成长道路上存在并不可避免的具体问题，提供实际的解决办法和思路，切实为孩子成长保驾护航，力争做到父母与孩子共同成长。

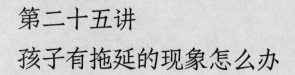

第二十五讲
孩子有拖延的现象怎么办

各位家长朋友，在与家长的聊天过程中，有很多家长都反映了孩子有拖延的习惯。其实，拖延很普遍，不只是孩子，很多成年人，包括我们家长自己也经常会出现拖延的现象。

自小我们就懂得"明日复明日，明日何其多"的道理，但为什么无论工作还是学习，效率就是无法达到预想的效果和要求呢？这主要是现代生活节奏快，在压力大、信息化快速发展的现代社会背景下，因为意志力失控而慢慢形成的。从生理上的懒惰慢慢演变为行动上的拖拉，再渐渐出现拖延的现象，最后发展成拖延症。拖延症是在自我调节失败并能够预料后果有害的情况下，仍然把计划要做的事情往后推迟、延迟。拖延症是心理上无法控制的。那么孩子有拖拉行为或称拖延现象或称拖延症，怎么办呢？

如果孩子真的患有很严重的拖延症，建议求助于医生或心理医生进行调节及治疗。同时也应做到：第一，反观自己是不是也有类似问题呢，如果有的话，想想应该怎么办。如果没有的话，想想我们是怎样让自己克服这些不良习惯的。不要一味地只看到孩子这些缺点，然后就指责孩子。要求孩子做事、做作业等养成不要拖拉的好习惯，父母就要严格要求自己做事情没有拖拉的习惯，给孩子树立榜样，以身作则。要多和孩子沟通，了解孩子做事情比较慢的原因，尊重孩子，给孩子一个正确的引导。同时，父母要有针对性地进行改善，一定不要娇惯孩子，不要事事包办，不然容易导致孩子动手能力差又容易拖拉。第二，父母对孩子的要求要保持前后一致，同样事情的规则和要求必须一致，同时更要有恒心、耐心和毅力。平常尽量帮孩子做好约束，在什么样的时间内完成什么样的事情，逐渐改善。有拖延的现象出现，一定不要娇惯孩子，不要养成孩子事事都依赖，从而完成不了要求指令。要与孩子约好、协商好，出现拖拉现象要做出相应的、恰当的惩罚，也让孩子明白做不好就要承担责任，从而引起孩子的重视，促进孩子有目的、有计划改进。做事要认真履行约定，培养责任意识，也培养孩子做事的良好习惯。第三，要指导孩子做事有计划，一项一项做，做完一项再继续下一项，分割目标，设定期限，及时检查、督促自己；每件事要做就做彻底，不留尾巴，能一步到位就不要留一点给以后。拖延的习惯就是借口多，就会虎头蛇尾，即使开头不拖拉，临近结束却又偷懒，那还是没办法完成任务的。第四，要求孩子做事要专心，聚精会神，讲求效率，避开干扰因素，除了紧急情况外，先做手头的事，紧急而重要的事，懂得做事要注意轻重缓急，合理安排。第五，指导孩子进行时间管理。科学利用时间，把有限的时间充分利用起来。人生只有三天，那就是昨天、今天、明天。昨天已不复返，明天也会来之即去，今天是勤奋者珍贵的财富，珍惜当下，要有唯一性的理念，多少的过去代替不了当下，多少的未来也弥补不了现在。坚决去掉类似"等下"的念头，如"这个等下做""这个明天做""这个事不急，还有时间""过几天再做也来得及"等。第六，加强品质培养。一个人若有人格修养，有坚持执着，有刻苦耐劳、自信阳光、诚实守信、学会尊重的品质，相信拖拉的现象也不会存在。

各位家长朋友，没有别的什么小习惯比拖延更为有害。更没有别的什么习惯，比拖延更能使人懈怠、减弱人们做事的能力及意志力。克服拖延的关键是一定要学会时间管理，明确计划，有目标，善于合理安排时间，一个能够科学分配时间的人是不会有拖拉、拖延的习惯和现象的。

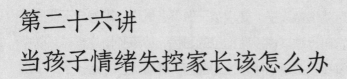

第二十六讲
当孩子情绪失控家长该怎么办

　　各位家长朋友，我们应该清楚地认识到情绪本身是没有错的，错的是其表达方式不对；有情绪时，我们应该给它时间与空间。

　　在家庭教育中，我们都在讲家长要管理好自己的情绪，但如果孩子的情绪失控，家长又该怎么办呢？家长能管理好自己的情绪其实已经是很好的办法了，也就是当孩子情绪失控时，我们可以根据孩子情绪失控的级别，给予相应的时间、空间与沟通引导。

　　我们再来看看这样的案例：看见别的孩子有上千元的篮球、背着上万元的包、穿着限量版的鞋，他也想要，家长不同意，他就要摔东西，或者要挟家长如果不买就不上学，甚至用自己的生命威胁家长。家长看到孩子这样的情绪表现该怎么处理呢？是妥协、还是训斥，还是……

　　我想不应该是妥协或者训斥，家长可以参考这样的处理方式：第一，表示理解。向孩子表明那些东西看上去似乎挺好的，爸妈像他这么小的时候也有过这种想法，但是凡事要有度，过犹不及。而且我们要看看自己的能力，你如果很喜欢，那你就要学好本领将来凭自己的能力去购买。第二，表明规则。把规则亮出来，要告知孩子客观事实与主观原则，不能进行盲目攀比。如果还继续哭闹，家长要坚守原则，在确保孩子安全的前提下，让他承担"自然后果的惩罚"——当然要在家里封闭进行，不宜在公共场合给孩子立规矩，尤其不宜在公共场合批评打骂孩子。特别提醒：家长给孩子定的规则一定要坚持执行，也万万不可在父母之间出现意见分歧，分别扮白脸和红脸，朝令夕改，让孩子有借口可依、有可逃避的借口。第三，要安慰孩子，并让他感受到家长对他的爱，让他体面地接受"失败"。适当让孩子尝到甜头，不全盘否定，设身处地站在孩子角度着想，以考虑孩子请求为出发点。但在该说"不"的时候说"不"，该让他吃苦的时候吃苦，这就是坚定。我们的目的不是打败他，不是让他感到没尊严，而是让他建立规则意识，同时让他感到家长的原则底线及对他的爱。对孩子而言，让他知道自己做错了什么，比无意义的惩罚更重要，无意义的惩罚只会让孩子的负面情绪再度升级。当孩子情绪失控了，家长大声训斥是无济于事的。聪明的家长此时应该用另外一种方式，巧妙地不让他们选择做或者不做，而是选择什么时候做，或者以什么方式做，不是通过发脾气来解决问题。先柔后刚再柔，柔中有刚，刚中带柔，严中带着爱，爱中带着规矩、教育，这就是家长的智慧。但还是要强调教育是要持之以恒的，规则一定要坚持到底。

各位家长朋友，我们只有了解孩子的年龄特点、成长需要、对家长的需求，我们才能培养他们独立自主的品格。同理合理共情，认可接纳孩子的情绪；分清界限，让孩子为自己的行为负责；正确巧妙引导，教会孩子管理情绪的方法，这些对孩子情绪的管控，对孩子的成长都是很有好处的。

第二十七讲
面对孩子"早恋"，家长该怎么办

　　各位家长朋友，孩子的所谓"早恋"问题，相信大家都很紧张，也不知道如何是好，家长应该怎样准确、科学看待这个问题呢？

　　"早恋"是一个让中国家长闻之色变的词，既然是在"恋"前加"早"字，肯定是说明孩子在这个阶段有"恋"是不合适的。不合适的理由，大多是因为担心孩子"早恋"影响学业成绩，尤其是家有女儿的家长，更担心女儿吃亏。在国外，同样的情况用另一个词来形容，就是"puppy love"，意指少年不成熟的恋爱。相比之下，"早恋"这个词我们强调的是时间，而国外的用法则是强调孩子的身心发展特点。可能有些家长发现，孩子上初中后开始有一些"反常"的举动，如突然变得话少，不愿和家长交流，找各种理由外出；也会开始注重打扮自己，关注自己的发型、衣着、形象；情绪波动大，有时兴奋，有时忧郁；有一些回避家长的行为，如写信、写日记、通电话等。这是因为，孩子的身心发展产生了变化，他们从儿童期进入了青春期。

　　著名心理学家埃里克森认为，青春期的恋爱对于青少年的自我理解和身份认同有着重要贡献。在青春期的恋爱过程中和喜欢的人之间发生的矛盾、理解、伤害，都能促进一个人对"自己是谁"的探索。如果家长在正确的性教育基础上让孩子自由探索亲密关系，他就会知道自己是谁，喜欢什么，如何和人相处。

相反，被禁止恋爱、缺乏探索的孩子，会陷入"自我身份混淆"。因为不知道自己是谁、不知道如何自我接纳和认同，他们之后不仅很难建立和维护一段感情，更会在工作和家庭生活中遭遇一系列挫折。加上没有正确的性教育，也可能会把性当成耻辱或刺激，容易在感情道路上走极端。

所以，当您发现孩子有"谈恋爱"的迹象时，我想先恭喜您，这说明您的孩子处在正常的发展轨迹上，说明他们长大了，开始懂事了，开始对异性感兴趣了，正式步入青春期了，且开始去感受"喜欢"、体验"喜欢"、学习"喜欢"。您别觉得这"喜欢"二字说起来容易！它也是需要去学习的，甚至这段早期的经历在某种程度上会决定一个人的恋爱观、婚姻观，从而影响一生的幸福。

各位家长朋友们，要清楚的是"早恋"本身不是问题，作为家长、老师不会处理或处理不当因"早恋"带来的问题才是真正的问题，而这些问题中又有一部分恰恰与家长、老师的态度、观点、处理问题的原则和方法有关。若有同学跟我谈起关于感情、恋爱的话题，对异性有好感，我会表示理解并表示这很正常，但我会告诉他（她）要怎样处理好与异性之间的交往，度要把握好，不要轻易定位是"爱"、是"恋爱"。首先，对"早恋"的同学我是肯定他（她）长大了，说明其成长正常。其次，我会引导他（她）看看生物书里的相关知识，当然，学校也开设了相关的青春期教育及性教育知识方面的讲座。最后，我会跟他（她）说这是决定人生幸福的关键时期，一定要想清楚，不能贸然行动。另外我会跟他（她）聊聊人生每一个阶段做什么事是很重要的，要保证在恰当的时间做恰当的事，现阶段的任务是学习，锻炼好身体，创造一切条件，让自己强大、成熟，为将来更好地选择做准备，为将来的幸福而努力奠基。帮他们分析现阶段的他（她）在看问题、判断问题方面因知识、社会阅历的欠缺而不足、不成熟，会因一些小事而改变选择，从而浪费了时间和精力，还会给对方造成不同程度的伤害，影响彼此的心情。我会跟他（她）聊聊作为男人责任感的问题，男生要懂得保护，学会尊重，因为爱，所以要有责任心；要懂得尊重保护女生，要有能力保护对方，这是一个男人的魅力，也是女生喜欢的

类型，所以一定要学会、塑造，让自己拥有这方面的品质才能开始去追求爱，也才会拥有爱。目前我觉得你还没具备这样的能力，因为你还需要父母的保护，还没有自立、独立的能力，你还需要父母提供一切的学习上、生活上的保障，还是一位消费者。我会告诉他们，谈恋爱要慎重，不要影响学业。

　　处理好孩子的早恋问题，家长要对孩子的情感情绪正确回应。如果发现孩子"早恋"了，这时母亲的感情介入显得尤为重要，要保护、帮助孩子，此时不需要理性，而更要感性。母亲的感情不能缺席，否则把孩子自然而然就推出去，推给了别人。同样，人在春风得意的时候，人的心也是最为软弱的，这时爱情也很容易入侵。此时母亲的情绪很重要，也就是要多一点理性，控制自己的情绪，保持自己的原则，对孩子帮助、关注、温暖及保护。最后，请家长朋友们正确对待孩子"早恋"问题，正确引导孩子顺利度过这个时期。

第二十八讲
当孩子没有礼貌，家长该怎么办

　　各位家长朋友，在孩子成长的过程中总会遇到各种各样的问题，比起孩子的学习成绩而言，家长们更担心的就是孩子的素质教育问题。现在不少孩子很调皮，不讲礼貌不听话不接受管教，有时候还说脏话动手打人。今天我就和大家来聊一聊，如果孩子没有礼貌，家长应该怎么办呢？

　　第一，父母要以身作则。培养孩子懂礼貌，应从父母自身做起。我们发现有些家长，尤其父亲满口粗话，自己的言行举止不注意，粗言滥语，试问一下，这样去要求孩子讲文明有礼貌可能吗？孩子不但不会听，不会做好，相反可能会学父母，甚至比父母更糟糕。因为孩子的礼貌语言、礼貌行为都是来自对成人的模仿。父母是孩子的第一任老师，自己的一言一行、一举一动，都在无形中感染和熏陶着孩子。如果家长平常都不用"礼貌"去要求自己的言行，反而告诉孩子要讲礼貌，这确实有点强人所难。这也正是我们平常所说的"言教不如身教"。尊老爱幼是我国的传统美德。要懂得孝敬老人，爱护比自己还小的孩子。每天早上起床后，当孩子们放学后，父母可以主动问候孩子。家里有老人，出于对长辈的尊重，父母应该问候长辈，也引导孩子问候长辈。生活在一个文明礼仪之家，孩子多半也是懂礼貌的。反之，如果发现孩子动不动就将脾气发泄在长辈身上，作为父母就必须立刻制止，并且要让孩子为自己的行为向爷爷奶奶道歉。家长要让孩子意识到这种不礼貌的行为是不对的。事后，要及时开导孩子，给孩子做"思想工作"，与孩子一起冷静分析他的言行错误，要告诉孩子情绪的正确表达方式。我每一学期都会教小朋友要懂礼貌，尊重他人，主动打招呼。尤其教育学生每天起床要主动跟长辈、兄弟姐妹问好。到了学校，在门口跟保安叔叔、阿姨打招呼问好；进校园跟老师、同学问好打招呼。这就是从小事、从细节、从日常去教他们讲礼貌，而且要坚持。试问一下，在家里，多少家长能坚持每天早上起床，要求孩子主动打招呼、问早并坚持落实做到底呢？简单的事重复做，我们就是赢家，这样就会让孩子养成习惯，换回孩子的文明礼貌。

第二，要正确引导，教会孩子学会分享，懂得谦让。家长平时要注意教育孩子使用"文明用语"，这也是人际交往的基本礼仪。当孩子做出没有礼貌的行为时，家长应该及时指出，并且告诉他哪里做错了，应该如何做，怎样做？因为毕竟孩子年龄小，是非观念淡薄。家长应该尽到告知与教育义务及教育指导责任，才能让孩子更加有礼貌。在生活当中，教会孩子谦让和分享也是很重要的。比如，和同学一起分享、在别人困难时伸出援手等。还可以参加一些社会爱心活动，在活动中得到实践和教育。通过帮助别人，让孩子不仅有成就感，还能使感情更丰富，更有爱心，自然就会自觉讲文明、讲礼貌。

第三，塑造孩子开朗大方的性格。因为还有一些孩子没礼貌的原因是性格问题，可能太内向，不善与人交往，遇到什么人都不好意思打招呼。那么，家长应该适当塑造孩子的性格，让他要多与人接触，多与人交谈，带他参加各种活动，多接触社会，才能敞开心扉，善于与人沟通，自然也会礼貌待人，尊重他人的。

第四，要教导孩子有礼貌，给予充分的肯定很重要。当孩子做错时，家长应该进行教育。当孩子做对某件事情时，也应该及时给予肯定和鼓励。其实孩子很期待得到家长的褒奖，孩子会感到很满足很骄傲。如果孩子在礼貌方面有所改进的话，我们应该及时地对孩子进行鼓励，让孩子感受到文明礼貌给自己和家人带来的愉悦，这样孩子才更有动力。

"家是最小国，国是千万家"。只有每一个家庭都努力做文明礼仪之家，培养一代代文明礼仪之人，才能将中国是"文明礼仪之邦"更好地传承下去！学校与家庭责任在肩，永远在路上。

第二十九讲
孩子总不紧不慢，家长该怎么办

　　各位家长朋友，也许在教育孩子的过程中，我们总会不自觉地发出以下指令："快去吃饭""快点写作业""快点打开电脑上网课""快去体育锻炼""快点起床""快点去洗澡"等，孩子拖拉的毛病，总让我们感到头疼。让我们更为头疼的是，即使我们催得急，孩子依旧不紧不慢，我们多说一句，孩子甚至会和我们犟起来。我们催促的效果，可能仅仅有效一次，下一次，孩子依旧我行我素。因此，催促不仅解决不了问题，还会让自己和孩子越来越焦虑，越来越烦躁，亲子关系变得紧张。那么，家长碰到这种情况怎么办呢？

　　心理学研究表明：到了6岁，部分孩子才开始对具体时间有明确的概念。到了8岁，大部分孩子开始明白应该按时上学，知道早上应该动作快些，以免上学迟到。因此，孩子对于时间的形成紧迫感，有个心理的发展过程。

　　所以，在6岁以前，如果遇到孩子动作磨蹭，家长首先应该控制好自己的情绪，因为父母着急也并没有效果。但是，我们可以着重培养孩子良好的习惯，让孩子对规则、计划有所了解，同时，要注意以下几个细节。

第一，当孩子全身心投入完成一件事时，请不要打扰孩子，让他认真完成这件事，之后再要求他做其他的事情。要求孩子做事情的时候，一次只给一个指令，指令直接明了，孩子才会明确自己要完成的任务。有的父母让孩子收拾玩具，孩子收拾到一半，家长又开始批评孩子另一方面的问题，这会让孩子感到困惑，不知道自己应该先做什么，后做什么。

第二，不要因为孩子太磨蹭，为了节约时间而选择替孩子完成事情。比如，孩子整理书包慢，家长就动手帮忙整理；孩子收拾玩具慢，家长就亲自收拾……这样，孩子渐渐对家长的包办行为产生依赖性，他们会认为："反正我也做不好，做不好还要责怪，那还不如不做！"家长本意是想节省时间，没想到适得其反，不但导致孩子养成了更加磨蹭的习惯，还养成了孩子衣来伸手饭来张口的毛病。

第三，不要经常说孩子磨蹭，给孩子贴标签。心理学上有个"贴标签"效应，当一个人被贴上一种标签后，他会做出自我印象管理，使自己的行为与所贴标签的内容相一致。当你不停地责备孩子慢，孩子就会不断地自我催眠，给自己打一个"我就是个磨蹭的人"的标签。慢慢的，孩子就会变得更磨蹭、更懒散。

孩子6岁以后，家长应教会孩子学会时间管理，如如何规划时间，如何分配时间，什么时间学习，什么时候玩，以便帮助孩子学会合理地支配时间。具体来说，可以尝试以下做法。

低年级的孩子，可以借助计时器帮助孩子建立时间长短的概念。比如，写作业，每30分钟，可以选择让孩子休息一下，建立起像在学校上课一样的秩序感。这样孩子就会明白，做作业的30分钟时间内是不允许随意走动的。家长还可以先估算一项作业完成所需的时间，做一个倒计时，让孩子在规定的时间内完成。

同时，家长要使孩子养成一定的学习和作息习惯。因为当孩子的行为成为习惯，他也就不需要家长过多督促了。具体来说，我们可以制订一个计划表，计划表不用十分精细，但需要制定时间段，如晚上6点至8点是写作业时间、晚上8点至8点半是整理内务时间、8点半至9点半是阅读时间等。这会让孩子慢慢地觉得生活是很有秩序的，在时间的支配下，他便知道什么时间应该做些什么。

对于周末的生活，我们也可以帮孩子制作课程表，先将孩子需要参加的活动固定在某些时间段，剩下什么时间是可以让他们完成作业的，都一目了然。同时，一

定要让孩子养成在周六完成作业的习惯，而周六晚上或者是周日的下午，可以用作家庭聚会，和孩子一起看电影、外出游玩等，做到劳逸结合。

著名教育家乌申斯基说过：如果你养成好的习惯，一辈子都享不尽它给你带来的利息，如果你养成了坏的习惯，一辈子都在偿还无尽的债务。面对孩子的磨蹭，父母不要过于着急，先认识到磨蹭是孩子成长必经的一个阶段，科学合理分析孩子造成磨蹭的原因，再帮助他们建立秩序感。这样，他们就会变得自律、主动。

值得注意的是，所有的教育、策略、要求都要适当可行、适度而行。面对孩子的磨蹭，家长不能操之过急，要循序渐进。教育家陶行知说过：在你的教鞭下有瓦特，在你的冷眼里有牛顿，在你的讥笑中有爱迪生。所以，家长不妨换一种眼光，换一个角度，换一种方式来对待孩子，用积极的心态去期望每一个孩子的进步，相信我们一定会有很多新的发现。

第三十讲
当孩子撒谎，家长该怎么办

　　各位家长朋友，你的孩子会撒谎吗？爱撒谎吗？很多家长给孩子从小就讲《狼来了》的故事，教育孩子不要撒谎。但不少家长还是会发现，孩子渐渐长大，会开始有意无意地说谎：晚上不想睡觉，说肚子疼要上厕所；为了不去学校，说同学欺负自己；还常常跟小伙伴"说大话"，明明家里没有的东西硬说有⋯⋯

　　撒谎是不道德的，家长也不喜欢撒谎的孩子，孩子撒谎不容易教育，很难再改掉。那么，作为父母该怎么做呢？

　　面对孩子撒谎的情况，家长们可曾想过背后的原因？说谎动机无非有三：自我保护，取悦大人，模仿大人。其中自我保护是最常见的说谎动机，孩子害怕家长知道事实真相后自己会受到惩罚就会选择撒谎。比如，孩子把水杯打碎了，会说是别的小朋友做的，或是弟弟妹妹打碎的，或是被风吹倒的。有的家长对孩子的要求很高，当孩子没有达到目标，又不想让家长失望，压力之下也会用谎言来取悦家长，如谎报学习成绩。还有的孩子是通过家长的"言传身教"学会说谎的，如某些家长为了搞定孩子而随口许诺，之后却不兑现；吓唬孩子不听话，就让警察叔叔抓走；

为了儿童免票和半票，甚至还让孩子对其他人谎报身高和年龄；等等。这些言行都给孩子的诚信教育带来负面影响。

那么，当孩子撒谎，我们作为家长应该怎么做呢？

第一，不要设置让孩子撒谎的局面，不要去问明明知道答案的问题。比如，当你已经知道孩子打碎了花瓶，就不需要质问孩子"是不是你干的？究竟是谁干的？"而是直接指明结果，寻求解决方式。家长要能理解孩子这样的感觉，以温和、包容的态度与孩子一起讨论，找出比说谎更好的问题解决方式。这样可以帮助孩子往后在遇到问题时，更能勇敢地面对；同时也让孩子不会因为害怕家长的反应，而用说谎来保护自己，欺骗父母。

第二，要创造一个"可以诚实"的家庭空间，建立信任机制，让孩子提前知道说实话不会受到惩罚。切记不要"钓鱼执法"。有些家长事先用说实话就"不生气、不惩罚"来诱导孩子，等孩子说出实话后就大发雷霆，这只能让孩子认为"坦白从严，抗拒从宽"，只想着下一次把谎言编得更圆。家长在处理孩子说谎的行为时，可以用温暖、接纳的态度，耐心引导孩子，也可以告诉孩子："即使犯错，也有改过机会，你仍是爸妈心中的宝贝，仍是好孩子"，让孩子放心地表达自己行为背后的想法与需要。

第三，正面引导很重要。如果孩子承认自己做错事，要表扬孩子的勇气，给予其正面的鼓励，培养一个勇于承担、不怕犯错的孩子。引导孩子从错误中吸取教训、总结经验，学会处理犯错的后果。家长还可以适时地选择一些绘本故事来引导孩子，因为文字简短、附有插图的绘本有时比刻板僵硬的说教更能贴近孩子的心。例如，绘本《说谎虫》能让孩子从中体会：说了一个谎，就得用更多的谎话去圆谎，其实是更辛苦的。而《谎言小精灵》则是让孩子体会主角说谎时内心的不安与挣扎，帮助孩子了解"与其逃避，不如勇于面对错误"！

第四，与孩子约法三章。如果之后孩子犯了错或违反约定，家长不会批评，但是可能有其他替代性的处罚，如看电视时间减少、不能吃点心，玩手机的时间减少，让孩子学习为自己的行为负起责任。

当然，要让孩子不撒谎，家长一定要给孩子树立一个良好的学习榜样，以身作则，言传身教。

第三十一讲
孩子放寒假了，家长应该怎样做

　　各位家长朋友，我常常会听到有些家长在放寒假之前担心和抱怨孩子放假之后的生活和状态。那么，我们应该如何安排，让孩子度过一个健康、充实且家庭气氛融洽和谐的假期呢？

　　首先，我们要确保孩子的作息时间规律、睡眠时间充足。科学意义上讲，青少年每日最佳睡眠时间是 6~8 小时。如果假期孩子睡眠不足，黑白颠倒，对孩子的身体发育和学习是极其有害的。初三的学生比较特殊，我建议力争假期这段时间的作息时间与平常上学时间基本一致，因为寒假过后，学生离中考的时间不足 120天，他们回到学校几乎没有时间再去慢慢适应开学的安排及节奏了。无论是哪个阶段的孩子，有一个良好的睡眠习惯都是非常重要的，因为这可以帮助孩子的大脑和身体得到足够的放松。

　　其次，我们可以和孩子一起制订学习计划，规划好生活作息时间，制订一份科学合理的时间表。在制订时间表时，家长应当和孩子一起讨论，而不要命令孩子必须几点睡，必须几点起床，必须每天做假期作业，必须做家务，等等，因为这种强

制性、命令式的计划，往往会适得其反。具体来说，我们可以把寒假划分成三个阶段。

第一阶段：以学习为主。在这一阶段，孩子应当制订寒假学习计划和作息表。趁着孩子学习的余韵还未散退，年味还没有那么浓，我们可以先让孩子以学习为主，完成部分寒假作业。过年前一起搞家庭卫生，干干净净迎新年，一起筹办年货迎接新春。

第二阶段：享受过年的气氛。到了农历腊月二十八，年味儿已经非常浓了，家家户户也都在大扫除，置办年货，非常热闹。这个时候，孩子也无心学习，所以，家长可以让孩子尽情享受过年的欢乐气氛。年前带孩子置办年货，年后带孩子拜年，教孩子拜年礼仪和拜年吉祥话，让孩子尽情感受我国的传统文化，积累春节故事，了解春节习俗，学习春节文化。当然，这段时间也要注意饮食健康，劳逸结合，可以玩为主学为辅，孩子可以适当阅读书目和练习书法。

第三阶段：收心为主。过了大年初六，年味儿稍微淡了一点，开学也近在眼前。这时家长应该引导并帮助孩子收收心，回归正常的学习状态，为孩子的开学做好准备。主要任务是调整孩子的生物钟，让孩子尽快适应学校的作息时间；检查孩子的寒假作业，没完成的作业尽快完成；预习新课，为新学期的学习做好准备。

当然，初三的学生比较特殊，要在这三个阶段更好地利用时间规划复习，因为把握好这段时间，利用好这段时间，将对自己的中考非常重要。

为了进一步丰富孩子的假期生活，增进与孩子的情感交流，家长们也可以利用假期，和孩子一起完成丰富多样的家庭亲子活动。例如，低年级的家长可以和孩子一起商量并共同完成早餐或午餐，这既可以培养孩子的生活技能，还可以通过做早餐的任务避免孩子睡懒觉。除了做饭菜，家长还可以与孩子商量确定其他家务劳动的事宜，并可以参照学校或者公司的运行机制，根据孩子的表现和完成情况，给予肯定、奖励甚至一定的零花钱用来购买文具等。通过这种方式，家长可以趁机培养孩子的理财能力，同时让孩子感受制度约束，明白收获需源于自己的辛勤付出。除此之外，家长还可以与孩子商定共同看一本书或者共同练字，家长与孩子一起，安排每日或每周的读书活动，举行家庭读书分享会，或者和孩子每天练 20~30 分钟的字，描字帖也可以。如果条件允许、时间合适，假期父母还可以带孩子开展一些慈善的活动，从小培养孩子常怀善良之心。

　　各位家长朋友，孩子的寒假质量，其实是取决于父母的态度、决心和执行力，以及父母自身作为榜样的力量。无规矩不成方圆，立了规矩就要有效执行，家长要讲究执行的方法、策略，要有恒心并从自己做起，做好孩子的榜样。我相信孩子看到父母的身体力行，一定会有所进步，而家长也能够通过假期，尽情享受孩子进步的喜悦。

第三十二讲
孩子不肯承认错误，家长该怎么办

各位家长朋友，您是否曾有过生气却又无可奈何的情况：孩子做错了事儿，却执拗地不肯承认错误，他或是把责任推给他人，或是用沉默来对抗，反正就是对自己的错误毫无担当。那么孩子不肯承认错误的原因到底是什么？我们又能用什么方法让孩子认识到错误呢？关于这个问题，不妨也反问一下自己，尤其在孩子面前我们做错了，作为家长有没有主动承认错误，有没有坦然地、坦诚地向孩子道歉呢？

孩子不肯承认错误的原因主要有三点。

第一，孩子并不认为他的行为构成了错误，所以从孩子的角度出发，没犯错误谈何承认错误呢？每个孩子对于错误的分辨能力是不一样的，在家长看来错得离谱的事，在孩子眼中可能会是一件平常事，这在低龄段孩子身上较为常见。比如，孩子会对其他人的物品感到新奇，于是未经他人同意，拿走了他人的物品自己使用。当家长看到孩子书包里出现的"他人物品"时，第一反应是询问清楚物品的来源，以及平静地询问获得这个物品时孩子的心理感受。同时，要引导理解"拿"和"偷"的概念，不要轻易就下定论是"偷"来的。要告知孩子下次务必要先征得他人同意，之后才能借用物品。同时，可以通过情景再现的方式让孩子体会失主找不到东西后着急的心情。分辨能力的高低决定着孩子试错的频率，同时也决定了正确观念的培养成效。

第二，孩子明知是错误还不肯承认，在很大程度上是因为孩子无法承担认错后的结果，怕父母的责备。因为在出现这样的问题后，家长普遍会比较生气，有些家长甚至认为第一次一定要重罚，这样孩子才能长记性。在情绪的影响下，自然会放大孩子的错误，家长一顿批评犹如疾风骤雨，扑面而来，孩子毫无招架之力，这便直接造成了隐瞒的无奈之举。

第三，有些孩子缺乏担当，欠缺责任感，在大是大非面前，选择逃避，或者是把问题转移到他人身上，避重就轻。

通过上述分析，家长可以试试从源头解决问题。首先，父母要做好榜样。言传身教告知孩子做人的道理，在生活中和孩子分享一些社会新闻，告诉孩子错误发生后可能会产生的严重后果，让孩子产生共情，警示的效果直接影响了孩子的行为取向。那么，什么是共情呢？共情，就是能够设身处地地从他人的角度看待或处理一件事情，家长的经验之谈太重要了——和孩子多传授自己的经验，多给孩子讲讲道理，有助于提升孩子对事情的辨别能力，以此来降低犯错的可能性。同时，要留心发现孩子所犯错误的蛛丝马迹，在酿成大错前防微杜渐。家长要关注孩子成长的点滴，对于孩子的特殊举动要有预判性，发现小错要及时引导，不能让孩子第一次的错误教育草草收场。给孩子发出强大的信号，父母的教育一直会在，不会缺席。

其次，错误发生了，如何让孩子坦然承认，这需要家长使用教育艺术——用宽容打破惩罚的坚冰。孩子被发现不承认错误的时候，有时并不是最佳的教育时机，这时家长要平复一下暴怒的情绪，可以和孩子推心置腹讲讲自己小时候遇到的类似事件，说说自己当时的心路历程。然后，旁敲侧击地问问孩子的想法，触碰一下孩子发生错误时的心境，把这个纠错的教育过程延长一些，给孩子一点反思的时间和空间，不要急于求成。同时，也可以让孩子信任的人参与这个教育的过程，从他人的角度多帮助孩子指错、分析，并改正。

再次，要培养孩子的担当意识与责任感——勇敢地站出来，勇敢地承担一切后果。批评和其他惩罚并不应该是孩子在这件事中得到的，正视问题和采取补救措

施才是他成长的途径。因此，家长要在平日里给孩子提供勇于担当与承担责任的机会。

最后，平常可以让孩子看这方面的书籍，通过名言警句、典故、文章来影响、熏陶孩子自觉成长，自觉约束自己的言行举止。比如，在《论语》中，曾子曾经说过："吾日三省吾身——为人谋而不忠乎？与朋友交而不信乎？传不习乎？"从"见不贤而内自省也"（《论语·里仁》）到"君子博学而日参省乎己"（《荀子·劝学》），儒家始终强调作为一名君子要自省、慎独，反思自己的所作所为有没有什么错误。要让孩子逐渐养成这些品质，让孩子明白承认错误在于是否真诚，真诚才是真正承认错误的勇气与品格。孔子虽然是圣人，但也不免有犯错误的时候，可是孔子能够真诚地承认。比如，《论语·述而》记载，陈司败问："昭公知礼乎？"孔子曰："知礼。"孔子退，揖巫马期而进之，曰："吾闻君子不党，君子亦党乎？君取于吴为同姓，谓之吴孟子。君而知礼，孰不知礼？"巫马期以告。子曰："丘也幸。苟有过，人必知之。"

各位家长朋友，君子坦荡荡，小人长戚戚。言必行，行必果。人而无信，不知其可也。每位孩子都是需要被尊重的个体，让我们在尊重中培养孩子的真诚，在真诚中陪伴孩子全面成长。

第三十三讲
孩子学习动力不足家长该怎么办

　　各位家长朋友，孩子对学习很积极、主动，把学习当成一种乐趣、享受，我相信这种情况毕竟是很少的。如果有，也是由于从小能坚持，辛辛苦苦养成了好习惯。我们希望孩子学习要主动，要自觉，要有学习的动力。

　　动力是推动人们去从事某种活动的内在驱动力，学习动力则是推动学生努力学习的内部力量，也就是内驱力。孩子学习动力不足的原因可以大概归结为：家庭环境影响，孩子相对懒散，注意力不集中容易分神，独立性较差，作息时间不规律，产生厌倦情绪，经常得不到肯定，缺乏学习的正确方法。那么如果孩子学习的内驱力不足，应该怎么办呢？其实从归因上分析，我们也可以找到相应的改变策略。

　　第一，树立目标，培育志向。印度诗人泰戈尔说："谁像命运似的推着你前进呢？那是你自己。"用超越自我的奋斗意识去鼓励孩子在学习上不断前进，让孩子明白学习是我人生中必须做的事情，是我的成长过程中很多任务中的一件而已，要不断学习，只有不断学习才能不断进步，这无形中也在培养孩子终身学习的能力。孩子没有努力的方向和目标也是会慢慢失去学习的动力的。所以说不是孩子不想

学，而是孩子不知道为啥而学，这也说明需要给孩子树立明确的目标，给他看得见的未来，才能真正唤起其学习的动力。

第二，适当地鼓励。家长应细心观察分析孩子的爱好和心理，培养习惯，激发自身求上进，并以此推动他们的全面发展。要多与学校、老师沟通，取得一致意见，挖掘闪光点，让孩子在学习方面有获得感。大家要清楚，努力后永远都得不到肯定，没有获得感，慢慢是会丧失斗志，会消极的，那就谈不上学习有动力。不是孩子不想学，而是他们看不到希望，他们不了解自身的潜能和优势，所以要多帮助他们挖掘优势，看到亮点，看到希望，自然就会有学习的动力。各位家长，学习不是仅仅为了分数，也不是只有中考、高考，而是一种品质的培养。

第三，传授学习方法，调整学习计划。目标比努力重要，方法比一味努力更重要，所以家长要学会与老师沟通，配合老师，尊重老师，帮助孩子寻找学习的方法与策略，提高学习的能力与技能。学习上如果方法不合适、不恰当，学习任务又重，作业又经常完成不了，成绩又不进步，经常受到老师、家长的批评，长此以往，哪有学习的动力啊，只有厌学了。故此可以说不是孩子不想学，而是孩子不会学，所以我们要教孩子学会学习，知道如何学习。

第四，营造积极的家庭氛围。家庭中，如果缺乏尊重他人，尤其不尊重学校、老师，不尊重知识，不尊重学习，或悲观厌世，家长在孩子面前流露对工作的不满和抱怨，这样的环境不可能让孩子有学习的积极性和学习的动力的；这样的环境，家长要孩子认真听课，认真学习，显然是无效的。家庭成员的关系，家庭教育的方式，家长对学习的热情、对知识的尊重，对孩子学习的兴趣、学习动力的培养有着重要的影响。

各位家长朋友，改变自己的方式，从内外因素着手，培养孩子学习的积极性，激发学习内驱动力，让孩子从"要我学"转变成"我要学，我想学，我会学，我学会"，逐渐让孩子明白学习是自己的事，自己的任务，慢慢形成自觉且具有终身学习能力的人。

第三十四讲
家有青春期的孩子该怎么办（一）

各位家长朋友，每一个人都必将经历青春期，这是成长的标志。孩子进入青春期，意味着他们开始步入人生一个新的阶段，面对的也可以是崭新的自己，因为有了这种成长，人才能逐渐变得完整。难道我们不希望孩子步入青春期吗？难道我们不希望孩子长大成人吗？孩子进入青春期很多家长都感到焦虑，一谈孩子的青春期就唉声叹气，甚至谈"青春期"而色变。其实，青春期本身不是问题，只是如果家长、老师不会处理因孩子进入青春期而带来的一系列问题，那才是真正的问题。就如早恋一样，早恋本身也不是问题，但因不会处理早恋而带来的问题才是真正的问题，而这些问题中又有很大部分是与家长、老师的态度及处理的方法有密不可分的关系。所以，孩子进入青春期，真正要转变的、要学习的、要正确处理的应该是家长和老师。我们要了解孩子青春期的特点及需要，从而善于与孩子有效地沟通及根据实际找出对策，总之，不管用怎样的办法，这个时期，家长千万不能急，要学会控制自己的情绪，否则一切都将归于零。

那我们应该怎么和青春期的孩子相处呢？这也是困扰不少父母的难题。这一时

期，孩子从身体到心理都在急剧发生变化，渴望成人，但其阅历和成熟度又局限着他们的成长方式。青春期的孩子尤其需要父母的陪伴和指导，但如果指导不当，又很容易造成逆反甚至伤害。

我们常认为青春期是12~18岁，正好是初高中这个阶段。我们曾普遍觉得孩子到18岁就是成年人了，但现在有越来越多的心理学家认为真正的青春期要到30岁才会结束，一部分重要的生理原因就是前额叶皮质没有长好。

大脑中有一个非常重要的部位叫作前额叶皮质，它差不多就是在我们额头后面的部分。前额叶负责判断、逻辑推理、行为执行、控制冲动等。可偏偏这么重要的一个部位，却是我们整个人体发展最慢的一个部位。

所以，不要动不动指责孩子是个"坏"孩子，青春期的大脑其实和我们成人的大脑是不一样的，因为前额叶没有长好，让青少年形成了做事不专注、缺乏自我控制、情绪化等缺点，这是受生理发展局限的。不要认为孩子平时的一些叛逆行为是有意跟你过不去，甚至认为是思想品德问题，充分认识叛逆心理是青春期孩子一个正常的心理特征，这样就不会贸然批评孩子了。从某种意义上来说，年轻人的叛逆有其令人欣喜之处，这也可能是一个人成熟的必经之路。因为青春期孩子的叛逆，源于自我独立意识的发展。

心理学上有一个"罗密欧与朱丽叶效应"，即当出现干扰恋爱双方爱情关系的外在力量时，恋爱双方的情感反而会加强，恋爱关系也因此更加牢固。对青少年而言，他们的许多叛逆表现，恰恰和"罗密欧与朱丽叶效应"相关。其实不仅青少年，人性本身就如此，越是禁忌的东西，越好奇，便越想尝试一下。

对于那些叛逆的青少年来说，他们之所以去做某些事，本来并不一定是因为喜欢，而是因为有人禁止他们去做。反之，如果一个叛逆的学生觉得自己的想法、做法没有引起成人的更多关注和反对，人们表现出理解和认可，那么做起来也就没有什么意思了，叛逆的问题可能也因此而解决了。

各位家长朋友，说到这里，应该明白一点，我们要收放自如，不能逼得太紧，不要高高在上而命令孩子必须按照你的旨意去做。了解了这样的一些情况和实际，我们就更应该换一种方式去教育了，这真是需要考验家长的智慧啦！

第三十五讲
家有青春期的孩子该怎么办（二）

　　各位家长朋友，这一讲继续与大家聊聊家有青春期的孩子该怎么办？我们务必要清楚，孩子青春期肯定没有错，错就错在家长没有正确对待与引导。

　　青春期容易让人产生角色混乱、生活无目的，情绪不稳定的情况。孩子不管是青春期也好，还是叛逆期也罢，都是孩子渴望成长的表现。这个时期不再是以前的唯命是从、听话、爱讲话的乖孩子了，他们经常会房门紧闭，要么顶嘴，要么就不跟家长讲话，家长怎样追问，他们也不理，要么就说狠话，屏蔽家长，心扉难开，抗拒家长一切的管束，让家长扎心，有时还变得情绪失控。男孩容易发怒，女孩变得敏感。总之，就是要脱离父母的管控，要证明他们已经长大了，有自己的认知和观点了。但是他们大脑里产生情绪的杏仁核组织和控制情绪的前额叶组织没完全长好，而且这个时期这两个组织发展不平衡，所以这个时期的孩子也就很难控制自己的行为及情绪。青春期孩子的叛逆，不是矫情，而是"脑没有完全长好"。

　　家长对处于这个时期的孩子更要发自内心地接纳、理解他们，清楚这是孩子生理机制而引起的。要减少甚至不要对孩子进行指责和对他们发脾气，因为你发脾气

反而更会让孩子的情绪失控，所以我们家长要允许孩子发泄，努力创造倾诉的条件与环境。同时，家长要学习沟通技巧，语言表达技巧，善于与孩子沟通，抓大势，顺势而为，从而打开孩子的心扉。大家记住，有话讲，聊得来，能沟通，沟通顺畅，就是解决问题的最好办法。

青春期的孩子多疑多思，想法复杂，好像行为都是怪怪的，如果父母认为他就是怪怪的，那肯定就越来越怪。他们的想法多数是不成熟的，面对大千世界也不知如何选择。其实他们是很矛盾的，他们也很纠结、困惑、迷茫，他们需要帮助又不想让家长帮助和让家长知道他太多的事。他们好奇心强，家长不如就多创设情境，吸引他们的注意力，满足他们的好奇心，激发他们的兴趣爱好，用音体美去表达他们的"青春期"。通过美育、艺术去真正表达他们青春期矛盾的自己、自责的自己、五彩斑斓的自己。有时"好奇心"与"热情"是同等重要的，有了好奇心，就有了热情，而有了热情，就有动力去做事，不仅如此，还会变得更加快乐。说到此，大家应该明白我所倡导的育人理念及做法了。我一直倡导劳动育人，体育塑造，美育熏陶，不以成绩论优秀，不强求学生学习，开设多元化的兴趣课程供学生选择，培养广泛兴趣，有良好的学习、生活习惯；倡导生活、学习要有激情和仪式感，日常生活条理有序，学会收纳，倡导生活、做事态度好，认真，懂尊重、有规矩、懂敬畏规则，无非就是这个理，那就是接纳他们，包容他们，理解他们，引导他们，顺势而为。

各位家长朋友，青春期的家庭教育更要有智慧的家长，要有规则，包容且有温度。真正优秀的家庭，一定是始于教育，用心陪伴，终于成长，永远都给孩子自信，给孩子希望，看到未来。

第三十六讲
家有青春期的孩子该怎么办（三）

各位家长朋友，本讲继续聊聊家有青春期的孩子，家长该怎么办？

大家都认为孩子到了青春期，孩子就与父母对着干，开始叛逆，也就是家庭矛盾的开始。其实，关键是父母心态的调整及父母要学会选择改变，变则通，通则乐，乐则和，和则顺，顺则成长。

家长要在这个时期与孩子建立良好的关系，那就力争做到"不求不助，有求必应"。这句话是已故心理治疗师李子勋所说的，就是孩子不来求你帮忙，你不要主动问"你要不要……"但当他有求于你的时候一定要有回应。不一定是有求必助，但要求必须做到有求必应。

对于理想化的亲子关系，心理学家温尼科特有句话叫作"不含诱惑的深情，不含敌意的坚决"。"不含诱惑的深情"是指，如果我今天对你好是因为我希望你明天可以去上这个补习班、参加那个比赛之类，这样的情感就是带有诱惑性的。家长是真的要去看见孩子、关心孩子、理解孩子，而不是在关心的背后隐藏很多控制、诱惑或条件。"不含敌意的坚决"就是指孩子在成长过程中，如前额叶没发展好的时

候，难免会做很多可能在我们看来不可理喻的事情，我们应当边界清晰地与他们沟通、温和而坚定地制止，而不是借机去羞辱贬低否定孩子，指责孩子，甚至打骂孩子。很多时候，我们吼孩子的背后往往也意味着自己的情感心智需要得到更多的照顾。所以，我们一再强调，孩子青春期需要改变的是父母的态度与心态。

孩子在青春期，尤其在叛逆期时，家长更要懂得尊重孩子，相信孩子，不吝惜对孩子的信任。纪伯伦在诗歌《你的孩子其实不是你的孩子》中这样写道：

你的孩子，其实不是你的孩子。

他们是生命对于自身渴望而诞生的孩子。

他们通过你来到这世界，却非因你而来，他们在你身边，却并不属于你。

你可以给予他们的是你的爱，却不是你的想法，因为他们自己有自己的思想。

近些年，大家越来越意识到"说话之道"的重要性，作为家长，也要学学与孩子沟通时的"说话之道"。与孩子沟通的前提，是要认识到孩子的独立性，站在孩子角度去理解他，以平等的身份去尊重他，以理谈事去说服他；既指出问题又给足面子，既找到不足又善于肯定，给孩子办法，让孩子看到希望而增强自信心。孩子在犯错误的时候批评教育引导要做到点到为止，千万不要反复说道，更不能在他人面前说孩子的不是。同时也不必逼着孩子承认错误，因为孩子这个时候是以自我为中心，自尊心很强。此时，我们如果不选择改变方式的话，那会适得其反。我们为人父母这时只有选择尊重、相信孩子，保护他的自尊心，给他希望，给他信心。

各位家长朋友，我们一定要努力善待一个十几岁的青春期孩子，不要因家长的处理不当，导致家无宁日，孩子也因为父母教育的唠叨、啰嗦而离家出走啊！更不要让家庭每天都在"青春期"遇到了"更年期"的日子中度过。的确，这样的日子真的很苦，但无论如何，我们大人也只有面对，学会改变，让青春期顺利通过，让孩子真正学会成长。

第三十七讲
家有青春期的孩子该怎么办（四）

各位家长朋友，本讲继续聊聊面对家有青春期的孩子，家长应该怎么办？

其实，面对青春期，我们不用怕，这是孩子成长的过程。但我们应该做到，当孩子出现逆反心理、情绪激动时，作为父母不要恼怒，不可针尖对麦芒，以任性对任性，这样会火上浇油。有时我们采用冷处理也是不错的选择，对他的任性不予理睬，等他平静下来以后再想办法沟通分析引导。对于叛逆期的孩子也不应该说教，要做到巧妙艺术地开解。这也启示了我们，沟通是一门艺术，做到沟通有技巧，还要做到有效的沟通，但在日常生活中往往会出现一些无用的聊天方式。

有时候大人问一句"今天过得怎么样？"得到的答案往往是"还行、挺好的"，就再也没了下文。孩子表面上看起来挺听话的，但其实他内心里有自己的想法，就是不跟家长说。那么，作为家长，我们究竟该如何与孩子尤其是青春期的孩子进行有效沟通呢？我们要避免以下这几种情况。

（一）与孩子最无用的聊天方式

1. 目的性太强

很多家长跟孩子聊天时，最后往往变成了说教。比如：

家长："今天在学校待得怎么样啊？"

孩子："今天学了好多新知识呢。"

家长："学新知识就对了，要多学知识，不然以后就只能搬砖。"

孩子：……

家长："今天过得开心吗？"

孩子："嗯，今天认识了一个新朋友，我们特别聊得来。"

家长："交朋友可以，这个人怎样？学习成绩好不好？"或者家长这样说："交朋友可以，但不能经常一起玩啊，先把学习搞好了再说。"

孩子：……

看吧，聊什么都能聊到学习上，本来孩子还想跟你分享一下的，到最后往往无语地收场了。

其实，家长这种带有目的性的聊天，只是他们单方面的一种灌输罢了，告诉孩子要好好学习。这种方式往往不需要花费家长太多时间去思考和组织语言，是最简单省事的，但这种聊天方式所达到的效果微乎其微。

2. 让孩子汇报式地聊天

很多家长在去学校接孩子放学时，一路上不断地询问孩子今天在学校的情况。

每天都这样问，似乎形成了一个模式，长此以往，孩子的回答也开始模式化："嗯，不错""还可以""挺好的……"这样应付式的回答，家长是得不到任何有效信息的。

如果家长一个劲儿地问，那孩子恐怕早就烦得忍不住发脾气了吧，更别提好好聊天了。

3. 别把天聊死

别以为聊天多简单，尤其对象是孩子时，面对一个完全不按套路出牌的对手，家长是很容易把天聊死的。比如：

孩子："妈妈，我想跟你说个事儿。"（孩子主动发起了聊天信号）

妈妈："说。"（有点不耐烦）

孩子："妈，我想买一双球鞋。"

妈妈："买什么买？不是有那么多鞋吗？"

孩子："就给我买一双吧。"

妈妈："不买，赶紧做作业去！"

孩子："哼！你不买我就不做作业！"

如果妈妈能在孩子提出要求时，进一步询问孩子买球鞋的原因：

妈妈："为什么突然要买球鞋呢？"

孩子："因为我们学校要举办运动会了，我要参加比赛。"

妈妈："那你准备参加什么比赛呢？"

孩子："我想参加……还有你知道吗？今天老师还夸我跑步跑得快，建议我加入校田径队呢……"

看，如果你能静下心来接受孩子沟通的信号，孩子能跟你说的还有好多好多……所以，如果孩子找你沟通时，你刚好在忙着，那么宁愿让孩子等一下，也不要着急应付孩子。保护孩子沟通的意愿很重要，所以，家长要学会忍耐，等孩子把话说完。

（二）聊天要讲究方法

1. 学会倾听

倾听不是说家长闭着嘴巴、坐在那里光听就好了，最好的倾听要有互动，哪怕家长一个肯定的眼神，孩子也会有兴趣和你聊下去。

2. 平等尊重

有位朋友以机智善辩、见解不凡享誉朋友圈，可是青春期的儿子跟他非常对立，要么不说话，要么开口就吵架。

后来他意识到，问题根源在自己：儿子一开口，往往就被他批得体无完肤……

他把自己的这种沟通方式称为"大树底下不长草"，不是他的看法不对、不好，儿子才不听呢，恰恰因为他太对了、太能了，以至于孩子在和他沟通时，处于弱势

地位，让儿子自己感觉很"瓜"。结果，儿子就懒得在他面前说什么了。大家请记住：和孩子聊天时，务必以平等和尊重的姿态与其相处，一旦孩子发现他处于绝对弱势地位，反而容易放弃沟通。比起绝对的强者，家长哪怕装不懂，在孩子的心中也许会获得更高的位置，此时孩子更加尊重您，也更容易接近彼此，这时和孩子聊起天来就不一样了。

3. 挑好时间

如果家长真的有很重要的事要找孩子谈，那就让孩子先停止手头的事情，认认真真地聊天。在适当的地方适当的时间聊恰当的事，再好不过了。

4. 抓住重点

俗话说："牵牛要牵牛鼻子。"

如果家长平时多观察，积极与老师沟通，多到学校走一走，了解一些真实的情况，那么一旦谈话，"某月某日某时某地某事"内容确凿、具体，孩子一下子被点中穴位，知道你在真正关注他，也不会狡辩托词了，再继续谈下去效果会截然不同。与孩子说话时，抓住重点，简单明了，扼要中肯，效果明显。

5. 适当示弱

家长和孩子的沟通过程中要提醒自己："亲子关系放在第一位"。

孩子，尤其是青春期的孩子比较敏感，家长在沟通中应该训练自己的觉察能力。感受到关系紧张时要收敛并且想办法修复，青春期的孩子情绪爆发时，不能硬来，家长可以适度示弱并进行安抚，等孩子情绪缓和了，再继续讨论有争议的话题。其实，我们父母有时放下身段，学会虚心主动向孩子学习请教，主动向孩子道歉，承认自己的不是，说声对不起，也许效果会更好。

青春期的孩子遇到问题时，会有自己的主张，即使家长知道最佳解决方式，也不要直接告诉孩子，更不要强迫孩子听取采纳，建议使用发问式沟通。比如：

你觉得这个事情怎样处理比较好？

需要爸爸妈妈为你做些什么？

你想听听我们对这件事情的看法吗？

各位家长朋友，让我们从努力学会与孩子聊天开始吧！

第三十八讲
家有青春期的孩子该怎么办（五）

　　各位家长朋友，本讲继续聊聊青春期的话题。

　　不知道大家有没有发现，孩子到了青春期、叛逆期，最伤心的是妈妈，因为孩子此时最讨厌妈妈。有人说，孩子青春期、叛逆期叛逆的不是孩子，叛逆的是家长，为什么呢？

　　首先妈妈的落差比较大，因为不管是女孩还是男孩，小的时候都跟妈妈关系非常亲密，无话不谈，而到了青春期，话少了。妈妈如果没有看到孩子的变化，没有理解孩子的变化，没有积极引导孩子，忽略或者不愿意承认这种变化是孩子成长的自然规律，认为孩子学坏了，跟自己不亲了，于是就开始说教，甚至老是提起孩子小时候的事情，无形在自己不自知中就变得唠叨，以至于孩子不理睬，这样妈妈就越想要说教。其实，孩子与家长的疏远是和家长的做法有关的，面对充满叛逆的、特殊时期的孩子，家长应该改变自己原来的教育方法及相处方式，给彼此留个空间。不仅妈妈如此，很多爸爸也是走进了这个误区。可以这么说，孩子青春期，家长却自以为很负责任地、很关心地唠叨，过犹不及的监控监管，过于大家长主义

的强势命令，不会温和亲切平等地交流与沟通，都可能导致孩子在这个时期讨厌家长，和家长对着干。所以，孩子青春期，父母的改变，尤其对孩子无微不至照顾的家长很有必要改变，这有利于帮助孩子顺利度过这个时期。

在这个时期，家长对孩子要给予平等的尊重，要给予真心实意的肯定与合适恳切的批评教育。温和地对待孩子比冷酷严厉更能收到成效。这就是心理学上有名的"南风效应"。这要求父母在鼓励孩子时，要真诚，不要虚情假意，不要虚伪；要真实，不要无中生有，"南风"要长"吹"，不要浅尝辄止。孩子的"说不得、骂不得"，是因为他们在这个阶段自我意识觉醒，迫切想证明自己可以独立、证明自己做得正确、证明自己的面子。所以投其所好，我们也要在给足孩子面子的前提下让他们感受到公正和尊重，然后指出他们的不足，在说明不足的同时自然而然地给出希望和信心，必要情况下也要给出可行的办法，在给出办法中让孩子改变与进步。各位家长务必记住，当孩子做特殊事情，犯错误的时候，或者有求于你的时候，家长千万不要简单粗暴处理，不要随便应付。如果家长觉得这样就能"管束"自己的孩子，其实是不自觉中把自己和孩子放在对立面，甚至让彼此之间的隔阂越来越深。尊重孩子，把孩子当成一个有思想、有意识、能独立思考的人，孩子也会把自己当成有自主行为能力的人与家长和谐友好地沟通、相处。

当孩子出现问题时，家长要听听孩子的看法及意见，有问题，找原因，找根源。找到问题发生的根源才是解决问题的最有效方法。父母是孩子成长、成人的根源，爱、自由、彼此的尊重，给彼此留个空间是家庭教育这场大考的最佳答案。

所以，各位家长朋友，若想要孩子与你之间营造出良好的相处空间，就要先让孩子改变对你的态度和看法。一起学会少唠叨，学会新改变，学会点滴进步吧！希望每一对父母都能静下心来学习，稳下心来培育教导，潜下心来真正陪孩子顺利度过迷惘却灿烂的花样青春期！

第三十九讲
家有青春期的孩子该怎么办（六）

各位家长朋友，本讲继续聊聊青春期的话题。

各位家长朋友，是不是孩子进入了青春期的时候，除了话少了，还有一种现象，就是回到家就直接进入自己的房间，甚至反锁门，不准家长进入他（她）的房间，包括做作业的时间。为什么呢？作为父母有没有去干涉、监管孩子的隐私呢？出现这种现象应该是孩子想证明自己的独立，同时是对父母的唠叨与干扰表示无声抗议，也是用这种行动表明对父母监控自己隐私的一种反抗。孩子在做作业的时候，父母借口关心孩子端茶递水、嘘寒问暖，这不仅影响孩子做作业，而且干扰影响孩子，造成孩子注意力不集中不专心。其实孩子知道你是带有监控的味道的，在他们看来，这就是对孩子不信任的表现。若家长朋友自查有这种行为，请尽快改变。隐私不仅大人有，每一个孩子都有自己的隐私。所以，尊重孩子，相信孩子，尊重孩子的隐私，给彼此空间很有意义，尤其在孩子青春期的时候，否则，这就是很明显的导火线。我们家长要明白，当孩子成长到一定阶段的时候是需要有自己的隐私空间的，父母应该给予孩子一定的隐私空间，有助于孩子身心健康发展。如果

孩子的隐私经常性地被侵犯，而父母又不善于补救，孩子的心理就会产生隔阂，孩子会认为父母对其不信任，自然而然孩子一样也会对父母不信任。此时，孩子与父母之间的"心门"就会因此被锁上，父母想要和孩子再近距离沟通就成了很困难的一件事了。

　　有这么一个经典故事，是关于"刺猬定律"的：两只刺猬同时被关进一个笼子里，晚上睡觉的时候，发现两只挤在一起时，身上的刺都会刺伤对方，于是双方都离得远远的，但是很快它们发现离得远，到了夜深的时候，很冷，无法互相取暖。刺猬决定两者保持一定的安全距离，既不会刺伤对方也不会取不了暖，两只刺猬一直都保持这个安全距离下去。刺猬的故事也直射出我们人类其实也是一样的，德国著名哲学家叔本华曾经说过："人就像寒冬里的刺猬，互相靠得太近，会觉得刺痛；彼此离得太远，却又会感觉寒冷。保持一个安全距离对彼此来说都是最好的结果。"家长对待孩子也是一样的道理，家长总是想要时刻管束着孩子，生怕他离开自己的视线，会产生不良的影响；但是孩子到了青春期，他是需要一个独立空间的，不想有人闯入他的私人领地。所以，孩子青春期时，父母与孩子一定要保持好一定的安全距离，给彼此以私人空间，互相尊重保护对方的隐私。当孩子向你"反锁门"时，父母要理解与接纳，要做到尊重孩子。在尊重孩子的隐私时也要注意保护孩子的秘密。孩子有秘密很自然，作为家长要尊重保护，不要随便告知他人。孩子把秘密告诉你，其实是对你的信任，作为父母务必要守护好这份信任，慢慢地让他自己乐于打开这扇"心门"。

　　专家说："维护儿童隐私权，有利于孩子身心健康发展，家长应该更新观念，积极支持，改变做法。"适当的距离，可以增加彼此的感情与信任，家长应该给孩子一点隐私空间，彼此共同守护成长，收获成长。各位家长朋友，保护孩子的隐私，让孩子有安全感，陪孩子顺利度过青春期。家庭教育也要考虑保护孩子的隐私，不监视孩子。

　　萨提亚沟通模式中有一个基本理念："问题不是问题，如何应对才是问题。"所以，青春期中所出现的亲子冲突、出现的各种问题也都不是问题，将这些冲突、问题解决好，对家长、对孩子而言都是蜕变和成长。

第四十讲
孩子害怕与人交流、
不喜欢过集体生活，怎么办

各位家长朋友，有些小朋友的确学习、生活总体没什么问题，似乎也很聪明，但就是不喜欢甚至害怕与其他小朋友玩耍、相处，也不喜欢集体生活。有这种现象的孩子，家长该怎么办呢？

孩子出现这种行为现象的原因应该是很多的，也许孩子在幼儿的时候，家长不注重这方面的引导。也有一种可能是父母担心孩子与其他孩子一起玩会吃亏，或觉得自己孩子优秀，家长文化水平、学历都比较高，从小就有选择地避开与其他孩子一起玩，从而剥夺了孩子与人相处的黄金时段。还有一种原因就是孩子在与其他小朋友玩的时候，家长要求过高，如不能讲错话、不能随便讲话、要学会保护自己等，就是父母把大人的想法、做法过早施加给孩子，无形中给孩子压力，从而害怕与人相处，不喜欢集体生活，把自己置于自己的世界里。其实中国有一句话：童言无忌！这才是孩子的童真、天性。保护孩子的童真、天性真的很有必要！

有时家长因种种原因比较忙，天天就把孩子放在家里，导致孩子很少有机会与

外界接触，从小就缺乏交流的环境，孩子习得了这种交流习惯，将其放置于学校环境中会产生强烈的不适应感。导致这种现象因素很多，总之，有内部个性，也有外部因素，还有社会回避与非合理信念之间的差距等因素。家长在归因的基础上可以有针对性地寻求改变的方法。

第一，家长要善于观察、了解孩子，发现孩子的优点并发挥其优势。比如，孩子若喜欢阅读，那就可以让他（她）开口大声朗读，可以找一两个小朋友甚至小玩偶扮演听众，可以聆听孩子分享阅读心得及故事。

第二，家长要有耐心，要及时与学校老师沟通，保持一致，适当表扬、鼓励。可以制定改进的做法、步骤及时间表，力争做到学校、家庭，老师、父母的行动方案一致，这样效果会更明显。

第三，及时沟通。在孩子心情好的时候进行询问效果最佳，并且无论孩子想法如何，都要先表现出站在孩子这边解决棘手的问题，给他尊重和平等，等到事情解决后再慢慢引导孩子的非合理行为。

第四，腾出自己的时间，多进行有效陪伴。和三两好友带上孩子进行家庭聚会，在这种人群往来过程中，引导孩子如何向叔叔阿姨打招呼，如何与其他孩子融入一起、玩到一起，如分享玩具、一起做游戏等，聚会完毕及时进行表扬和肯定，再把这种场景迁移到学校集体生活中去。陪伴是最有效的教育，也不要因为孩子害怕与人相处，家长就选择回避或成为借口理由，这样就会越来越严重。家长要面对、接纳事实，但要寻求合适恰当的方法和时机。

第五，寻找适当时机。在征得学校允许和客观条件允许的情况下，陪伴孩子在校学习，如参加家长志愿服务到校陪伴孩子晚自习。可以放学利用课后时间招呼其他小朋友和孩子一起玩耍，在玩耍过程中给予言语指导，从这种场景中孩子能够习得最直观的经验。

第六，学会防患于未然。当童言无忌，有外人在时，先微笑压制住自己的情绪，等事情过后再进行耐心的教导、批评教育。要多鼓励，多给机会表现。

倘若孩子就是这种内向性格，在正确引导后仍喜欢安静独处，但不排斥集体交流，请家长从心底接受，孩子就是这种内向的性格，只要不会影响他的社会生活行为即可。毕竟，谁天生就注定必须是"外交官"呢！

第四十一讲
教育的根本在于先育人，
育人的关键在于细微处

  各位家长朋友，《说文解字》中，对"教育"是这样解释的："教"指的是"上施而下效"，教是基础；"育"指的是"养子使作善"。家庭教育的生养哺育，是非课程方式的培养，注重环境引领、熏陶、化育、浸润，育是关键。而教育的根本在于先育人，育人的关键在于细微之处。俗话说："长树先长根，立人先立德，根乃树之基，德乃人之本"，说的就是这个理，所以在家庭教育中培养有教养的孩子至关重要。家长也不要不小心富了教育，却穷了教养，而这些要在日常生活中的细节去体现，要把育人落在细微之处。

  假如孩子喜欢独处，害怕过集体生活，这其实就是父母要从小、从日常生活中抓住细节去创造环境、条件、机会，有意无意中去培养孩子的社交能力，家长在言传身教中去培养孩子与人沟通的能力。在细节中让孩子体验如何有礼貌地待人接物，如何文明自身的行为。比如，从早上起床礼貌地与长辈、同辈打招呼、问好开

始，引导孩子到学校门口与保安叔叔、老师、同学问好等。这些是非常小的事，虽然我们都习以为常了，但不要小看这些细节，这就是从小、从细微处培养孩子的教养、修养，这也许比成绩优秀更重要。当然，要贵在坚持。同时，在日常细微之处教孩子学会和他人分享，教孩子学会和他人分享自己的食物及自己的礼物。分享是非常重要的，其实那些拥有良好人缘、人际关系的人都懂得分享。

有这么一个童话，螃蟹妈妈问小螃蟹："孩子，你怎么老是横着爬，为什么不直着走呢？"小螃蟹委屈答道："妈妈，我就是照着您的样子走的呀。"大家看看，家长的一举一动、一言一行对孩子的影响有多大，孩子从小都是照着家长模仿的。因而育人要在细微之处春风化雨，渗透、浸润。比如，在马路上家长可以带着孩子向礼让行人的司机鞠躬或敬礼。家长自身先做一个彬彬有礼的人，孩子自然而然就是一个彬彬有礼的人。若想教出一个有分寸感的孩子，想教出一个知是非的孩子，家长就要先让自己做个尊重他人的人，让自己先做一个守规矩的人，尤其在孩子面前，小到如坐公交、坐地铁、商场排队等。

请问各位家长朋友，你的孩子会赖床吗？孩子起床可以说是每天经历的事情，甚至对于家长孩子来说都是"麻烦事"，尤其喜欢赖床的小朋友，更是让家长头疼。那么就每天要叫孩子起床这件事家长是如何做呢？起床时的心情决定着一天的状态。所以家长还是要注意技巧，这也是对孩子潜移默化的教育渗透。例如，家长采取"暴力式"，几声大吼，夹带着"快起床了，要迟到啦"的催促；试想想，每天都这样，孩子照样如此"暴力式"，说不定回到学校也用这样的方式吼同学。当然，有的家长使用"温柔式"，也有的家长"艺术"氛围比较浓——音乐催醒法，这样的效果当然会是不一样的。不过用音乐叫起床也不要太大声，孩子在一片轰隆隆声中烦躁地起床，这也是不好的。既为了孩子顺利起床，又在养成良好生活习惯的同时也给孩子好心情，处事不会急躁，待人接物有礼貌，不会每天处于紧张、焦虑的状态中，家长也可以每天提前10分钟叫醒孩子，给孩子赖床和缓冲清醒的时间。先帮孩子拉开窗帘，让光线慢慢唤醒孩子，再温柔地揉搓孩子的身体，帮助身体苏醒。大家看看，这不就是生活中习以为常的小事情吗？这就体现了我们家长教育的技巧，体现了教育的耐心，这不就是在细微之处见教育了吗？

钱锺书在女儿钱瑗的成长中，就像一个"大玩伴"：他会在女儿的肚子上画鬼脸、脸上画胡子；也会在被窝里放各种玩具，等女儿睡前收获惊喜；还会用大辞典做底、用板凳做城堡、围墙，用皮鞋做顶、用女儿的书包当怪兽，给女儿搭建人造的"城堡"和"怪兽"。从这些可以看到，家长在日常生活中，在与孩子的相处之中，在陪伴孩子的过程中，要做一个很有趣的人，做会讲故事的家长，这无形之中也保护了孩子的童真、天性。

家长朋友们，养儿育女，不仅是生命供养生命的过程，恢宏又伟大，更是渗透生活中细枝末节的滋养。早晨的温柔、席间的倾听；学习时互相促进，无聊时寻找乐趣；犯错时的引导与包容，受挫时的耐心与爱心，以及被欺时的撑腰，这都倾注着父母的心血，也需要在细微之处去彰显智慧与坚持，这就是见家庭教育的"微"知家长智慧的"著"，从而知"德"而后"得"。

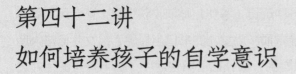

第四十二讲
如何培养孩子的自学意识

　　各位家长朋友，有的老师和家长与我聊起学生、孩子的自学意识不强，自学潜力不高，怎么办？的确，这个问题是一个很好的话题，也是一个比较头疼的问题。因为毕竟自学能力，是最为重要的学习能力之一，也是成才的必备能力，更是一项需要从小培养的能力。当然，从小就一直跟孩子提自学，要求自主学习，也许过于牵强，会适得其反，毕竟学习不是一件乐事、容易的事，是一件苦差事。自学能力不是天生的，是后天培养出来的。家长可以从小有意识地去营造、培养，选择"育"的角度、层次去浸润。学习有了困难，学校教学以填鸭式为主，以灌输式为主，家长的冷冰要求，自然而然学生的自主学习意识肯定不强，自学能力肯定低。要解决这个问题首先要孩子有动力、有积极的态度，一切要从"动力"之处去寻找策略。

　　课堂教学，平时孩子的学习都是离不开兴趣的。首先，从兴趣入手。兴趣是最好的老师，有了兴趣，自然就有求知欲，有了求知欲，孩子主动学习的积极性就高，自学能力自然就形成了，因此，我们要从培养孩子的兴趣着手去努力。尤其孩子产生叛逆情绪时，更要从孩子的好奇心入手，对其关注、关心，不硬着对抗，可以迁移。从心理分析，换一种方式同样可以达到目的。

其次，从目标入手。俗话说：目标比努力更重要，方法比努力更重要，可见目标的重要性。没有目标就像无头苍蝇，自然就没有坚持的决心，同时也就没有努力和自主学习的激情与动力。课堂教学的目标要明确，每一节课，每一个知识点老师可以联系生活，拓展知识，留一两个跳一跳就能摘到的有兴趣的问题，让同学们课后去思考、探索、实践、体验。同时老师要平等对待每一个学生，善于发现学生身上的闪光点，更新观念，探索课堂教学模式，形成自己的教学风格，塑造自己的人格魅力，提高课堂质量。在家庭教育中，家长要温和而坚定地发现孩子身上的亮点，善于鼓励肯定。在家庭中，家长也可以在生活的细节努力培养。当然，老师、家长要在这个基础上给反馈、给鼓励，进一步提出新的问题，一环扣一环，一个问题接一个问题，自然而然就形成了学生的自主学习能力，自学就成为习惯，自学能力慢慢也就形成了。

再次，从时间入手。目标有了，动力也有了，但更要坚持，自然就需要孩子学会科学安排，这就离不开时间的自我科学管理。学习时间的管理可以让孩子立马行动，同时，老师要与学生达成共识，制定从课堂到课后时间的管理要求及计划，家长也要与孩子制订计划，养成良好学习、生活习惯，做到有序而有规律。这样可以慢慢培养孩子做好时间规划，可以培养孩子的自律性，这样对坚持目标有很大帮助。教会孩子让他们可以细化自己的目标并将其分配给每一天，这样孩子就能知道他的每一天已经取得了多少进步，每一天有没有浪费时间。从时间入手提高孩子的自律性，孩子自律了，家长和老师的要求自然也会得以落实，自主学习的习惯也会养成。

最后，从环境入手。俗话说"环境造就人"。在良好的环境中学习更有利于孩子养成良好的习惯。课堂、教室是学生学习、生活的地方，因此，要营造良好的环境。大家记住，什么样的环境做什么事，二者要相互匹配，如读书、看书肯定是安静的环境，运动是要到操场的，课堂要有课堂的气氛。建设环境，形成文化，塑造精神，自然就有了灵魂，每一个人走进这样的环境自然有敬畏之心，自然就有进取之心。有了这样的进取之心，难道还担心孩子不会有自主学习的动力吗？此时，自

学已经是一种习惯、一种自觉了。自主学习潜力自然而然被释放，自学能力自然而然就会形成。家长营造良好的家庭环境也是至关重要的。家长可以为孩子树立好榜样，为了减少嘈杂的声音和减少使用电子产品，家长通常会阅读更多的书籍，营造安静、进取的环境。在这样的环境中，孩子会不知不觉地受到家庭的影响，像父母一样，养成良好的习惯，努力学习，努力达到目标，目标容易实现了，孩子就有了获得感、成就感，自然有了动力，自然会更努力，孩子的自学能力就在这不知不觉中养成。这就是教育的"无声胜有声"。

第四十三讲
孩子容易自满怎么办

　　各位家长朋友，家长也好，老师也罢，都是希望孩子从小就能够建立自信，于是用了很多办法鼓励、培养，可以让孩子在面对困难，面对挑战时勇于挑战，展示自己的勇气。但有时没有把握好度，孩子慢慢就有点得意忘形，会失去理性。中国有一句话：凡事适可而止。的确，教育要把握好尺寸，表扬、肯定若过了，孩子就容易自满，孩子过于自满的话，慢慢地也缺乏应对困难的能力与毅力了。自卑不自信，自负过度高估自己，自满骄傲都是不可取的。

　　造成这种现象的原因就是家长溺爱，教师过于偏爱，慢慢养成予取予求、唯我独尊、容易自大、目中无人的性格。家庭环境、学习环境、集体环境、班级氛围有不良的示范，容易造成孩子自认为的优越感，从而骄傲自大。不恰当的表扬，肯定、赞美过度、无原则，从而造就孩子一点点进步就期待表扬，否则就耍脾气，从而迷失自我，让孩子高估自己，变得自负。当然，还有就是孩子自身的原因，自尊心太强，太爱面子。这类孩子往往外表很坚强，若无其事，其实内心很脆弱，很在乎其他人对他的看法，从另外一个层面讲，其实也就是缺乏自信，甚至是自卑的。

作为家长、老师，怎样预防孩子产生自负心理呢？怎样教育、引导孩子不骄傲、不自满，有自知从而学会谦虚、积极进取呢？方法其实有很多，但必须要因人而异，要学会心理分析，尝试走进其内心世界，与其成为朋友，成为良师益友。

在此基础上，家长可以先引导孩子正确对待成功与失败，教会孩子在成功的同时更要学会正视失败，在成功时想到若失败怎么办，成功之时再想想有没有可能继续追求。在失败时要对自己有信心，相信一定会成功。当然，当孩子失败，学生成绩不理想，题目做不出来时，家长、老师不要过早责备，要给予鼓励，注重过程。

首先，要做到适度批评，恰当表扬。表扬要到位，有事实，千万不能夸大表扬，言过其实，不符合实际。批评要恰当，既不能以偏概全，也不能视而不见，更不能伤其自尊，侮辱人格。这样才能帮助孩子正确地认识自己。教师若遇到容易自满的学生，可以稍微给难度大一点的题目让他继续挑战，甚至有时可以设计一些题目让他无法完成，让他明白学无止境，说不定无形中也可以激发他的斗志及毅力。家长也可以稍微给出难度大的事情让孩子去尝试、去挑战，让孩子在欣赏自己的同时，也学会千万不能低估周围的人。当然，这也需要老师、家长不断学习，提高、提炼自己，不要轻易让孩子超过我们。

其次，可以让孩子受点挫折。适度的挫折教育可以让孩子看清事实、现实，让孩子明白自己能力还是不足，必须继续努力学习，积极进取，提升自己，接受挑战。

再次，让孩子多参与集体活动。孩子多接触优秀的人，多给孩子讲讲历史人物故事，让孩子多接触新鲜事物，这样可以让他看到"山外有山""楼外有楼""人外有人"，同时还可以激发其兴趣及求知欲，开拓其思维及探索能力。

最后，培养孩子要用历史的眼光和发展的眼光去看待、分析世间万物。让孩子知道，世间万物永远都是会变的，世界上没有永远的成功者，也没有永远的失败者，学习也是如此的。教师、家长要有意无意地让孩子了解事物、世界的发展观，这样孩子才会对得失有一个正确的认知。

总的来讲，就是要做到给容易自满的孩子提出更高的要求，不给孩子特殊遇，表扬、点赞、批评、指责有度，恰到好处，教孩子学会正确认识自己，学会自觉帮助他人，学会把集体放在心中，有理想抱负和信念，有进取之心和敬畏之心。

第四十四讲
多子女家庭，家长应该怎样做到公平呢

　　各位家长朋友，接触到好几个学生，都跟我诉说自从有了弟弟妹妹后，感觉父母不爱他们了，偏心了，父母处处偏袒弟弟妹妹，甚至要把大儿子或大女儿送到学校住宿，理由就是家里空间小，没有时间和精力管教他们，所以他们觉得很伤心，很委屈。的确，我也接触过一些家长，在聊天当中，无意中家长叫孩子的名字都连续几次叫错，叫成弟弟妹妹的名字。我相信，孩子听到这应该会觉得很委屈、很伤心。甚至有些父母还说小的比大的听话、乖巧，不会像哥哥姐姐一样，叫弟弟妹妹不要像老大一样，不要向老大学习。

　　弟弟妹妹从小就有了特殊的待遇、特殊的地位、特别有优越感，不会尊重哥哥姐姐。其实家长没发现弟弟妹妹的不乖只不过是他们成长的时间还没到而已。如果家长不注重改变，说不定将来老二、老三比老大更调皮、更叛逆。这种家庭，其实已经发出不和谐的信号了。我相信绝大多数的家长都是会爱护自己的每一个孩子

的，但家长对每一个孩子的言与行都要慎重。确实，多了个孩子，父母对老大的关注肯定会减少。如果父母再不注意自己的言行，给老大造成的误会就更大了，久而久之偏心就成为现实，孩子也感受不到原来的那份爱了。这无形当中，给家庭教育又提出了一个新的课题，家长应如何面对"教育多子女"的问题？这个问题必须重视！

家长应该怎样处理呢？总的来讲，家长对每一个孩子的教育、对孩子的爱要确保做到公平、公正，不偏不倚；同时，是非清楚，谁错谁对的教育及奖惩要一致，做到赏罚公平合理。中国有句古话：长兄如父，长女如母，说明了长幼之分，尊老爱幼之道。这些从小就要在家里树立、培养，要求弟弟妹妹要尊重哥哥姐姐，凡事要懂得与哥哥姐姐沟通、商量。家庭孩子越多，家长越要多管齐下，让爱的天平不失衡，否则，家庭问题会越来越多，孩子的叛逆会越来越严重。

各位家长，当我们面对二胎时代下的"大孩危机"时，家长不应该厚此薄彼，而应该让大宝在家庭中感受到尊重和爱。家长尽量不要在孩子或他人面前随意将两个孩子的行为表现进行比较，甚至在他人面前随意批评、贬低、指责孩子的不足之处，这会在潜移默化当中影响孩子的心理，让孩子变得对立、敏感、自卑。相反，家长应让大宝感受到自己被尊重与爱护，并引导其建立起对家庭的责任与担当。在《论语》当中，多次将"孝"和"悌"连用、结合，如在《论语·学而》中有："孝悌也者，其为仁之本与"。悌即为敬兄，可见在家庭关系中，尊敬兄长是孝道非常重要的组成部分。作为长子，在家庭中感受到弟弟妹妹对自己的尊重与敬爱，便会逐渐养成其作为兄长对于晚辈的责任与爱护之心。

家长应避免对大孩的"道德绑架"，而应该欣赏与接纳大孩，增强孩子的自信心。在许多家长眼里，大宝年龄大，就应该比二宝懂事，应该时时处处为二宝做榜样。因此，家长往往对大宝要求严苛，当大宝行为表现不当时，当着二宝的面，对大宝进行贬低与批评，从而激化家庭矛盾，这无形中也让大宝在弟弟妹妹面前没有面子。面对大孩丰富又细腻的内心情感，家长应该对其多一分耐心，放下身段，倾听孩子内心真实的声音，巧妙引导，增强孩子与外界交往的信心。家长在日常生活中，要保护大宝的自尊心，尤其在弟弟妹妹面前。在培养自尊心的前提下，在得到尊重的时候去培养大宝的责任心，教老大如何关心弟弟妹妹、爱护弟弟妹妹，做到有爱、有责任与担当。

二孩家庭的父母要留出足够的时间陪伴大宝，给予大宝过渡与成长的空间。在二孩家庭中，当弟弟妹妹出生的时候，大宝面对"失宠"的危机，往往更需要得到父母的爱。他们有的会想方设法地缠着父母，不让父母关注二宝；有的会故意欺负二宝或者做坏事来惹怒父母；有的则会体现为生活能力的倒退……这其实就是为了引起父母的关注与重视，这些行为的背后真正隐藏的是对父母关注和陪伴的渴望。因此，当父母发现大宝比以前更让人操心的时候，不要认为他们是不懂事的孩子，要尝试与其进行坦诚、平等的沟通，合理安排好时间，多多陪伴大宝，让他得到应有的爱和尊重，从而尽早适应变化并承担起对家庭的责任，从中让其自身明白做老大的责任。

各位家长朋友，每一个孩子都是可爱的，都是自己的骨肉，身上流着都是自己的血液，家长要学会权衡，学会爱，学会教育与有效的陪伴。

第四十五讲
孩子初中毕业了，
家长应该怎样做呢

　　各位家长朋友，中考结束了，孩子也就初中顺利毕业了，此时的家长肯定是开心的。但开心之余也要考虑怎样引导孩子做好高中生活的准备，如何让进入高中之前的这个暑假又快乐又有意义，真正做到有准备地进入高中三年的学习生活，做好初高中的过渡与衔接。

　　这个暑假，孩子经过九年的努力学习，确实可以暂时放松一下，但还是要有节制，家长不应该全盘放手。尤其之前管得比较严、比较到位甚至事事包办的家长，突然放手会让孩子无所适从，没有方向感。建议家长、孩子都可以适当地放松、调节，而绝不是放纵、尽情玩。

　　的确，人非草木，孰能"不累"呢？更何况经过了几年的努力与付出。趁着假期家长可以组织家庭旅游，让孩子亲近自然放松一下，同时也可以领略祖国的大好河山，感受异乡风土人情，到人文底蕴深的景区，去红色景点，边玩边学习，开阔孩子的视野，培养积极的态度，说不定会激励孩子的思考能力，激发出其兴趣爱好。因为学习不只有书本上、课堂里的知识，很多是要走出学校，走进生活、走进社会。

这个假期，家长也可以与孩子一起商讨对未来的规划，毕竟孩子长大了，也有自己的主见了，了解孩子的想法与做法，共同做好高中三年的学习规划。可以安排一些高中的学兄学姐与孩子接触，让孩子尽早了解高中的学习与生活。可以在玩中提前预习新知识，也可以看看高中需要的哪些初中知识是自己还没有很好掌握的，可以利用这个假期弥补，做好高中学习的知识储备，做好初高中知识衔接。家长也可以引导孩子把自己目前的学习方法梳理一下，总结经验教训，摸索更好、更科学、更适合自己的学习方法。毕竟高中的学习与初中是大有不同的。高中三年学习的每一个阶段、每一年都很重要，都关乎着未来的选择。高中不像在初中，初一、初二也许不是很努力，初三刻苦，冲一下也许还会达成目标，还能成功。总之，应做到有计划，凡事皆有度。

这个假期，家长要有意识地教育孩子加强体育锻炼，要有强健的体格，因为身体好是学习好的必要条件。同时培养孩子爱劳动的习惯，做一些家务，这既可以促进家庭氛围的融洽，又可以学习中国优秀的传统文化，说不定无形中也培养了孩子待人接物的礼仪与方式，学习了待客之道，处事态度及方式、方法，让孩子越来越懂事。可以引导孩子去图书馆读书，养成爱阅读的习惯，拓宽自己的知识面和眼界。多去文化场所，既可以让孩子了解许多课堂上学不到的知识，也可以放松心情、陶冶情操。总之，选择有意义又不乏乐趣的活动，充实孩子的世界，为未来夯实基础。

各位家长朋友，高中三年的学习生活可以说是很辛苦的，需要刻苦耐劳，执着且有意志。这个假期要真正思考采取行动，培养孩子的专注力、意志力及思维能力。怎样培养呢？大家应该知道，培养一个人，也应该从生活中寻找机会。例如，一是要孩子就他感兴趣的东西订一个计划，必须有一定的时间长度；二是在家长的监督下，让孩子坚持独立完成；三是让孩子自己做个总结，总结自己在坚持做这件事的过程中遇到哪些问题，自己是怎么克服的，以后再做事的时候要如何避免等。

最后，我要特别提醒一点，家长要时刻关注孩子的心理健康，尤其是中考放榜

的时候。考试期间大脑处于高度紧张状态，考试后，不少孩子在心理上一下子难以适应，会出现考后心理综合征。例如，有的孩子因为担心考试成绩不理想，整日忧心忡忡，闭门不出；有的孩子认为自己考得不错，于是纵情玩乐，同样也容易出现心理问题。这个时候家长主动关注孩子的心理疏导就显得非常重要了。当然，无论孩子考得如何，家长都要接纳，相信孩子已经尽力了，相信"条条大道通罗马"，相信一切都是最合理的安排，学会选择接纳，在轻松、宽松氛围下多聊聊生活上的事，尊重孩子的想法与选择。

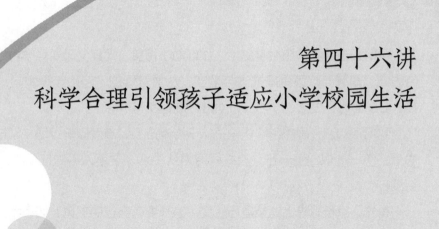

第四十六讲
科学合理引领孩子适应小学校园生活

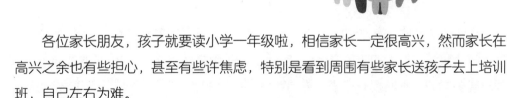

各位家长朋友，孩子就要读小学一年级啦，相信家长一定很高兴，然而家长在高兴之余也有些担心，甚至有些许焦虑，特别是看到周围有些家长送孩子去上培训班，自己左右为难。

孩子就要走进小学校园生活了，家长该不该担心与焦虑呢？如何做到幼小衔接呢？如何科学合理引导孩子适应小学校园生活呢？为什么要衔接，怎样衔接呢？家长要做哪些准备？我想，在孩子走进小学校园的学习生活之前，家长要弄清解决这几个问题。但无论如何，家长应该知道并清楚一点，那就是现在小学的教育、教学绝对是零起点的。

教育部发布的《关于大力推进幼儿园与小学科学衔接的指导意见》中指出：从幼儿园进入小学是儿童早期成长过程中一次重要的转折。儿童对初入学能否适应，一定程度上决定着其今后对学校生活的态度和情感，并影响将来的学业成绩和社会成就。帮助新生顺利适应小学生活是小学一年级重要的教育任务，小学应尊重儿童的年龄特点和发育规律，主动加强与幼儿园教育的衔接，积极探索实施入学适应教

育，帮助儿童逐步适应小学生活。做好幼小衔接，尤其父母要科学合理引导，共同努力把"双减"政策更好推进与落实，从最基础的、起始年级做起，做好幼小衔接。要从思想、生活、学习三方面进行准备和有机融合。

我们都知道，思想影响认识，认识影响态度，态度影响行动！学校、家长统一思想、统一认识、统一行动，共同努力从生活、学习入手做好幼小入学的准备与衔接！

首先，家长思想上的准备与转变。家长要有自己的主见，切忌攀比。教育要因人而异、因材施教。家长应该了解、清楚自己的孩子要什么，孩子怎样能够更好地健康发展，千万不要人云亦云，人家进培训班，你也不管怎样就要进，寻求心理安慰。家长除了自己不要攀比，也要通过自己的言行教育影响孩子也不要有盲目攀比的心理。

家庭成员明确责任定位，统一思想。在孩子上学前，家庭成员要开一个家庭会议，统一认识，尤其要正确对待隔代教育的问题，多子女教育的问题及策略，做到明确责任，把角色定位好，形成教育、养育的合力。大家要明确，祖辈是养，父母是教育孩子的第一责任人，教与育，夫妻、祖辈之间不能相互拆台。

学法懂法守法，有方法能落实政策。父母要了解学习各种与教育有关的法律法规、教育政策，与大的政策方向保持一致，符合教育科学规律和孩子的成长规律。同时要多学习，不断提升自己，懂得和掌握教育的"道"与"术"。真正做到学法守法，了解政策，读懂政策，心中有数，言传身教，养好习惯，健康成长，快乐生活，幸福一辈。

其次，做好生活上的准备。熟悉未来学校周边环境。家长可以在开学前经常带孩子到即将就读的小学周边走走，潜意识了解学校，有机会甚至可以先到学校参观、了解一下。

注重劳动意识的培养。家长可以有意识地带孩子去商场、市场购物，让他参与、了解、学习一些规则，慢慢融入生活、融入群体。可以让孩子一起做一些力所能及的家务活，慢慢培养成一个心灵手巧的生活小能手。

可以让孩子自己收拾房间、书桌、文具。好好学习从收拾"最美书桌"做起。

注重体育锻炼。没有体育就没有教育。强健的体魄和好的品格都是通过体育锻炼塑造而形成的。这无形中也在培养孩子的兴趣爱好。

在平常生活中，有意无意地教孩子性别认识与男女不同。

最后，做好学习上的准备。

学习需要专注力和意志力。家长可以从握笔准确、坐姿准确要求做起；可以通过亲子阅读，培养阅读的兴趣爱好，从而培养其专注力，做到能动能静，有动有静，以动养静，以静促动，动静相融；可以通过集中阅读时间、做事时间，在 40 分钟左右专心做好一件事，从而培养孩子开学后尽快适应连贯的一节课的时间听课学习。

各位家长朋友，国家一直很关注教育政策的落实，特别是当前，国家强调教育要做到"学有优教"，尤其针对幼小衔接，特别推出一系列的举措尽量减少幼小衔接的坡度。当然，教育也要遵守教育规律，遵守孩子的成长规律。每一个孩子都是独一无二的个体，家长不能揠苗助长。家长始终要注重孩子的健康成长，用成长代替成绩目标。家长也要与孩子协同认知、协同学习、协同发展。所以说，关键还是家长的认识及认知，如果家长努力做到这些，其实真的没必要担心与焦虑。

各位家长，暑假让孩子养成整理东西的习惯远比让他们提早识字、提早进入补习班更重要！让孩子多读书远比题海战术重要。没了兴趣就没有学习动力，教育不是只有成绩，习惯和成长才是关键，只有分数赢不了未来。希望大家做智慧型家长，让成长目标代替成绩目标；做成长型家长，与孩子手牵手同成长；做信任型家长，让孩子在信任中自信成长！让我们一起行动，保护孩子的童真、童趣、天性；培养孩子的个性；为发展孩子的社会性而不断努力，注重家校社协同共育。

第四十七讲
孩子进入初中了，
家长应该怎样做呢

　　各位家长朋友，孩子很快就要进入初中学习与生活了，家长肯定是高兴的，尤其考到了自己心仪的学校，但高兴之余也依然会有些担心。担心的同时，家长应该思考做哪些准备，在教育方法上要做怎样的改变。因为毕竟小学与初中的学习有很大的不同，孩子的认知能力也有很大不同，因此进入初中前的这个暑假显得尤其重要。

　　第一，要明确的是放假不是用来放纵的，放假是用来放松、调整的，更是来提升超越的，尤其进入初中前的这个暑假。这个假期，家长不要以为已经陪伴督查辛苦六年了，在进入初中之前彼此来个大放松，给孩子足够的自由，尽情地玩，包括手机。若有这种想法及做法的，那就大错特错了，不小心会留下隐患的。之前有些家长说孩子小学不怎么玩手机，可是到了初中怎么就上瘾了，也许就是这个原因。玩是可以的，但从一开始就要有节制，要有度，要有规矩。家长一开始就要与孩子约法三章，同时，特别注意的是由孩子提出玩手机的时间，彼此要互相遵守，家长不宜强制给孩子限定玩的时间。

第二，培养孩子的自觉自律。学习成绩固然重要，但自律是重中之重，自律的同学，自然学习、做人、处事就不用那么操心了。毕竟初中的学习、生活要靠孩子自觉、自控，不应该停留在小学的固有方式方法上。这个暑假有意无意地培养孩子的自觉意识，养成自律能力显得非常重要。

第三，注重阅读，加强体育锻炼；练好字，制订计划，培养习惯及兴趣爱好。这个暑假可以培养孩子阅读的习惯，可以多带孩子到图书馆看看书，可以阅读诗歌、典籍，也要注重动笔，把字练好，确保书写工整。同时，一定要坚持体育锻炼，强健体魄，这也是为中考体育做准备，毕竟体能、体质是要靠每天一点一点锻炼积累的。在父母的陪同下，一起制订学习计划，养成良好的学习习惯。当然，所有一切必须合理，同时务必坚持做到注重培养孩子的兴趣，心理学家本杰明·布卢姆说过：学习的最大动力是对学习的兴趣。

第四，家长不要一味关注学习成绩，更要注重孩子的心理发育及辅导。升入初中，课程增多，难度提升，更多的是拼能力、拼方法。此时，小学时成绩的隐患很明显就显现出来，那些学习习惯不好，靠父母推拉托举、补习班强填硬塞的"优秀生"，成绩会下降得很厉害。这时，孩子就会产生强大的心理落差，会因成绩下降难以接受而影响心态。对此，家长不要埋怨，不要与小学对比，要共同面对接纳，鼓励孩子，共同寻找解决办法。

第五，培养学习的方法，掌握学习技巧。马克西姆·高尔基曾说："学习并不等于就是模仿某些东西，而是掌握技巧和方法。"学习是有技巧的，并且有很多种，不同学科、场景的技巧也是不一样的，家长想要孩子学好各门功课，不偏科，就要正确引导孩子，让孩子拥有一套适应各门学科适合自己的学习方法与技巧。这个暑假，家长也可以引导孩子了解初中的课程，尤其语文、数学、英语，做一些知识的准备及衔接。同时，可以请教学长关于初中学习的情况及应注意的问题，借鉴他们的学习习惯、方法。

第六，家长要关注小学与初中的变化。小学与初中截然不同，家长要主动了解、学习，及时调整。比如，有些家长在小学全方位地监督与陪伴，到了初中也采

用这种方式，肯定是行不通的；有些家长到了初中全盘放手，这样肯定也不行，因为初中的孩子处在半成熟阶段，当然更不应该总是打击孩子。

第七，很多的事例证明，孩子到了初中，家庭关系如何也会在不同程度上影响孩子的学业。比如，过度溺爱孩子的家庭，习惯打击孩子的家庭，不和睦和谐的家庭，父母不负责任的家庭，家庭成员彼此拆台的家庭……这几种家庭加上父母束缚和一味强调、只注重学习成绩，无形中会给孩子造成很大的压力，孩子慢慢就厌学逆反了。各位家长朋友，孩子已经进入初中学习生活啦，你准备好了吗？

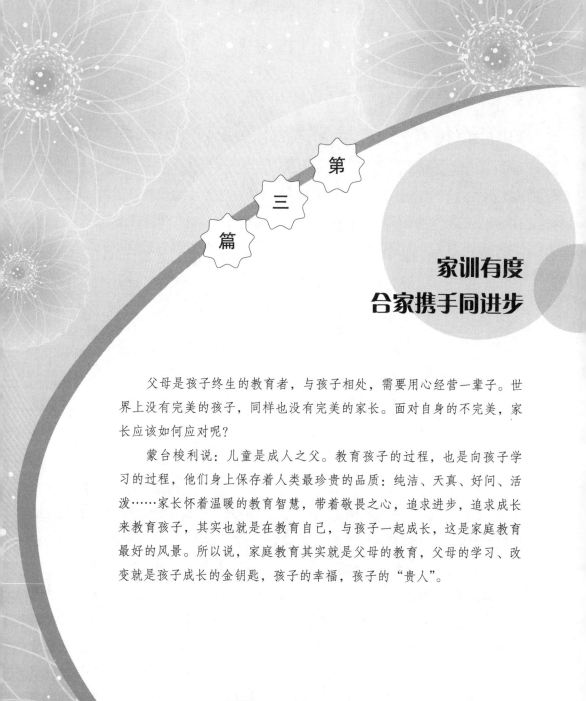

第 三 篇

家训有度
合家携手同进步

　　父母是孩子终生的教育者，与孩子相处，需要用心经营一辈子。世界上没有完美的孩子，同样也没有完美的家长。面对自身的不完美，家长应该如何应对呢？

　　蒙台梭利说：儿童是成人之父。教育孩子的过程，也是向孩子学习的过程，他们身上保存着人类最珍贵的品质：纯洁、天真、好问、活泼……家长怀着温暖的教育智慧，带着敬畏之心，追求进步，追求成长来教育孩子，其实也就是在教育自己，与孩子一起成长，这是家庭教育最好的风景。所以说，家庭教育其实就是父母的教育，父母的学习、改变就是孩子成长的金钥匙，孩子的幸福，孩子的"贵人"。

第四十八讲
如何看待孩子的学习成绩

　　在与家长的交谈中，我发现几乎人人望子成龙、望女成凤，甚至有超过 90%
的家长认为，他们最大的焦虑就是孩子的学习成绩，并由此衍生了很多不和谐甚至
打骂的现象。当发现孩子成绩退步了、不理想了，有些家长可能会做出以下行为：
不征求孩子的意见，给孩子报了很多周末补习班，甚至高价请家庭教师。

　　其实学习成绩的高低并不能完全代表孩子的好坏。我们不妨试问自己：孩子的
学习成绩优秀了，孩子的一切都会好吗？孩子的学习成绩优秀，他就一定拥有高素
质吗？大家可以从一个人的做事方式、生活习惯、身心健康、待人接物等方面去思
考和评价孩子的成长。用这些维度去评价孩子的成长，并非否定成绩的重要性，但
如果我们只站在自己的立场上去要求孩子怎样做、做什么，孩子未必会按照我们的
想法行事。与其这样，不如换个角度去倾听、了解孩子内心真实的想法。大家知
道，我们在沙滩抓一把沙子，手抓得越紧得到的沙子越少，这说明我们越想得到
的，往往越是得不到，我们越想孩子的成绩好，大多数情况却是恰恰相反的。现在
我们不谈学习成绩，我们从行为习惯、礼貌等方面去引导教育孩子，发现孩子身上

的亮点，也许会有意想不到的收获。我相信大家都有过这样的经历，因为孩子的学习成绩不好，就指责孩子行为习惯等没做好。其实，这样"翻旧账"的行为，并不能使孩子信服，相反，可能导致家庭气氛更紧张，我们情绪失控，孩子心里抵触，这样的教育效果肯定不好。正所谓"日拱一卒，功不唐捐"。我们不如从细节入手，有恒心、有耐心地引导孩子的行为习惯等常规、细节问题，这样孩子学习成绩好便水到渠成。

此外，遇到孩子学生成绩不理想的情况，有些家长可能会不征求孩子的意见，私自给孩子报课外辅导班。家长需要明确，孩子并不是报了课外班，请了家庭教师，就一定能提高学习成绩。尤其是如果没有提前与孩子商量好，父母擅自替孩子做决定去补课，只会让孩子对学习更加反感。如果孩子不愿意学习，或者带着压力、情绪去上课，这样补课的效果会大打折扣，因此这种行为并不值得提倡。同时，如果给孩子报太多补习班，孩子身体会非常疲惫，学习时间也难以科学、合理地进行分配，孩子无法区分校内、校外的哪些学习任务更为重要，应当先完成，哪些可以缓一缓，这样学习的效率将会受到影响。所以，我个人的观点是：如果要为孩子报课外班，一定要先征求孩子的意见，以"孩子愿意且不累"为前提，和孩子一起客观分析孩子成绩差的主观和客观因素，并且选择孩子自己认为最需要、最重要的科目入手；学习任务应当以校内为主，校外为辅，不要顾此失彼或者主次不分。

作为父母，要清晰地看到：孩子的学习成绩优秀并不代表孩子优秀，所以不能因为孩子的成绩优秀就忽略其他方面的要求及教育。比起"逼"出来的成绩，孩子懂得为人处世更重要，他们靠主观能动性努力付出且符合成长规律的成绩才更舒心、更安心。作为家长，我们当然希望孩子学习成绩优秀，同时也希望他们身体健康、快乐成长，但如果只有一样可以选择，我们绝对会优先选择孩子的健康和快乐。补课要先补心，补心比补脑更重要。

家长朋友们，家庭教育影响孩子的一生，父母责无旁贷，家庭教育重结果，更重过程。美国《科尔曼报告》研究发现，影响孩子学习成绩的主要因素并不是学校，而是家庭。如果孩子在家里养成了坏习惯、不好的性格，无论学校的老师多么厉害能干，他们也是很难提升孩子学习成绩的。我每天要学生坚持跑步打球、锻炼

身体，我也坚持陪学生一起跑步锻炼，其实是希望他们有好的身体，有好的行为习惯，同时也在培养学生的毅力。学生身体棒才有学习的精力与潜力，行为习惯好的人一定会自觉学习，这就是教育的春风化雨，这也是我一直提倡"教育不能急功近利"的缘由。我不仅言传，更能坚持践行。朋友们，让我们一起努力，努力做一位优秀的家长，做一位不急功近利的、有智慧的快乐家长。

第四十九讲
学生成绩优秀，
毕业后就一定成功吗

作为家长当然希望自己孩子成绩优秀，最好能数一数二，我认为这个要求不过分，有这个想法可以理解，我也相信每一个孩子都有条件也有能力拿到好成绩。但毕竟好成绩的同学不多，不管怎样的群体都有数一数二的同学，也有排名靠后的同学，这是事实。但数一数二为什么恰恰不是自己的孩子呢？其实，我也有过这样的迷茫。回头想一想，我们在读书的时候其实也不是拔尖的，干吗非得要求自己孩子数一数二呢？一味地追求孩子成绩数一数二可能会适得其反：孩子累，我们自己也累。我们不如先解放自己，从自身改变做起。不妨思考一下：孩子成绩优秀，毕业后他的一辈子就一定成功吗？一个人成功的因素到底有哪些呢？

拿破仑·希尔经过数十年的研究，在《成功学全书》中归纳出了最有价值、带有规律性的 18 条成功定律，具体如下：① 心态乐观；② 目标明确；③ 积极主动；④ 直面挫折；⑤ 不断进取；⑥ 充满激情；⑦ 相信自己；⑧ 学会带队；⑨ 完善个

性；⑩ 控制自己；⑪ 注重时效；⑫ 懂得理财；⑬ 身心健康；⑭ 协作共赢；⑮ 敢于想象；⑯ 专心专一；⑰ 敢于创新；⑱ 改良习惯。这 18 条定律涵盖了人要想取得成功所需的所有主观因素，这些主观因素主要与一个人的心态、思维方式和行为习惯有关，却没有一条与学习成绩有关。

我们可以理解为什么许多成绩优秀的学生毕业后没有取得成功，而部分成绩不佳的学生毕业后却能够成才。部分成绩优秀的学生往往想赢怕输，包容性差，不会合作；而部分成绩不佳的学生往往心理素质较好，心态平和，能够很好地认识自己，抗挫折能力强。我认为一个人成功的主要因素是：自信阳光，刻苦努力，诚实守信，学会尊重。其中学会尊重就是要懂得尊重自己，珍惜自己的生命，懂得尊重他人，更要懂得敬畏规则。一个人如果具备这四个品质，他一定会成功。这也是我培养学生的目标：要做到"三趣六目标""三管四品质"的道理。我的育人理念及目标是：在家庭教育中有意无意地给予要求、配合落实，这样我们在育人上做到了步调一致、要求一致、目标一致，殊途同归。梁启超说过：教育的本质是教人不惑、不忧、不惧，顶天立地做一个人。我们不如引导孩子、培养孩子如何处世、如何做事，引导孩子多看书，养成阅读的习惯，因为走出学校，还有很多社会学问可学，走出家庭离开了学校要靠他自己去闯、去应变。

第五十讲
家庭教育中适时
学会"沉默是金"

　　家长朋友们，家庭教育有时真的很难把握分寸火候，有时也感觉随着孩子的长大，越发难与他聊天沟通，有时严不得、宽又无效。的确，教育培养孩子是门技术活，稍不留意，要么可能把孩子养成了"玻璃心"，要么养出了"熊孩子"。在教育孩子时其实遵循一个原则："严是爱，宽是害，不教不管父母之过。"但无论是严格还是宽松，都要掌握分寸，恰到好处，适可而止。过严、过松，效果都是不好的。要做到"严而有格""松而有度""严中有爱""爱中有度"。父母要善于观察孩子的情绪变化，善于走进他的内心世界。学习也好、教育也好，最关键是言行的表达与传递。当然沟通是一门学问，我今天要跟大家聊的话题是在与孩子沟通的过程中要善于观察孩子情绪的变化，善于温柔沟通，善于适当适时学会"沉默是金"。总之，在家庭教育中要学会"好好说话""适当不说话"。

　　当孩子放学回家，父母要关心他今天在校开不开心，不急于问学习情况、作业

情况等。如果看到孩子不开心，要用其他方式沟通。如果孩子不搭理你，情绪不好，这时家长最好不要再追问，因为再问也是枉然，还可能激发孩子的更多坏情绪。这时，家长明智的选择就是不说话，观其行等其言，耐心等待过后也许孩子会主动找你说。这就是学会"沉默"的好处。家长千万记得：情绪来了，调节需要时间与空间，也就是当一个人的情绪不好时，我们要给予时间和空间，要相信他，相信时间一定可以证明一切。

孩子在父母心中都是很重要的，孩子要出门做什么，父母总觉得放心不下，再三叮嘱，左右帮忙。要让孩子能长大，有些事就要让他自己去经历，哪怕错了，失败了也不怕，因为经历了挫折孩子会主动长记性、自发长大。作为父母要他知道这是他的事，自己的事自己做，这样孩子自然就会成长。这就是"沉默是金"，体现在教育上就是主体意识、主体教育。在孩子面前，父母要学会放手，不要大事小事都包办，也要学会选择，学会取舍。具体到日常生活中，是有些时候，做家长的自己管住嘴，少说话甚至不说话，这对孩子来说，就是一种被信任的力量，是一种自立的希望。这也是家庭教育和谐、有效、营造有温度且温馨家庭氛围的法宝。

孩子可以说是我们每一位家长的宝，也是家庭教育的主人公。每一个孩子，都是一个天使，他的性格形成与成长环境息息相关。对待孩子，要有耐心，多关心，给予信任，少说教，循循善诱，对症下药。

第五十一讲
家长要善于与孩子沟通

　　家长朋友们，在家庭教育中，有一种现象就是父母发现孩子有问题、没按照家长的要求做或达不到父母的要求，然后就不分场合、不分事情的轻重，只是不停地唠叨，一味地埋怨，甚至批评。这样，孩子只会置之不理，觉得父母就是啰嗦、烦人，更不想去尝试做每一件事。另一种现象就是父母一开口就吵起来了，父母的讲话缺乏温度。还有一种现象就是大家什么事都放在心里，觉得说了也没有用，于是关于孩子的教育问题，父母之间、父母与孩子之间都是不吭声，过度"沉默"，这样的家庭教育没活力，令人压抑。有些家长明明知道与孩子讲话要注意方式、方法、语音、语调等，自己叮嘱一定好好说话，但话一出口就词不达意，有时看到孩子的表现马上就急了。这些现象都是家庭教育中普遍存在的。这对家庭教育是不利的，这样的家庭教育也是危险的，说明家长没有掌握与孩子沟通的艺术，把沟通变成了说教、批评、指责。所以在家庭教育中，要营造良好的沟通途径与家庭氛围，尤其父母要学会善于与孩子沟通，善意的、温柔的、肯定的口吻等沟通都有利于家庭教育，有利于孩子健康成长。在家庭教育中大家学会好好说话，温柔沟通，不仅

营造和谐的家庭气氛，同时还可以给孩子学习如何与人聊天、沟通及处事的方式、能力。可以说，有些孩子在与人相处、集体生活中缺乏沟通能力，不善于与人聊天，不善于表达、讲话急、容易发怒、脾气暴躁等，大多是家庭的氛围、父母的讲话方式及教育方法不妥导致的。

俗话说：良言一句三冬暖，恶语伤人六月寒！可见，在家庭教育中，父母讲话的方式、语调很重要，要听起来舒服，可接受，同时也做到了言传身教，给孩子树立榜样。要就事论事，引导正面对待，给予肯定，不能随意贴上"坏标签"；多点赞，给意见、给方法、给予指导，发挥正面导向，明确主体意识，用主体教育的方式，少说"别、不允许、你干吗"等这样语气强硬的词语，这样有一种居高临下之感。比如，孩子跟你说他今天累，睡觉前不刷牙这件事，父母怎样处理呢？是恐吓还是苦口婆心、好说歹说呢，还是硬拉着到卫生间盯着他完成任务呢？其实我们可以跟孩子说：刷牙是你自己的事，要养成良好生活习惯和卫生习惯，如果今天不刷牙会不会引起口腔疾病呢？如果这样自己身体不舒服还要到医院就诊，得不偿失。从这个角度来讲，尽管今天很累，但把牙刷了比起去看医生划算多了。用这种方式，分清了教育的主体，不是父母要你刷牙，是孩子自身需要的。相信用这种方式教育效果会更好，容易让孩子接受，孩子肯定也会养成好习惯，习惯成自然，相信以后也不会为刷牙讨价还价了。父母在讲话时，尽力换一种方式表达，如用"保持安静"代替"不要吵闹、别吵"，用"慢慢走"代替"不要跑"，用"离开那里"代替"别靠近"。总之，用警告、命令、指责的语言太难理解和接受，用"直接鼓励、肯定、建议、信任"的语气听起来让人舒服，容易接受，效果更好。其实，让孩子思考"怎么做"，比质问更好。

善于沟通还要注意不要有意无意冷落孩子，要注重孩子的情绪与感受，要重视回应孩子的询问与请教，要尊重孩子。比如，孩子哭得很伤心的时候，家长说："这点小事，有什么好哭的？"孩子心里更难受了。孩子请教父母的问题，包括作业等，父母直接说："这么简单，你都不会"，这样的回答打击孩子的积极性，挫伤了孩子的自尊心，慢慢的，孩子自然不会再寻求你的帮助。孩子主动跟你聊天，父母直接说："你没看到我很忙啊，走开，找其他人，找你爸（妈）去。"试问一下，孩子每次都受到这样的打击，以后还会主动跟你聊吗？当你想跟他聊的时候，他也不会搭理你的。因为孩子在父母那得不到回复与倾听，自然而然不愿意和父母交流，自然不听父母的话，父母对孩子的了解就越来越少，亲子关系就越来越疏远。彼此之间的距离越来越大，父母的教育指导就无法施展，教育孩子就会变得越来越难。

学会和孩子交流沟通，更要关注孩子生活的各个方面：人际交往、喜欢和讨厌的事物、开心或不开心的事。每天，多和孩子唠唠家常，增进对孩子的了解。这样，孩子才会充分感受到父母的爱和关注，获得安全感和幸福感。好的生活，永远都是从好好说话开始的，好好说话，是我们做人第一步的修行，有事好好商量是我们的需求及做人的基本品格。

各位家长朋友，有效的沟通需要力争做到四点：第一，学会观察。善于观察，观察对方的言语、情绪、状态、表现，也就是读懂对方，从眼角得到信息；第二，感受。学会将心比心，学会感同身受，彼此相互感知；第三，需要。在谈话之前需要彼此了解对方之所需，需要互相理解，需要相互支持；第四，请求。在谈话沟通中，要注意讲话的语气，多一点委婉、温度的语言，容易让人接受，用请求的语气希望对方接纳并改变。

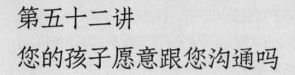

第五十二讲
您的孩子愿意跟您沟通吗

　　各位家长朋友，家庭教育的确是我们要面临的课题，怎样做到家庭气氛融洽、和谐，孩子如何健康快乐成长呢？虽然困难重重，但我们只能积极面对。家庭教育的本质，不是教化，是交流与理解，沟通与接纳。有温度的、有爱的家庭教育能让孩子释放负面情绪，积极面对生活、积极学习；在家庭教育里要有懂得聆听、接纳孩子的一切且懂教育的父母。我们不妨回想一下，孩子究竟愿不愿意跟我们聊天，是主动还是不情愿的；从什么时候开始就不愿意跟父母聊天了；孩子是不是愿意跟我们讲真心话、心里话，跟我们讲他的秘密呢？说真的，真正成功的家庭教育，是孩子即使到了青春期，甚至长大成人了、成家立业了还愿意跟父母好好说话，无话不说。

　　有这么一个故事。有一天一个 13 岁的女儿对她的父母说："我想自杀。"父母听后，父亲淡定地回答："活着确实辛苦。不过，青少年自杀是要上社会新闻的。大家都会猜测作为父母的我们虐待你，是狠心又愚蠢的狼妈虎爸。爸爸说不定连工作都得丢，毕竟我是老师。唉，又没办法跟人解释，我只是尊重女儿的选择，这是教育工作者应该做的……"父亲认真的可怜样儿把女儿逗笑了。这个故事说明了孩子愿意跟父母倾诉会有良好的效果，这位父亲的智慧回答与沟通，不失尊重也不失幽默，也让女儿看到父母对她的珍惜与真正的爱，让孩子看到自己的一个愚蠢行为父母、亲人留下多大的伤害，这里可以看到这位父亲沟通的智慧与艺术，大智若愚。也正是因为这位父亲平常善于与孩子沟通，善于设身处地为孩子着想，孩子得到了尊重与重视，父亲善于做孩子的倾听者，久而久之，孩子自然会在解决不了困难、碰到困惑、迷茫无助的时候愿意找父亲倾诉。的确，教育是种什么因就会得什么果的。各位家长，我们不妨想想，当孩子同样跟你这样说，我们会怎样对待呢？我们做一位忠实且有智慧的倾听者一定会换来孩子愿意主动找你沟通、聊天的。否则，父母与孩子隔着鸿沟有了障碍，父母急得像团热火，孩子冷得像块寒冰，结果孩子的世界父母进不去，父母的话题孩子不关心，父母的话不想理会，那才是真正的代沟，真正的痛苦。

当然家长要做真诚的倾听者，先要给孩子说话的机会。先有了尊重，才会有倾听，放下自己，先为对方考虑、着想，这样你才能听到更多，才能听到真实的话。我们要做真正的倾听者，还要能适时给予回应，也不要急于做判断、下结论。比如，在孩子说到关键之处时，回应一句"这样啊""然后呢"之类的话，激发孩子继续表达的兴致与欲望。专注地倾听，不太像是一种技巧，它更像是一种态度。如果我们凭借自己的阅历主观臆断，打断的不仅是孩子真实的想法，也会听不到真实的话题，更可能打断了和孩子的沟通桥梁，得不偿失。同时，我们要时刻记住：沟通聊天也不要只是谈成绩，倾听也不要成为一种纯粹的说教。

各位家长，孩子愿不愿意主动跟我们沟通，关键在于我们，我们要从自身改变，做孩子真正忠实的倾听者。

第五十三讲
请问您信任您的孩子吗

家长朋友们，请问你信任你的孩子吗？

有一组调查数据显示有 95% 的父母不完全相信自己的孩子。我在与学生聊天的时候，很多学生都流露出父母就是不信任他们的倾向，他们其实很期待父母能多相信他们一点。为什么会有这样的情况出现呢？家长为什么这么难相信自己的孩子呢？人与人之间是要彼此相互信任的，在所有的人际关系中，"信任"是最好的润滑剂，其实亲子关系更应该如此。也许你多信任孩子，在沟通上就已经成功了一半，在家庭教育上就会有成效。各位家长朋友，在任何时刻、任何情况都应先选择相信自己的孩子，倘若发现孩子说谎，先了解事情的来龙去脉，然后再做教育。不要因为孩子经常撒谎而我们选择一直不相信他，这样只会导致孩子撒谎越来越严重。

孩子撒谎是为了隐瞒错误，躲避家长的埋怨与批评，如果能将这种对孩子而言所谓的"压力""恐怖""批评"换作有技巧的教育、谈话，相信孩子也不会因恐惧而费尽心思圆谎了。我相信，只要我们选择相信孩子，孩子也不会说谎的，一定会跟我们说真话，除非是善意的谎言。

记得有一次，有一个学生和我说，他以前的考试成绩都是不理想的，但有一次他数学考了 91 分，很高兴跑回家告诉了他的母亲，结果他的母亲说：啊！真的啊！是不是偷看的，还是老师改错？本来孩子兴高采烈的，被泼了冷水。结果这个学生觉得再怎样的努力都没有用，都不会被母亲看见，因为母亲就是不相信他了，他的母亲只记得他的成绩不好。家长朋友们，可能我们不经意的一句话就会伤害孩子，就会浇灭了孩子的希望啊！

还记得曾经有一位小朋友跳绳一般般，结果他勤学苦练，到了体育课测试的时候，他告诉体育老师：他跳了 120 次。结果老师说：你是不是数错了，还是同学们帮你报大数？当时这位同学内心很生气，很不服气，但还是跟老师说：老师，我在你面前跳给你看，请您亲自数吧。结果这位学生跳了 126 次。虽然这位学生再跳了 126 次，证明老师的怀疑是错的，但在那之后他的内心一直就有这么一个疙瘩。请问这位体育老师，如果当时因为学生的体力不够，没办法跳到 120 次，请问你怎么办，你怎样处理？请问这位学生的心情会怎么样、面子往哪搁？我认为这位学生还是很真诚又不服气的，还好，这位学生还能跳到 120 次以上，否则可能因为我们的处理不当而大大地打击了这位学生，伤了自尊，说不定会给他一生留下阴影。其实，这位体育老师，如果你真的怀疑，可以第二天再找这位同学鼓励他，肯定他的进步，然后再叫他跳给你看，展示给你看啊！这样的处理是不是会更好呢？相信这位体育老师也是为人父母，如果用这种方式对待自己的孩子，动不动就不信任孩子，孩子真的很难受，有压力。从这些可以看出，无论是父母还是教育工作者，都必须先选择相信我们的教育对象，相信孩子，否则后果不堪设想。

各位家长，如果你的孩子一去学校肚子就疼，做了简单的检查也没发现异样，你会怎么想？难道是假装的？还是撒谎的？父母不要轻易下结论判断，甚至不要简单地就认为孩子是"厌学""恐学"，也不要认定就是心理问题，立马带孩子去看心理医生。我认为要真真正正、真诚地慎重地对待这个问题为妙。中国青少年研究中心曾做过一项调查，发现最受孩子喜欢的 10 种父母做法中，排第一的是："请信任我"，这说明孩子是多希望得到大人的信任与肯定的。但是，爱孩子的父母很多，真正信任孩子的父母却少之又少。如育儿专家尹建莉所说："多余的提醒和安慰满

足了家长，却给了孩子不信任和羞辱。"

各位家长朋友，不信任的爱就是一种伤害，更是一剂毒药。心理学上著名的"罗森塔尔效应"表明：父母信任孩子，孩子受到积极向上的回应，人生才能朝着积极的方向前进。反之，孩子则背道而驰。在学校教育、家庭教育、亲子关系中，最容易打击孩子的莫过于怀疑、不信任。若长此以往，不单是把孩子越推越远，还会逼着孩子不积极面对生活，造成孩子消极、不自信、满嘴谎言。

家长朋友们，信任就是储蓄正能量。美国心理学家乔伊斯·布拉泽斯说："爱的最好证明就是信任，彼此信任才是给孩子最好的爱。"你给予孩子的每一份信任，都会像一股正能量，推着孩子在人生之路上奔跑，他的人生就是奔跑的人生，不断地自我突破。所以，请大家选择相信自己的孩子！当孩子犯错时，被人质疑时，我们要给他鼓励，给他关心，无论如何请先接纳孩子，给他信任，给他信赖的眼神，给他安全感。还记得《麦兜的故事》里的一段台词吗——"全世界的人不爱你，我都只爱你；全世界的人不信你，我都只信你；爱到心肝里，我信你信到脚趾头里。"如果我们能这样对待自己的孩子，孩子肯定是幸福的，必定会健康成长，一定会快乐生活，积极学习，希望这句话能够一直提醒每一位家长朋友。

各位家长朋友，信任是一份无悔的选择；信任是一种无言的付出；信任是一股无穷的力量；信任是一份种因得果的福报；信任是孩子天天开心快乐健康成长的回报。

第五十四讲
家长要善于管控情绪

各位家长朋友，本讲聊聊关于情绪管控的问题。

情绪的英文是 emotion，有种解释是 emotion= energy in motion，即情绪是流动的能量。情绪是一种心理活动。愤怒、内疚、焦虑、悲伤、快乐、暴躁等都是情绪的外化表现，当然情绪也可以诠释生活的意义及力量，也可以彰显一个人的修养、素养、人格魅力。当下的社会高速发展，竞争日趋激烈，生活更加多变，面对日新月异却变得浮躁而复杂的社会环境和各种压力，管控情绪的能力在拥有幸福人生中尤为重要。父母如果没有管控自己情绪的能力，面对孩子的不如己愿就用情绪管教孩子，这对孩子的进步是无效的，对孩子的成长是不利的，这样的孩子是不幸福的。所以，在家庭教育中，父母情绪的管控、对孩子情绪的引导非常重要。我们只有与情绪做朋友，善于智慧表达感受，善于管控情绪，才能在家庭教育中成为赢家，才能成为优秀的父母。

父母情绪失控对孩子影响是很大的。首先，它会对孩子的情绪和亲子关系造成不良影响。我们不妨在心里回放以下场景：在陪孩子做作业的过程中，你不耐烦，

焦急，从而指责孩子拖拉、不认真，上课肯定没有认真听课等。如果您曾经这样做，孩子的作业、成绩并不会因为您的指责有多大的进步，反而这样还会慢慢导致孩子产生忧虑、紧张、茫然的不良情绪，背负巨大的压力。慢慢他也觉得自己蠢、笨，不是读书的料，甚至萌生辍学、逃学的念头，开始产生反感和抗拒心理，最后逐渐演化为厌恶学习的情绪。

其次，如果家长在教育中不注重自己的情绪调节，同时又忽视孩子的情感需求，这会让孩子性格内向自卑、极度敏感、十分缺乏安全感。日常生活中，父母本应该是孩子的守护神，要让孩子有安全感，不懂得控制情绪的父母，往往伤孩子最深。

最后，情绪具有"传染性"，父母的情绪直接影响着孩子的情绪；经常情绪失控的父母，带给孩子的，可能就是失控的人生。父母情绪不稳定，孩子会不自觉地承袭父母的脾性，变得易怒暴躁。也就是说，当孩子长大后，很可能会用当初父母对待他的方式去处理一些问题，带来又一个失控的人生，这是一个恶性循环。恰如教育学家尹建莉所说："你对孩子发的三分脾气，会对孩子造成七分伤害。"所以，家长切勿忽视家庭环境的力量，尤其是在孩子性格养成的初期，更是要给孩子一个平和的成长环境。要知道，家庭教育中营造和谐宽松的家庭环境很重要。

常常听父母们说，要给孩子提供更好的生活条件，于是父母拼命追求物质上的充裕，让孩子住大房子、坐豪车、穿名牌？却忽略了和谐稳定的家庭环境，也是"好的生活条件"中的重要组成部分。一个充斥着争吵的家庭，再怎么物质充裕，也很难说这就是"好的生活条件"。给孩子一个幸福的生活环境，应从处理好自己的情绪开始。那么父母可以怎样调整好自己的情绪，不伤害孩子呢？

第一，学会转移自己的注意力。不要让自己沉浸在负面情绪中，这样越想就越觉得难受，严重的时候可能就会控制不了自己的情绪。我们可以去做一些自己平时感兴趣的事情，如看看书、种种花、逛逛街，又或者看看电视剧都可以，让自己从负面情绪中解脱出来，转移到开心的事情中去，心情不好多想想开心的事，多想想对方的优点，平时的好。

第二，学会弱化自己的情绪。有时候我们越是生气，就越想找茬儿，恨不得全部坏情绪都发泄出来。然而这不是一个好方法，因为这会让我们陷入更大的冲突，从而加剧我们不良情绪的产生，最好的办法是暂时从不良情绪中脱离出来，不想、不思考、不回忆，弱化不良情绪对自己的影响。

第三，调整自己的认知。这是最重要的一点，心理学上有一个 ABC 理论，意思是说，影响我们产生情绪的并不是事情本身，而是我们对事情的看法。比如，同样是下雨，有的人会觉得不开心，因为一下雨，道路就会比较泥泞，他会觉得出门都不方便。但是，有的人却会觉得很开心，认为下雨后空气会变得更清新。因此，当我们产生不良情绪的时候，可以尝试从不同的角度来看待，跳出原有的思维局限，可能从根本上改变自己的情绪，从而达到消解不良情绪的目的。

第四，发挥榜样的作用。家长在与孩子的沟通过程中要注意自己的言辞，发挥榜样的作用，要养成良好的行为习惯和兴趣，少抱怨和埋怨，不随便发牢骚，注重传递正能量，保持好的心态。

著名诗人纪伯伦说过：你的儿女，其实不是你的儿女，是照见你真实模样的镜子。各位家长，千万不要让自己成为镜子中面目狰狞的魔鬼。家庭教育让我们从控制、调节情绪开始吧！

第五十五讲
家长要培养孩子善于制定目标的能力

　　各位家长朋友，有一项关于"目标对人生影响"的跟踪调查，对象是一群智力、学历、环境等各方面都差不多的人。调查结果发现，有27%的人没有目标，60%的人有较模糊的目标，10%的人有清晰而短期的目标，只有3%的人有清晰而长期的目标。25年的跟踪结果显示：3%的人朝着目标不懈努力，25年后他们几乎都成为社会各界的顶尖人士。10%的人，生活在社会的中上层，短期的目标不断达成，生活状态稳步上升。60%的人，几乎都生活在社会的中下层，他们能够安稳地生活与工作，但似乎都没什么特别的成就。27%的人，几乎都生活在社会的最底层，25年来生活过得不如意，常常失业，靠社会救济，并常常抱怨他人、抱怨社会，埋怨人生，负能量满满。这项调查数据让我们看到了目标的重要性，看到目标对一个人的学习、奋斗、生活、价值体现、成就乃至一生是多么重要，所以说，目标比努力更重要。

目标，是赛跑的终点线，是射击的靶心，是每个人做事情为之奋斗的方向。人是需要目标的，这样每天的生活才有精神，有奔头。每个人出门，都要有自己的目的地，如果不知道要去哪里，失去了方向，就只能漫无目的地闲逛；而一旦知道了自己要去的地方，行进的步伐就会加快。如果一个人迷失了方向，会紧张焦虑；当搞清楚自己要去的方向后，就会振作精神。我们的学习、工作、生活需要精气神，而目标就是精气神的动力与源泉，这就是目标的内涵及力量。所以在家庭教育中，父母要善于培养孩子制定目标的习惯及相应的执行能力。

家长可以从每一件事中去教孩子如何确定目标，制订计划，完成的步骤，过程及结果的总结与分析；可以每一周、每一学期与孩子共同商讨并制订学习的计划，从而确定小目标、大目标，明确进步的方向、努力的方向，找到进步和努力的动力。家长要以身作则，言传身教，做事要有规则、计划、目标，要有积极的人生方向及奋斗目标。这些看似平凡小事，但是要做好很难，尤其要时刻坚持，所以我们要执着追求，坚持反复做、用心做。这无形中也给孩子时间与空间，日积月累孩子自然也有这样的习惯，把无序变有序，把迷茫变清晰，把努力变目标，把目标变为收获成功的人生，孩子自然而然就成为善于制定目标，做事有规则的人。一个做事有序，做事有规则，有目标，善于努力奋进的家庭，慢慢地浸润也会培养出优秀的孩子。

目标的确立可以是长远的，也可以短期的；可以有宏观的目标，也可以有微观的目标；有些是操作型的，有些是励志奋斗型的。不管怎样，目的就是让做事的规则有目标、有方向，这将成为最美的风景。

第五十六讲
成功，再等多一会儿就实现了

　　各位家长朋友，成功，再等多一会儿就实现了，这体现在教育上更需要家长、老师在对待孩子的教育方面要有耐心，学会等待。耐心，再耐心一点，再等多一会儿，也许教育的效果就会体现出来，这就是教育的静待花开。

　　与大家分享一个故事：日本小学的孩子在体育课堂上，孩子们在跳木马，其中一个小男孩面对比自己还高的木马，一次又一次，他总是跳不过去。小男孩很着急，一边哭一边尝试，老师始终没有喊停，受老师的影响，其他孩子不但不嘲笑他，反而一起走到小男孩身旁，大声为他加油，纷纷给他一个拥抱。经过全体师生的鼓励，最后小男孩完成了看似不可能的任务。

　　我相信，无论是谁听到这，或者在现场看都会觉得很感动，但关键是，如果换作我们，我们会这样耐心等下去吗？我们经历过之后会不会受到启发呢？其实每一个孩子都能行，关键是家长有没有耐心去等待。如果故事里那位体育老师不肯等待的话，也许那个跳木马不成功的男孩再也不会爱上体育运动，心理的阴影挥之不去，也许将会影响他一生的成长。老师没有放弃，选择了等待与鼓舞，最后成功了，这无形中给孩子很好的教育与启发，也给其他同学一次深刻的教育。

柏拉图说，耐心是一切聪明才智的基础。我们经常也会说到"慢工出细活"的道理，但往往我们就无法真正做到，尤其在教育上。作为家长和老师，有时会轻易、过早地给孩子贴上"不合格""不行了""不优秀""调皮的""差生"的标签。如果我们多等待一下，让孩子真正绽放出来，也许会有不一样的收获。所以说，成功，再等多一会儿就实现了；奇迹，也许再多等一会儿就发生了。如果我们对待孩子的教育违背了孩子的天性，忽略了每一个孩子的"花期"，急于"催熟"而让孩子快速变得"优秀"，就认为这样的优秀不会长久，也许是昙花一现，同时也许会毁了孩子的一生，也会让孩子和家长陷入无限的纠结、焦虑中。保护孩子的"天性"，发展孩子的"个性"，培养孩子的"社会性"也就是这个道理。

我相信耐心守候孩子长大的父母，守望孩子静待花开的父母，此时一定有同感和感触，会有更多的领悟。有智慧的家长、有智慧的教育工作者都会明白教育好孩子，需要时间的沉淀，需要耐心静待。各位家长朋友，今后，当我们在生气、焦急、无助的时候建议自己默念这句话：成功，再等多一会儿就会实现了；奇迹，也许再多等一会儿就会发生了。成功就在一刹那。

第五十七讲
孩子是住校好还是走读好呢

　　各位家长朋友，孩子是住校好还是走读好呢？见仁见智。关于这个话题前一阶段有一些家长也在讨论中，有些家长认为住校好，有些家长后悔让孩子住宿，还有一些家长比较纠结，究竟给不给孩子住宿呢？犹豫不定。其实，关于这个话题我认为不是绝对的，要因人而异，是住校还是走读，各有利弊，尤其对于初中或小学而言，更要慎重。

　　如果孩子自觉性强，比较自律，独立性较强，那我认为住宿会比较好，因为时间充裕，还有时间进行体育锻炼，有学习问题还可以有更多机会请教老师，也免得上学放学途中的劳碌奔波，保障了学习的精神与精力；学生不仅可以养成良好的作息习惯，也可以做时间的掌控者，还学会了更自主更自律；培养了孩子的社交能力及集体生活的能力，培养了孩子团队意识和团队精神，为以后的学习、生活、工作及规划打下了基础。

　　如果孩子对家庭、对父母的依赖性较强，则不宜住校，尤其年龄小的时候，但这样不利于培养孩子的独立能力。所以在家庭教育中，要慢慢培养孩子具有这些方面的能力，因为总有一天孩子要离开家庭、离开父母的，这样可为日后打下良好的基础。

当然，尽管孩子适合住校，或者需要住校，家长也要关心，要在开学前一段时间教孩子怎样尽快适应集体生活，养成学习、生活的自理、自觉的习惯与能力。

无论是走读还是住校，家长都应该培养孩子形成独立自主的能力。不过就孩子的年龄特点而言，笔者认为如果条件允许的话，义务教育阶段还是尽量不要住校，珍惜时间、多一点机会陪伴孩子。这个时期孩子的成长更需要家长的引导，而且这个时期刚好也是孩子的青春期，青春期内，孩子会遭遇到更多的情绪波动和成长烦恼。这个时候，父母的陪伴，特别是面对面交谈，就显得格外重要。很明显，此时孩子更需要家长的陪伴、教育、引导、关心，所以条件允许的话，我认为还是不要住校为好。各位家长朋友，请多珍惜这个时期与孩子的相处，多陪伴，当我们老的时候，那时要与孩子相处的机会是少之又少。

当然，关于住宿问题，不应只是家长说了算，还是要尊重孩子，与孩子沟通商讨，达成一致方可住宿。否则会让孩子认为家长不在乎他，他会慢慢觉得在自己的成长过程中缺乏家庭的温暖、父母的爱。于是他回到学校住宿就处处故意违规，争取退宿，其实这样对孩子的发展很不利。在家庭教育这方面，家长对孩子的管理要有度，不是事事都管，也不是撒手不管，要培养孩子懂得自己的事情自己做。要充分尊重孩子的自由时间和空间。家长要在适当的条件下，多给孩子一点私人空间，因为孩子无论是学习时间还是休息时间，也是需要社交和自处的。各位家长要合理分析，不要简单地把孩子学习成绩的进步退步、学习成绩优秀与否与住宿和走读联系起来。无论是走读还是住校，都有其利弊，其对成绩的影响程度也和学生本身的性格与能力有关。所以家长要根据自己孩子的实际情况来选择是否住校，不用过于纠结，要让孩子知道，学习是自己的事情，而不是只给家长一个人的答卷。各位家长朋友，至于孩子需住宿好还是不住宿好，见仁见智，因人而异，希望本讲我的观点能给你带来一些思考和参考，也希望孩子都有快乐的时光和风华正茂的青春，健康快乐成长。

第五十八讲
请问家长，你还打孩子吗

　　各位家长朋友，你还打孩子吗？大家都知道，每年的 6 月 1 日是国际儿童节，那请问你知道每年的 4 月 30 日是什么日子吗？知道"国际不打小孩日"吗？没错，每年的 4 月 30 日被规定为"国际不打孩子日"。我相信大家会很惊讶，还有这样的日子？相信大家不会认为除了 4 月 30 日这一天不能打孩子之外，其余时间都可以打孩子。那请问你打过孩子吗？现在还打吗？其实，这一天的重要意义在于社会提倡要重视家庭教育，家庭教育不是仅仅只停留在孩子听话，按照家长的指令与要求去做就可以被认可，就不用挨骂挨打，若不按照家长的要求、旨意去做，或不听话就要被打骂。家庭教育要用理性代替粗鲁粗暴。"棍棒底下出孝子"的说法已经过时，也不符合社会的进步了，这个特殊日的设立和所倡导内容也就恰恰反映了社会在进步。当然，这个"特殊节日"的提出更是为了宣传反体罚儿童的观念，体罚孩子更应该引起社会的关注与重视，也是在倡导一种科学教育孩子的理念。

　　各位家长朋友，"狼爸虎妈"式的家庭教育已过时，不可取了。随着社会的进步，对待孩子应该用尊重、用平等的方式交流；教育孩子应该换位思考，以心养心，以心育心；同时更应该由家长首先更新观念：不要在孩子面前吵架，更不应该在孩子面前出现你对他人有不尊重或者不满甚至发牢骚的现象，这对孩子的影响也是很大的。再者，不要一味责怪孩子，看孩子只觉得一无是处，也不溺爱和迁就，不要以学业成绩为评价孩子的唯一标准。

其实，很多孩子出现的心理问题很大成因是家长的教育方式不当、要求过高，不符合实际。所以，前不久有专家提出教育改革要从家庭教育改革开始，要从家长的改变开始，我想也就是这个道理吧。各位家长，为了不要失去自己亲生孩子的快乐幸福，为了让孩子健康地成长，从改变自身开始吧！尝试了解孩子的需要，尝试走进孩子的心里。家长朋友不要因为我们的固执而冲动，却后悔终生。我们要相信，也许面前这个"不可理喻"的家伙，日后会变成前途"不可限量"的栋梁之材的。

各位家长朋友，我们看到田地里了长了很多杂草，如果不想办法除掉杂草，不研究究竟如何才能让田地长出绿油油茂盛的庄稼，那么杂草总会不断地生长出来，丰收就会遥不可及。这跟家庭教育是同一个道理，我们为了解决问题而解决问题的话，问题永远解决不了，旧的问题还没解决，新的问题又发生了，无形当中孩子就成为"问题孩子"，无形中也成就了一对"问题父母"，形成了一个"问题家庭"。所以家庭教育要做到让孩子自己想要成长，而不是被动成长。

各位家长朋友，"国际不打孩子日"真正的目的就是除了那天，其他的日子我们也都可以做到不打孩子！家庭教育不需要严厉的打骂。家庭教育是孩子成长的基石，家是孩子快乐的港湾，父母是孩子的第一任老师，为人父母，为了孩子的明天，家长要不断学习，改变自己的教育方式，为做新时代新型智慧家长而努力。

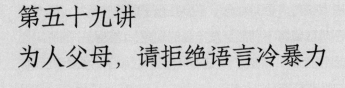

第五十九讲
为人父母，请拒绝语言冷暴力

　　各位家长朋友，本讲谈谈在家庭教育中，为人父母务必拒绝语言的暴力。

　　胡适曾在《我的母亲》一文中写道："我母亲的气量大，性子好，待人最仁慈，最温和，从来没有一句伤人情感的话。"不过在现实生活中，我也听说过部分母亲在家庭、在朋友聚会、在妈妈团见面时都是抱怨，说自己孩子的不足，就像生怕夸赞自己孩子的好就无法突出自己的优秀似的。

　　遇到事情时，母亲、父亲一定先要调整好自己的情绪，自己说话的语气，注意自己说话的态度，没想好的话不要说，不了解的事不提。没想好怎样处理的话那就先不处理，否则，你怎样说，怎样讲道理，都是无用的，反而会伤害到自己的孩子，也影响自己的心情，影响自己在孩子、家人心目中的形象。每个孩子的内心都是柔软可爱和稚嫩天真的，父母无意间轻飘飘的一句话，有时比一巴掌扇过去更痛。孩子的叛逆，孩子心里的委屈，心灵的扭曲，很大成分是家长的语言暴力，父母冰冷的语言是不会有教育效果的，也不会培养出优秀孩子的。

　　前段时间，有一位朋友找我，说他有一位亲戚的孩子在家很叛逆，有时还不回家，离家出走，为此也休学大半年，回到学校了依然还是有很多问题，跟母亲的关系很紧张，问我能否与这位孩子聊聊。我第一次见到这个孩子，就感觉到她很冷漠，问她的问题几乎都不回答。我跟她讲，也许在她面前有很多选择，很多条路可以走，这些都是她的选择，但要明白自己的身份。该次谈话不是强迫她一定要选择哪条路走，怎样走，只是试试帮她分析每一个选择的利与弊，然后她自己做判断，看看是否需要帮助。聊后，她表明，如果她需要帮助，可以随时找我，不方便开口可以写信。果然隔了几天后，我收到了她的来信，只有一百多字，表达对我的感谢，说自己会想清楚怎样选择，她的问题估计我也帮不了。我回信给她：感谢你写给我的信，但是没有尝试怎么就知道我帮不了你呢，更何况你都还没有跟我讲你所需要帮助的事情。随后，我跟我的朋友说，孩子现在的情况很大程度上归因于家庭的问题，父母的教育方式肯定不当。过了两三天，她给我写了一封长达两页的书信，讲到了父母的管教方式，父母对她的不信任，父母根本不知道她需要什么、想要什么，在家没有自由等。不过信的最后，她还是说估计我帮不了，但是把这些话说出来心里舒坦很多。我感谢她对我的信任，同时我也和她表明了希望有机会我能够努力让她的父母做出改变，但其实真正的是彼此的改变。不过毕竟这么多年来，父母已经形成他们自己的教育习惯了，估计也很难改变了，但我们要选择理解与接纳，努力选择改变自己，毕竟为人子女，无论如何得尊重、孝顺，这是中华民族几千年的美德。

　　后来，我约见了这位母亲。一见面，我终于明白她女儿为什么会产生如此大的青春期变化了。母亲很强势，一讲起孩子就很生气，面无表情，比孩子更冷漠。她认为，她的孩子就必须一切按照她的要求做，必须在她的眼皮底下学习、生活，孩子跟谁来往与谁联系，作为母亲，她必须得知道，母亲允许了，孩子才能去做。我告诉这位母亲："您这样的表情、语气、态度，连我都会害怕同你讲话聊天！想要孩子听话，当务之急必须得彻底改变您为人母的言行，否则只会让母女关系更紧张！"我真希望这位母亲学会放手，真正了解孩子的需求，尝试走进孩子的世界，注意自己的言辞，换一种语气、一种方式说话，让人感觉有温度。不要像刺猬一样，导致孩子都不敢接近，感觉本应该和蔼亲近的母亲很冷酷，此时讲道理还有效果吗？当然，这位孩子的父亲也有很大的责任，父亲的无原则，父亲的不关爱，父

亲的软弱，导致母亲的无奈。所以家庭教育中，不要有语言的暴力，更需要夫妻教育始终保持一致，不相互拆台。

各位家长朋友，家庭中多考虑孩子的感受，适当学会"闭嘴"。好好说话，是为人父母的一种修行。让我们真正从心出发，给每个遭受语言暴力的孩子以拥抱和温暖。

第六十讲
夫妻手挽手走红地毯参加家长会

各位家长朋友，请问每次开家长会你有何感受？请问开家长会的时候，你们是否有夫妻一起参加的？是否进校园夫妻手挽手走进会场的呢？走红地毯开家长会你经历过吗？

我一直倡议开家长会不叫"开家长会"，开家长会的时候，学校、老师不要讲成绩，更不要只讲成绩。老师、班主任不要一味只讲孩子的缺点，如果真的要指出不足的话，那要给家长一些解决办法，要给家长看到希望，也要为孩子指明努力的方向。如果是这样的家长会的话，家长不会不愿意参加家长会，也不会开完家长会后增加家长的焦虑感，不会有紧张的家庭气氛，甚至也可能避免孩子挨训，这样的家长会一定会有好的效果。否则，开完家长会后，可能对孩子的教育、成长效果会适得其反。

开家长会最好夫妻一起来，假如真的没办法一起来，我倡议爸爸来参加家长会，尤其高年级的家长会。同时建议尽量不要麻烦爷爷奶奶来开家长会。爷爷奶奶可以帮忙照顾孩子，但是教育还是父母要担起必要的家教责任。当然更不建议找亲

戚朋友、哥哥姐姐来代开家长会，这样可能会让孩子觉得父母对自己不够重视。这对孩子以后长大的处事方式也会有很大的影响。之前有一位学生听说自己家长不能来开家长会，他很开心，他认为这样妈妈就不会围着老师问自己的缺点和表现了。但是真正当家长会那天，看见其他小朋友都有家长来给开家长会的时候，他反而因为妈妈没有来开家长会而觉得很伤心，觉得在妈妈心中，自己没有妈妈的工作重要，没有弟弟重要，怅然若失。

为什么希望爸爸多来开家长会呢？因为一般来看父亲因种种原因都比较忙，不是说家长会这一次很忙，而是平时对孩子的关心、关注欠缺，对孩子的学习、生活了解不多，家庭教育中缺位。所以如果是爸爸来开家长会，可以传递给孩子的信息是爸爸还是关注、关心自己。同时，父亲从自己的角度看问题，会给孩子分析出深层次的原因。尤其是对于男孩子而言，在青春期需要一个男性榜样来引导他的成长，规范他的思想。在家长会所得到的信息，老师所反映的问题等，爸爸会理性分析、宽容而有原则地教育孩子，或与孩子沟通、聊天。当然，爸爸来开家长会更会让自己反思，孩子教育期无论有多忙都得挤时间关心、关注、教育孩子。

我所在学校的家长会不叫"家长会"，叫"温暖讲堂"，家长是来听讲座学习的，是来学习如何更好进行家教。其实，在家庭教育过程中，是要强调家长的自觉学习，与孩子同进步，共成长的，夫妻为了孩子一起回到校园里学习是理所当然的，对孩子的教育和成长也很有帮助。夫妻一起来也传递了教育孩子是大家共同的事情，是共同的责任。我所在学校通过这样的倡议和平台让家长明白这样简单的道理，不是通过理论及要求去强调，这样的效果会更好。

的确，教育孩子是父母共同的责任。在家庭教育中，父母是要互补的，要各自发挥优势，各司其职，扮演好角色，任何一方都不能太强势或软弱。有人问，那离异的家庭怎么办？离异的家庭，父母也是可以一起来的，这才更体现对孩子教育的责任。离婚是大人的事，不要伤害孩子，离婚却不离了对孩子教育的爱。其实，孩子最需要的、最想要的，就是父母关系和好，相信绝大多数的孩子是不愿意父母关系不好的，不愿意看到父母离婚的。父母关系的融洽，夫妻双双一起来听讲座学习，恰恰让孩子看到这一点，同时孩子会感到自己在父母心中的重要性。我所在学校"走红地毯"的仪式说明各位家长、家庭教育在笔者心中的地位是很重要的。同时，我所在学校传递了和谐信号，生活要有仪式感，这种对仪式感的追求无形中也传递给孩子，传递给了每一个家庭。一个人如果对生活有激情，注重生活的仪式感，我相信这个人无论对待工作，还是学习，都会是认真负责的。

各位家长朋友，"双减"政策的落地实施，督促我们一定要清楚在学习的路上，在育人的路上要"减什么""增什么"。要清楚认识到这个政策的出台是让学生真正回归学习，回归家庭，回归学校，所以家长千万不能对孩子放任、放养、放弃。在出台落实"双减"政策之际颁布了《家庭教育促进法》，这更说明家长要做到"依法带娃"的同时也肩负着协作推进"双减"的重任。从这个层面来讲，我上文提到的这些做法很契合当前的政策，是能够给家庭教育带来帮助的，也是值得借鉴的。说不定在这特殊时期能真正为家长和老师解惑。希望夫妻一起走红地毯到学校听听讲座，学习并提升自我，还可以一起回忆过去的美好、浪漫的时光！

第六十一讲
只有学历高的家长
才能教育出懂事的孩子吗

各位家长朋友，只有学历水平高的家长才能教育出懂事、优秀的孩子吗？

我们知道，每一个孩子的成长都离不开家庭、学校、社会。可以说，社会的教育、责任、需求是基座，而家庭教育和学校教育是两个支柱，都承担主要的育人任务及责任，这两个支柱是一样重要，只有家庭教育和学校教育都做好才能培养出心理健康的孩子。特别在青少年阶段，家庭教育最重要的，学校教孩子知识，家庭教孩子成人。当然，家长要积极响应学校的号召与学校形成同盟；大力支持老师的工作，与老师携手共育；积极主动参与学校的活动有利于增强亲子关系。

有些家长有时抱怨自己学历不高，水平不够，所以教育不了孩子。不过，是不是只要学历高、出生背景好就一定会培养出懂事、优秀的孩子呢？从很多跟踪数据中发现，那些品学兼优的学生不一定都出自高学历父母的家庭，总体有以下三种情况：

（1）孩子的好与差，与父母的学历、父母的工作、家庭条件、来自农村或城市没有必然联系，各种家庭的孩子都有可能是优秀的。

（2）优秀的孩子都有一个共同点：勤奋与有好习惯。

（3）孩子们在同一所学校为什么有差异，主要是因为家庭不同，也就是家庭教育不同。

而这些都与家长的学历、水平、家庭背景没有多大的关系，关键是家长育儿的方法要恰当、价值观要正确，家庭教育中家长务必为孩子树立好的榜样，树立坚韧意志的榜样。家长能够并且也要成为孩子健康成长的一面镜子。

所以在家庭教育的过程中家长特别注意要做到：

（1）放下。放下手机，适当放下工作，大家要清楚地看到，任何事业的成功都弥补不了教育孩子的失败。

（2）放权。归还孩子的所有权，其中包括选择权，不剥夺孩子选择的权利。

（3）放弃。放弃育儿执念，遵守孩子的成长发育规律，让孩子自己长大。

（4）放心。家长要学会放平心态，要学会让心归于平静，静能生慧，动要彰美。

（5）转移视线。学会转移视线，不要总盯着孩子的成绩与缺点。

（6）转移精力。不要总想着为孩子提供五星级的"服务"，而是应该先服务好自己。

（7）转换心态。除了大学还有诗和远方，接纳孩子的实际及现实，不强求，相信一切都是最好的安排，适当教会孩子学会生活。

（8）转变思路。改变他人不如从改变自己开始，配合老师营造"家校共育"和谐温馨的育人环境。

我认为，改变不了别人，那就改变自己，家长也可以适当地引导孩子自觉接纳这个观点，让孩子也学会从改变自己开始，同时，我一直认为一个人一定要会做到学、思、变、通，最后定当会顺而成。

同时在家庭教育过程中家长也要避免以下五个现象：

（1）过多攀比。这样经常会让自己和孩子都满心失望。

（2）过高期望。这样会给孩子及自己过大的压力。

（3）过度溺爱。家长没有原则和没有底线的爱就是溺爱，溺爱会给孩子带来生活无能的可能，会让孩子被简单的问题、困难打倒，从而害怕困难。

（4）放任不管。放养式会给孩子带来无望与无助。

（5）夫妻不和，"三观"不正。这样也会给孩子带来对未来消极价值取向走偏。

各位家长朋友，在家庭教育中，家长如果越位，老师让位，学生错位，教育必败，家庭教育需要父母不缺位，需要家长不能放管、放养，并不要求家长要有多高的水平或高的学历，但需要家长有遇到问题寻求学习解决的自觉与能力。大家要清楚，家长是养育，老师是教育，两者相辅相成，互为补充，相得益彰。如果家庭教育不到位，学校教育做得再好也难以达到良好效果！

第六十二讲
家长是"管"孩子，
还是"管理"孩子呢

　　各位家长朋友，无论是老师、家长或者管理者都要学习相应的管理理论，管理不纯粹就是简单的"管"，而更多在"理"，在于渗透浸润，尤其在育人方面，这更需要体现理顺和管理的理念。管理大师西洛斯·梅考克曾说过：管理是一种严肃的"爱"。

　　在家庭教育中，对待孩子，"管"是指令，是要求，"理"是育人，让人接纳。"管理"是爱，家长要真正体现出"教育的爱""亲情的爱""家庭的爱"。从科学合理的管理入手，既照顾到孩子的需要，也让孩子从中学会尊重和看见他人的需要。所以，希望家长们能看到管理的美好，也能善用管理法则培养出一个明是非、懂事理、会谦让、有教养、为人正直、心地善良，相处起来是个令人如沐春风的好孩子。我认为，在家庭教育中，家长不是简单或粗暴地"管"或"管教"孩子，而是有方法地"管理"孩子。

　　家庭教育中，"管孩子"与"管理孩子"从形式、从本质上是有区别的。"管孩子"就是大人要求孩子要怎么做，孩子就得怎么做，结果孩子充满压迫感和抵触心理。因此，越管，孩子越不听。此时，无论是父母还是孩子都很累。"管理孩子"则是父母事先跟孩子商量共同认可的要求或规则，是建立在尊重孩子的基础之上的，因此，越管理，孩子越听话，教育效果就越好。"管理孩子"，更需要家长的智慧。看到孩子的行为不符合预期，往往是沟通、倾听，耐心地调整自己的教育方式。目的是要孩子明是非、懂事理。这种做法，与其说是"管理"，不如说是一种"引导、教导"。

家长应如何做到自如、自觉地"管理"孩子呢？本篇提供几点意见，供大家参考，各位家长可以根据孩子的风格选择合适的方法。其实教无定法，只要是适合、有效，孩子能接纳就是好的方法。

（1）要跟孩子一起制定成长规矩、规则及要求；

（2）惩罚前必须有警告，要给孩子机会，要让孩子内心真正接纳此次惩罚；

（3）要先紧后松，松紧结合；

（4）父母要提醒孩子，而不是经常催促孩子；

（5）规矩、规则制定要注重多维度，可操作，规则、规矩制定要考虑细节及实际情况，要有弹性及空间，不硬邦邦，要有人性化，要有温度；

（6）要善于在宽松环境下进行总结，给孩子进步的方法及空间。

各位家长朋友，孩子不听话，其实并不是我们没有权威，而是我们的教育方式没有真正得到孩子的认可。家长如果多学习，善于用科学的方式来"管理"孩子而不是单一地"管教、管控"，真正做到掌握好策略，把握好原则，相信在教育孩子方面会事半功倍！随着时代的进步，家长要与时俱进，主动学习，努力做有故事、会讲故事的家长，力争做"学习型"家长，更科学、更合理、更有效"管理"孩子的健康、学习。

各位家长朋友，教是基础，育是关键，学是目标，是宗旨，更是评价。可见"育"之重要及意义。

第六十三讲
小学阶段成绩优秀，
到了初中成绩就一定优秀吗

　　各位家长朋友，孩子在小学阶段成绩都很优秀，到了初中成绩就一定优秀吗？不一定。至少在我多年经历中，看到了原来小学成绩不错的到了初中成绩下滑；相反，原来小学成绩中等偏上，不是大家心目中的尖子生、学霸，但到了初中成绩反而一路在进步，甚至有些成绩很好，而且这种现象还比较普遍。为什么会这样呢？

　　首先，学习的方式、学习的科目，学习的要求不一样，学习难度增加了，有很多的改变，这就得看孩子到了初中的适应能力。在小学阶段不是仅仅追求孩子满分，更要重视孩子的书写、阅读习惯，注重培养孩子的思维方式，让孩子学会合理安排时间，有正确的学习方法。可见，小学阶段的学习，小升初的过渡，小初衔接的教与学，孩子知识体系的形成和分析问题的能力都显得非常重要。小学阶段学习的、检测的内容都相对简单，带有机械性。我们往往可以看到无论是家长还是老师，有时在考试前就不断地模拟做练习，甚至范围有时与考试内容、方向比较一

致，这样考试出来的好成绩未必与真实学习水平相匹配，只是任务相对简单明确而已。到了初中，就不是这样了，考试前几乎没有太多复习的时间，只有靠自己边学新知识边复习。更没有考前模拟，这需要课堂上认真听课，注重课堂效率，还要善于在课后巩固知识。所以，我们要看看孩子在小学阶段成绩优秀的背后，如果是有意地、自觉地注重培养学生的学习品质、思维习惯，那必然到了初中就会更优秀。

其次，学生本身的心理素质很重要。俗话说：山外有山，楼外有楼。如果小学几年成绩一直都很优秀，但到了初中某次的考试不理想，不再有成绩优异的光环，如果能尽早找到问题根源，尽快适应，也许会有所改观。父母发现这种情况要及时给予帮助、纠正。倘若仍停留在小学阶段，埋怨这埋怨那，甚至家长也接受不了这个事实，那后果自然就更糟糕了。学习犹如逆水行舟，不进则退。也许因你的退步，衬托出其他同学的进步。上文讲到的有些孩子到了初中进步很大，除了有这个客观原因之外，他们在小学就积累了相应的学习能力，有一定的学习潜力，于是，他们才会一路进步。

最后，孩子到了初中，也是青春期、叛逆期的阶段，如果处理不当，当然会更影响学业成绩。因而初中也是孩子厌学情绪高发期，从小学开始积累的心理问题，到了初中，可能就以厌学的形式爆发出来。十二三岁，对孩子而言，是一道坎，这个时期，不仅仅孩子无助、迷茫，父母也跟着着急、焦虑、困惑。所以，这个阶段一定要重视孩子情绪的调节。

很多孩子在六年级第二学期到暑假这段时间，家长和孩子有意无意地放松了学习，因为初中学校基本已经定了，毕业考的成绩没那么重要了。这是很多家长自己的认知，当然，这也是学习、教育急功近利的表现。这个时间孩子贪玩，甚至玩手机无节制，家长基本上也不怎么管了。尤其优秀孩子的家长也默许孩子贪玩，把之前没有玩的补回来。其实，这样的做法很不好。很多家长都说，孩子在小学不会玩手机的，怎么到了初中喜欢玩，甚至着迷了，也许和这段时间的贪玩有关系。我认为六年级尤其第二学期到进入初中之前那个暑假尤其重要，这个阶段可以让孩子了解初中的学习生活，进行小升初的衔接、融合学习，加强体育锻炼、阅读能力的培养与训练，哪怕出去旅游，也可以让孩子写日记、游记等。倘若有了这样的铺垫、准备，到了初中肯定会很快适应，过渡期就顺利了，成绩就会提高。

　　各位家长朋友，其实，很多成绩下滑的孩子，之所以会和别的孩子拉开差距，不是智力因素，更多的是非智力因素的影响，特别是学习、生活的习惯不好严重影响成绩。所以无论何时我们务必要先抓习惯，再谈成绩，毕竟，成绩是阶段性的总结，是暂时的，但是习惯往往伴随孩子一生。各位家长可以在小学阶段有意识地培养孩子预习和复习的习惯，形成预习—听讲—复习—作业—总结的学习流程；要求做完作业要细心检查；同时做好时间管理，让孩子在规定时间内学习；培养孩子在学习中勤于观察、思考的能力；重视阅读习惯的培养。家长们务必记住：小学期间若要辅导孩子做作业，要以自主学习为最终目的；小学阶段要时刻保护孩子的学习热情和信心。清华大学教授谢维和曾说："学生进入小学仿佛是走进了一个陌生的世界，如果作一个比喻的话就如同从一个很光亮的地方走进一个黑洞洞的房间里。"这个时候，有两种"灯"可以选择；一种是"探照灯"，另一种是"顶灯"。打开探照灯，孩子虽然能看清学习的最终目标，但是周围漆黑一片，孩子内心依然充满对未知的恐惧。家长要打开的是"顶灯"，放弃急功近利，让孩子看到完整的学习世界，建立起与学校、老师、同学的良好关系，逐渐找到面对学习的正确态度。若小学阶段家长、老师能有意识地这样去培养孩子，为未来的学习生活奠定基础，初中成绩一定会上升，所以小学阶段不能仅仅追求满分，更要追求良好的习惯养成和奠定扎实的基础。

第六十四讲
寒假，家长应该如何"关注"孩子呢

各位家长朋友，一般怎样计划跟孩子一起度过寒假呢？策划怎样过一个不普通的、有意义的、健康安全的、充实又有收获的寒假呢？其实，在"双减"政策实施后，《家庭教育促进法》也随之实施、宣传。各级各地政府，包括教育部门陆续在寒假来临之际给家长的一封信中一再强调、指导家长怎样在假期里与孩子科学相处，怎样陪伴孩子，怎样更新观念，调整心态，重视亲子活动及锻炼以提高孩子的综合素质。相信家长在寒假来临之前会有所思考，会有所改变和收获。

寒假里，我们需要关注什么呢？如在教育部门给广大家长一封信里就明确提到，建议家长们在寒假期间做好三个"关注"，内容如下。

关注自主发展。假期是孩子休息调整、自主发展的重要阶段。希望您能够尊重孩子成长的科学规律，不把假期当学期，给予孩子留白思考、创新探索的时间与空间。建议家长在放假伊始，结合学校寒假安排，与孩子共同商量制定一份科学合理的寒假计划，培养孩子自我管理、自我发展的能力。

关注亲子陪伴。假期是家长与孩子亲密接触、共同成长的最佳时机。希望家长能给予孩子爱的陪伴，不要用报班补习代替亲子时间。建议家长多与孩子沟通交流，聊生活，聊成长，聊兴趣爱好，真正了解孩子的精神需求，做孩子的朋友和榜样。用善于发现的眼光鼓励孩子的点滴进步，给予孩子安全感、信任感和幸福感。

关注身心健康。假期是孩子发展兴趣、了解社会的关键时期。希望家长把孩子的全面发展放在首位，不要把学科学习代替假期活动。建议家长鼓励孩子广泛阅读、锻炼身体、培养兴趣、传承文化、孝亲敬老、劳动实践，培养让孩子终身受益的综合素养、强壮体魄和健康人格。还建议家长与孩子一起制定"家庭电子产品使用公约"，控制时长，健康上网。

各位家长朋友，以上所讲到的三个"关注"，我认为在任何时候都是应该认真做到的，不应仅仅是今年的寒假。教育是没有奇迹的，全凭每一个教育工作者和家长共同努力，脚踏实地一步一步去披荆斩棘。教育也是美的，最美之处在于师生之间相互启迪彼此成全，家庭成员彼此的快乐幸福，亲子关系之间的融洽，家庭家风其乐融融，孩子的积极快乐成长。学校也是美的，是家校、师生和政府、社会和学校，以及校长、主任、老师和学生彼此之间的生长成全！

各位家长朋友，教育，追寻的是师生之间心灵与心灵的契合与共鸣，家庭各成员的共情与亲情。一种关系的美，取决于双方投入的程度和相互成全的程度，当双方都自然而然地投入，自觉、自主、自愿地去成全，这种关系就会变成人生的养料，从而让生命变得更加丰盈和唯美。凡所最美，皆关乎于心，教育、陪伴、成长、成才何尝不是呢？

各位家长朋友，人生如长跑，起步忌冲刺，薄发需厚积。孩子的核心竞争力不能靠填鸭而成，也不靠灌输而至。《家庭教育促进法》全面实施，促进孩子健康成长是我们共同的责任。我们要共同把握育人的时机和节奏，"家校社"协同努力，协同育人，真诚用心尊重孩子、关爱孩子、帮助孩子成长、成才！让我们一起努力吧！

第六十五讲
在家庭教育中家长可以尝试做到这些"一"

　　各位家长朋友，在家庭教育中各位家长可以努力尝试做到以下这些"一"。

　　一元伊始，万象更新。可见万物万事开头很有意义。俗话说："万事开头难"，说明凡事开头抓好，落实好，做好，加上坚持，那后面做起来，抓起来就容易，效果也会不一样。在新生入学，新学期伊始，我很重视抓开头，认真抓每个的"第一"，也就是有意识地强调做好班级管理，对学生的要求、教育开始要努力做好几个"第一"。如：开学第一天，第一节课，第一周，第一个月，第一次考试，新年级的第一次温暖家讲堂，等等，如果把这几个"第一"落实到位，教育做好了，其实，很多的要求、规矩自然而然会有不一样的效果。在家庭教育中，家长也务必注重凡事的开头，重视这些"第一"，发挥出这些"第一"的含义。

　　在家庭教育中，家长也可以尝试做好以下这些"一"，切实与孩子建立构建家庭的规矩，营造宽松积极的家庭氛围，构建良好的亲子关系，让亲子关系在和风细雨中滋养成长。

　　如家长可以尝试在孩子的关键转折点，在具有特殊意义的日子里，真心地、动之以情，晓之以理地给孩子写一封书信；可以给孩子讲一次你的成长故事；可以给孩子讲一次你的创业史；一年共同策划模拟一次招聘会或模拟创业；一个月组织一次亲子活动日；一个学期组织一次读书日；一学期组织开一次家庭座谈会；一学期让孩子自己亲自组织设计一个家庭活动日；一学期共同制定一份计划，打卡计划活动；一学期共同制定一份家庭管理手册；一学期组织一次研学，让孩子自行制定行程，做好研学攻略；一学期完成一次有意义的公益活动或社区公益行动；家长可以一学期组织一次孩子与同龄伙伴共同策划的活动；可以制定一份家族家谱；可以组织举办一次跨年的晚会、演讲会；等等。家长可以根据家庭的实际情况，家庭的发展计划，孩子的成长需求做出相应的选择。但不可否认的是，这些在培养孩子独立自主、观察能力、动手能力、思维习惯、辨别是非能力、自我价值的认可上，在培养孩子的团队合作意识及能力上，都很有帮助，这比简单的说教，讲大道理效果好很多。特别是积极参与公益行动，既是对自我价值的一种认可，也能帮助需要关爱的社会弱势群体，还能用公益行为加强家庭与社会的联结，在参与公益行动的过程中，让孩子明白要多观察、多学习、多思考，还要学会合作。当然完成公益行动后，要积极反思，总结收获与经验，为以后的活动提供更好的空间。这样的活动是在孩子体验中学习，在体验中成长，更好地培养孩子有感恩之心，善良之心、自信阳光和责任担当之心。

各位家长朋友，父母是孩子"最好的起跑线""最好的陪伴者"，孩子的一切都是父母品质修养的折射，父母的品质将决定孩子的素养。正如苏霍姆林斯基所说：无论您的工作或生产岗位多么重要、复杂或需要创造性，请您记住，家里还有一项更重要、更复杂、更细致的工作在等着家长去做，这就是育人。家长的工作可以找人替代，无论您从事的是什么职业——从畜牧场的看门人到部长等。而真正的父母是无可替代的！在家庭教育束手无策时，不要纠结，不要太焦急、焦虑，哪怕工作再忙，也要努力尝试做好那些"一"，开始的时候选一项或一些比较容易做的来尝试尝试，说不定有意想不到的收获呢！

第六十六讲
没有不合格的孩子，只有不合格的家长

　　各位家长朋友，有人说："没有不合格的孩子，只有不合格的父母。"我认为这句话是不是说得有点过呢？《人民日报》曾总结了一份不合格父母行为自查表，分别是：① 给孩子特殊待遇；② 孩子犯错当面袒护；③ 过分注意孩子；④ 轻易满足不合理要求；⑤ 允许孩子懒散；⑥ 对孩子央求；⑦ 包办替代；⑧ 大惊小怪；⑨ 剥夺独立；⑩ 害怕哭闹。如果从这个层面上讲，这句话也不为过。因为父母教育孩子方法不当，很有可能培养出不合格的孩子，反映出父母的不合格。俗话说"子不教，父之过"，就是这个道理。所以我们提倡父母要做"学习型的父母"，努力做合格的父母，父母合格了，孩子就自然合格了。

　　疫情时期再一次改变我们学习、生活的节奏，孩子改为居家线上学习。因此，本讲的这个话题，希望提醒各位家长朋友，要保持耐心，注意控制自己的脾气和情绪，检查、反思自己的行为及教育方法，避免冲突和不必要的事情发生。记住：孩子闹，调皮，不听话，也许是缺乏安全感！

　　各位家长朋友，线上学习孩子不容易，家长更不容易，毕竟学习环境、方式改

变，但孩子的成长需要家长与学校共同努力！需要家长理解孩子，包容孩子，帮助孩子，讲究方法与策略。让我们共同行动起来，家校配合，家校共育，协同育人，形成家校合力，对照不合格父母行为，做好各项举措，陪伴孩子完成居家期间的学习任务，共护孩子平安健康成长。让我们一起努力，共克时艰，做合格的父母，培养合格的孩子、优秀的孩子。

高尔基说："爱孩子是母鸡都会做的事，关键是如何教育。"我们都知道要成为合格的父母，可是有时不小心还会陷入不合格父母的行列，所以要时刻对照，反思改进。首先父母要注意自己的言语，不伤害孩子的自尊，尤其孩子居家学习期间。心理学家说："好父母嘴上都有一条拉链，从不对孩子随心所欲地说话。"《人世间》中周秉昆跟父亲吵架那一幕，最扎心。过年家人团聚，父亲带着全家人出去拜年，逢人就夸考上大学的老大和老二，对照顾家庭最多的小儿子周秉昆绝口不提。周秉昆心里难过，却默默忍受，在送父亲去车站时，两人大吵一架，父亲言语扎心："说你照顾脑血栓后遗症的妈妈，带着姐姐的闺女，养着别人的儿子？""让你去考大学，你能考上吗？你在班里成绩永远是倒着数。"但最后，周秉昆恰恰成为最孝顺的孩子，邻里邻居大家最喜欢的人。这一幕也希望各位父母时刻提醒自己，时刻注意自己的言语、行为，不要不小心伤害了孩子幼小的心灵。

各位家长朋友，孩子犯错是很正常的事，家长没必要大惊小怪，但家长或暴力或袒护，无限溺爱，忽视规矩都是不合格的。面对犯错的孩子，过激的暴力是于事无补的，反过来宽容的袒护也不行。孩子犯错，父母只有适当、适时引导、教育，不偏不倚，这才是合格父母所为，孩子才会表里如一接纳并加以改正，这才是对孩子的成长有好处的，孩子心灵也不会受到伤害。

作家刘娜说："父母的言行里藏着孩子的认知，孩子的命运里也承载着父母的重量，父母的言行举止某种程度蕴含着孩子的灾祸福祉。"养好一个孩子需要使出洪荒之力，养废一个孩子几乎轻而易举。愿我们都努力成为合格的父母，成为孩子最好的命运引路人，让孩子健康成长，善良对人，快乐生活。

第六十七讲
家长批评孩子时应该注意的几个问题

　　各位家长朋友，在孩子的成长过程中，在家庭教育中，尽管孩子再听话，难免也会犯错误，所以家长要批评孩子。那么怎样批评孩子呢？这个问题也一直困扰着很多家长。有些家长脾气急；有些脾气又太好，太温柔，不够火候，这些都走极端，批评、教育效果都不好。但我们发现同样的问题，为什么有些家长的教育效果很好，为什么有些适得其反呢？这与家长批评孩子的方式有关，也就是若家长批评得当，孩子才可能打心里接纳，内化于心。所以，家长批评、教育孩子方法要得当，要找准时机，注意方式和场合。批评孩子也是一门学问！

　　各位家长朋友，远至古人，他们对批评、教育孩子的时机也是很讲究的。他们认为，年幼和地位卑微的人有过错的时候，不应该责备。清朝陈继儒认为"卑幼有过，慎其所以责让之者"。他认为以下七种情形不宜批评孩子：第一，"对众不责"，即不要在众人面前责备孩子。第二，"愧悔不责"，即惭愧、后悔时不责备孩子。第三，"暮夜不责"，即夜晚时不责备孩子。第四，"正饮食不责"，即吃饭时不责备孩子。第五，"正欢庆不责"，即正在欢庆时，孩子快乐时不责备孩子。第六，"正悲忧不责",即正在忧伤时,孩子心情不好时不责备孩子。第七,"疾病不责",即正在患病时不责备孩子。这七点,家长学到了吗?之前,家长在批评孩子有违反过这些原则吗?其实,这些原则,有一些我在之前的专题中也都提到过。

尽管父母情绪再好,脾气再好,有时就是孩子的确太让父母生气,我也有同感,也很理解为人父母的心情,但无论如何,火冒三丈,暴跳如雷,效果绝对不佳,还会影响自己的身体,也会影响良好的家庭氛围和家庭成员关系。于是,我们还是要尽最大限度努力控制好自己的脾气,学会冷处理,学会转移问题,让事情冷下来,大家彼此调节情绪后再来进行批评教育,指出错误,提出改正,给出办法,让孩子知错,有决心,有信心。父母在批评教育孩子的时候除了控制自己的情绪之外,千万还要注意选择时机,千万不要在吃饭的时候唠叨、批评、教训孩子,这一点很多家长都会无意识违反的,但这绝对是大忌。本来吃饭是一件乐事,而且也是只有在吃饭的时候家庭成员才难得凑在一起,这时候突然来顿说教,无形中会影响孩子和大家的食欲,破坏本来宁静的家庭时光和温馨氛围,慢慢地,让孩子觉得和父母吃饭是一件痛苦的事情。说真的,一旦连吃饭都有了压力,就会严重影响他的身心健康。我认为,吃饭的时候可以聊一些开心的话题,聊聊美食,让美味伴着和谐快乐时光。其实家长批评、教育孩子尽管在平常也忌讳唠叨,毕竟好好说都没有效果,更何况唠叨,所以不如学会闭嘴。起床的时候,早上出门的时候,都不是批评孩子的时机,不要让一早的批评影响孩子一整天的心情,影响生活与学习。一日之计在于晨,父母要做的是让孩子怀着愉快的心情迎接新的每一天。夫妻闹矛盾,父母自己心情不好的时候也要避免在这时候批评、教育孩子,因为这样可能会因自己的心情不佳,导致考虑问题不周全而错怪孩子,言语不慎伤了孩子,造成不愉快,在孩子心中留下阴影。

各位家长,温和而坚定,教育要有原则,"教"是基础,"育"是关键,那就是要有科学合适的批评、教育方法。比如,父母批评的声音可以低一点,可以了解详情,理解所为,换位思考,接纳包容,冷静处理,学会沉默,善于暗示。这样孩子自尊心会得到尊重,如释重负,自我反省,也不会因害怕批评打骂而说谎。每个人都难免犯错,孩子更是如此。父母如果能在合适的时间与场合,采用合适的方法教育批评孩子,孩子容易接受,批评的效果自然就好,这样的教育、批评就有效。

第四篇

家风有章
家庭发展有目标

家风，是一个家庭最宝贵的财产，它浸润着孩子的一生。如何构建良好的家风，还要看父母。父母是孩子最好的老师，父母是家庭最好的镜子。但是，很多父母也是第一次当父母，如何使孩子成长在一个有爱、有趣、有文化、有仪式感的家庭中？家庭教育，孩子的健康成长，孩子有爱心、有担当，成为善良之人，要求家长务必重视家风建设及家风的浸润与熏陶。

当父母业余时间泡在麻将桌上的时候，他们教会了孩子消磨时间；当父母吵得昏天黑地的时候，他们教会了孩子粗鲁无礼；而当父母认认真真阅读一本好书的时候，他们却教会了孩子认真细致、孜孜以求。家是最小国，国是千万家。古训有云："德泽源流远，家风世泽长。"好家庭，敬祖承德；好家风，润泽后世。这是一门学问，更是一门艺术。家风何其重要！每个家庭该如何发展这种无言的教育、如何用好这本无字的典籍、如何发挥这种无声的力量、如何延续这种无痕的传承，本篇将提供答案。

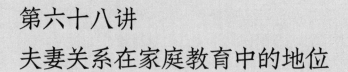

第六十八讲
夫妻关系在家庭教育中的地位

在家庭教育中，夫妻关系非常重要。如果父母双方在教育孩子时，总是产生意见分歧，那么"拆"掉的不仅仅是夫妻关系，还会对孩子造成极大伤害。在教育孩子时，一个唱红脸，一个唱白脸，其实也在无形之中给了孩子巨大压力，让孩子不知所措，不知道该听谁的，最终失去家庭教育的意义。

在家庭教育中，母亲掌握着孩子的成长和心智发展规律，父亲保护母亲，养育孩子的心智、情商和人格的塑造。母亲要把握好分寸和原则，包括对家庭的大小事，对家庭成员的照顾等。母亲要学会在"情"中求和，以心养心；父亲要学会在"理"中求和，以心育心。父母双方在教育孩子的措辞上要时刻注意，要让孩子感到虽是教训但有温度，不会打击伤害孩子，进而还给孩子自尊心，给予信心。父母在做事讲话上，尤其在教育孩子上要用最佳的方式与途径，让周围的人听起来、看起来都舒服，这样的家庭教育就有生命力、有了张力与活力，孩子也有底气。母亲要始终坚持仁爱的原则，父亲要始终坚持宽容的精神；母亲的情绪要平和，父亲的胸怀要宽容。家庭教育只有在"和合"相融中才有能力驾驭对孩子的教育，才能有效地实施并收到教育效果。

　　教育专家苏霍姆林斯基说："每个瞬间，你看到孩子，也就看到了你自己。""你教育孩子，其实也就是在教育自己，并检验自己的人格。"父母的教育就是孩子的起跑线，所以我们经常说不要输在起跑线，其实也就是在家庭教育中不要输的是父母的教育，父母积极提升自我，孩子才能不断前行。优秀的父母在教育孩子上会懂得"结盟"，会形成统一战线，夫妻在教育孩子的观念、理念及目标上要一致。若有时意见不同也要取得相同的认识后再进行教育，尤其不能在孩子面前吵架，更不要在孩子面前因为教育的问题而吵架，这样孩子会有压力、有愧疚感。只有夫妻恩爱，彼此尊重，相互不拆台，孩子才能慢慢形成成熟的是非观。有些离异的家庭，我个人建议在教育孩子问题上也要统一认识。离婚是两个大人的事，没错，但也不要因为离婚伤害无辜的孩子，尽管离婚，但对孩子的关心、关注及教育还是要尽责任；即使离婚了，也可以在每周找一个恰当合适的时间共同关心孩子或组织一起吃饭等家庭活动。正式的或是非正式的，有意的或无意的都可以，在自然而不是刻意的生活仪式中让孩子感到温暖，感到父母虽离婚，但不离的是对自己的爱；虽然离婚，但不应该在孩子面前说对方的不是，否则更直接影响孩子的是非观甚至婚姻观，更是让孩子看到有空子可钻，从而不利于健康成长。

　　各位家长，对于一个人，天赋予家境不是其生命高度与价值的决定因素，更重要的是父母的教育状态、家庭的教育氛围，不要让原生家庭缺点的暴露影响孩子的一生。让我们一起努力学习营造温馨的教育氛围。

第六十九讲
别让手机成为家庭教育的硬伤

　　手机现在成为我们每一个人生活的必需品，但在家庭教育中，一提手机大家只有摇头，不知所措，甚至是无奈。的确，如果要害这个孩子就给他一部手机。这说明手机如果使用不恰当真的会带来很大的危害，有学习的影响，有身心健康的危害。在给不给孩子手机的问题上，父母的确是纠结的、矛盾的。不给，在当今信息化时代，好像也不切合实际；给，又担心孩子玩手机游戏，使用没有度，控制不了，影响学习成绩。但无论如何，作为家长我们只有积极想办法找对策，不能放之而任之。

　　各位家长朋友，在手机问题上，我们不妨多用点心思，从自身入手反思，看看自己对孩子在使用手机上的态度、处理的意见及方法是否恰当。比如，在学校不允许学生带手机回学校的做法上，你是否与学校保持一致，看看你有没有妥协？或者当你知道孩子带手机回校了以后，家长是怎样处理这件事的；孩子想要买手机，父母的态度是如何的？是怎样做的？要求孩子不要玩手机游戏，父母有没有以身作则做到不玩、不沉迷呢？

　　我们要求孩子不玩手机的前提是父母以身作则，尤其不能在孩子面前一边说不能玩游戏，而作为父母又是在玩手机，这是很滑稽、很矛盾的。有些父母自认为已经是长辈了，说孩子不该玩手机那是天经地义的。听起来好像也有点道理，但毕竟时代不同了，言传身教，要人不为必须己先不为。我经常跟学生说尽量不玩手机，要玩也要有度，也希望通过他们提醒父母不宜玩太久，希望通过他们监督父母不要玩手机、沉迷手机，以此互促进步，小手牵大手。这是一种间接的教育，家长务必明白其中的用意并给予积极配合。因为大家都知道，往往是因为手机影响了家庭的和谐温馨，影响了家庭的亲情关系，消散了家庭的温暖。不允许孩子带手机回学校，这是我们坚守的一道底线，家长一定要坚持原则，配合学校，如果发现要及时主动配合老师，做合适的教育处理，否则后果可想而知。

　　父母买手机给孩子，要与孩子之间有个合理的约定。首先要让孩子明确这是父母因为他的需要而借给他使用，这是父母对他的爱及信任，要懂得珍惜及感恩，我们必须共同爱护它并合理使用它，若违反约定，父母自然有权要求孩子归还。父母与孩子来个约定，而不是父母一生气把手机没收，甚至砸坏。要告知孩子手机要有手机的使用礼仪及礼貌问题。比如，在别人的休息时间，尽量不打电话或发消息打扰对方；在公共场合如会场等，务必调手机为静音状态，不要因手机丢了自己的人格魅力、礼仪素养；在与人聊天、家庭聚会等场合，不能只顾玩手机，做低头族，要学会倾听，善于聊天，因为这也是学习成长的好机会；接听电话时要注意礼貌，如果来电是妈妈、爸爸或最亲的人，更要接电话，不可以忽略妈妈、爸爸等最亲的人打来的电话，更不准用手机说一些伤害别人的话，做人要厚道诚实善良；父母才是最亲近的人，有问题先自我反思，然后和父母沟通寻求解决，而不应该通过手机发泄甚至在手机网络上寻求解决办法，因为这样很容易上当受骗；既然拥有了手机就不应该影响学习，手机是交流、通信的工具，要善于发挥手机应有的资源优势，使用要恰当合理、时间合适，否则除会影响眼睛外，还导致身心不健康；手机毕竟是物品，是冷冰而没有温度的，所以不要被手机绑架，不要以为离开手机就什么都干不成，我们总以为拍下来的风景就是拥有，总以为收藏了文章就等于自己阅读，其实不然，我们只有拥有阅读、品读的习惯，用心欣赏，留在脑海里，定格在心里才是自己的；告诉孩子作为父母对这部手机拥有知情权，会尊重他的使用及选择，

但要建立彼此之间的信任，要因为手机更有亲情的关系，不要因为这部手机破坏我们正常的学习、生活习惯及规律，因为正常的生活才是最美好的生活。

　　各位家长朋友，我们不妨从自身做起，与孩子就手机这个问题坐下来重新好好谈一谈，要让孩子明白当前的任务是好好学习，父母依然也要不断学习充电，努力工作，让未来更美好，彼此互相监督，达成共识后大家一起再重新开始。

第七十讲
让阅读改善家庭教育的氛围

家长朋友，本讲与大家聊的话题是：让阅读改善家庭教育的氛围。

当前家庭教育中存在这样的现象：母亲的教育是焦虑的；父亲的教育是缺失的；爷爷奶奶外公外婆是溺爱、无原则的；孩子的成长是空心、痛苦、迷茫无助的。我一直坚持的是"教育不能急功近利，不能急于求成，不要只注重眼前的成绩，更要注重水到渠成，春风化雨"，所以，家庭和学校的教育观念务必保持一致。教育是要挖掘学生的亮点，教育不是管教，是要点亮孩子心灵深处的那盏心灯。家庭教育是人格教育而不是知识教育，人格是滋养出来的而不是教出来的，也不是管出来的，是要在和谐的家庭氛围、好的家风的浸润下形成的。

在家庭教育中，我们可以营造阅读型的家庭氛围，尤其倡导亲子阅读，让阅读改善家庭教育的氛围，让阅读成为良好的家风之一，让阅读改变彼此的成长轨迹。因为阅读可以让人做仁者、做智者。仁者爱山，做人如山望万物，而容万物；可以让人做智者，智者爱水，做人如水能进退，而知进退。阅读可以提高生命的高度；滋养心灵的宽度；增加思想的厚度；拓宽眼界的广度；提升格局的大度；增强情感

的温度。父母阅读可以滋养心灵，提升自己，了解孩子，懂教育规律。爱阅读的孩子在公众场合有礼貌，回答问题直接戳中重点，逻辑清晰；专注能力强，不容易马虎；学习能力强，接受新事物更快。所以我们要喜欢阅读，爱阅读，养成阅读的习惯，世界上任何书籍都不能带给你好运，但是它们却能让你悄悄成为最好的自己，喜欢阅读的家庭一定是和谐温馨的家庭！如果我们能坚持亲子阅读的话，还可以促进亲子关系的和谐，关系和谐了，孩子信任了，感到温暖、温馨，作为父母，此时教育孩子自然听得进，教育自然就有效了。

有些家长说，让孩子喜欢阅读、爱看书也是很头疼的，怎么办？首先，家长要以身作则，有阅读的习惯，在孩子学习的时候，家长也可以同时看书；可以全家协定在某一时间段看什么书，同看一本书，然后再找一个时间，家庭成员集中谈一谈对这本书的见解，分享其中精彩的片段及故事；可以在周末安排家庭读书日、每月一次的读书活动。我们曾看到过这样一个故事：宋朝著名文学家苏洵有苏轼和苏辙两个儿子。小时候他们很顽皮，不服管教，不爱读书。每当孩子们在玩耍的时候，苏洵就躲在角落里看书，看到孩子们来了，就把书藏起来。孩子发现了，觉得好奇，以为父亲瞒着他们读什么好书。趁父亲外出时，他们就偷偷拿来看。慢慢的，他们把读书当成了一种乐趣。可见，以身作则的父母，能做好榜样的父母，爱阅读的父母，是一定可以培养孩子阅读的兴趣的，我们知道，要孩子做任何事最好要从培育孩子的兴趣入手，孩子有了兴趣，自然可以欣然接纳，兴趣是最好的老师。

各位家长朋友，阅读的种子是在家庭里播下的。阅读是让孩子有着丰富精神生活的源泉，无论是阅读的习惯，阅读的兴趣，还是阅读能力的培养都是从小从家庭教育开始的。当儿童养成了阅读的习惯，他今后必定会主动找书读书。俗语说，书中自有黄金屋，当孩子读的书多自然就贤，自然就是真善美，家庭教育自然是和谐成功的。所以，在家教教育中，我们不妨营造个阅读的氛围与阅读的空间。各位家长朋友，让孩子从小懂得：阅读的模样是最美的！立学从阅读开始！

第七十一讲
家庭教育中要注重仪式感

　　各位家长朋友，仪式感在生活中的时时刻刻都需要。我在给学生写信的时候也谈到学习中要注重学习的仪式感，要营造生活的仪式感。我们要时刻记住教育也要有仪式感，创设和谐、温馨的气氛。因为有仪式感的人就会生活，会对生活充满热爱和激情，会生活、爱生活就会爱学习、热爱工作。家庭教育注重仪式感除了提升教育的效果外，其实更是让教育发挥潜移默化的作用，因为一个注重仪式感的家庭肯定能教育出点点滴滴之处都会注重仪式感的孩子。

　　仪式感是一种生活的态度，仪式感是用心做事的一种行为，仪式感是不断成长的一种境界。仪式感也是做事的一种习惯、是一种思维方式。仪式感相当于一个按钮，当你去做这个动作的时候就是告诉大脑，要开始进入另一个状态了。仪式感对我们而言，庄重而有意义，它足以让平凡的日子散发出光芒。中国人向来都非常注重仪式感，如春节、元宵节、中秋节等就是中国注重仪式感的重要体现。但家长多数把目光聚焦在传统的节日仪式上，往往会忽略家庭教育也是需要仪式感。

　　家庭教育除可以利用中国传统节日外，也可以借助二十四节气，家庭教育的仪

式感除了每年拍一张家庭合照等固定活动外，也还可以随时、随地、随心地拍照。

比如，说话需要仪式感。无论是你找孩子说话，还是孩子找你说话，你手头上的事都要放一放，要专心和孩子说话。说话的仪式感随时随地都会发生，主要体现在家长的眼神和体态上，和孩子说话的时候，你的眼睛要直视孩子，眼神温和，语气平和。如果孩子还小，那就请蹲下来，与孩子的视线在一个水平线上，尽量不要让孩子仰视你。当你为了和孩子平视而躬身或蹲下来的时候，就有了仪式感了，这个仪式感的背后，是你和孩子平等的姿态，也就是教育是否在状态上了。

仪式感同时也是生活的彩蛋。父母要善于抓住机遇，随机启动仪式感这个按钮。比如，垃圾分类，父母可以此为契机，让孩子参与到全民垃圾分类的活动中，约定每晚由孩子和家长一起把垃圾分类投放到不同的垃圾桶里，记录为环保贡献力量的瞬间。

有时，太强的形式感，效果往往会适得其反。随心，就是家庭教育中的仪式感，要由心来主导，用比较流行的话说就是，要"走心"。只有走心的仪式感才是真正促进孩子成长的力量，不走心的仪式感，最终不能让孩子感受到爱和温暖，而是作秀罢了，甚至可能会让孩子感到虚伪、做作。

之前，我了解到有个小朋友的爷爷突然离世，这种骤然的离别，成年人尚且难以接受，更何况是孩子。整日的恍惚、闷闷不乐，还有随时涌上心头的悲伤感、无法控制的泪水，煎熬着的孩子也让家长十分担忧。那该怎么办呢？方法是很多的，在这里我建议家长可以与孩子一同阅读绘本《我的爷爷变成了幽灵》：清新的画面，诙谐的人物造型，让读故事的人渐渐地把沉重放下，它呈现了难以言表的生死离别，蕴含了对死亡的解释，教给孩子面对死亡的态度。原来，生命无常，重要的是经历生命中的重要过程。原来，死是这么平常，重要的是珍存美好的情感记忆，心也许会更平和一些。走过这样的心路历程，完成一样又一样的仪式，相信孩子能够理解和面对死亡，更会珍惜生命，热爱生活，不再有慌张、恐惧和放不下的悲恸。

仪式是不分大小的，很多事情都可以成为家庭的仪式。比如，早上互道"早安"，睡前互道"晚安"，一家人一起准备晚餐等。仪式感，不是麻烦，不是形式主义，是一种情趣、一种诗意，是诗与远方，更是一种能力，是在给家庭的幸福"镀金"，有仪式感家庭的孩子会更加幸福。

　　同时，仪式感和价值观是并存的，我们希望传达给孩子怎么样的一种仪式感，孩子就会接收到我们怎么样的一种价值观。如果我们希望孩子看到家庭的温馨和善良，对美好生活抱有尊重和向往，感受到家人的爱，那么就往这个方向去给自己的家庭加上"仪式感"吧。教育、学习、生活通过仪式感走进美，珍惜美，守护美，创造美，用温馨的氛围影响人，育人养心，以美养德，以德启智，培根铸魂，启智而润心。

第七十二讲
家庭教育需要塑造良好的家庭环境

　　各位家长朋友，俗话说：环境造就人，环境塑造人。"橘生淮南则为橘，生于淮北则为枳。"可见，环境对一个人的成长影响是很大的，起着不可忽视的作用。天下之本在国，国之本在家；修身齐家治国平天下，这些都足可以见到家庭环境、家庭管理、家庭教育对孩子的成长、对孩子一生的为人处世都有着很大的影响。一个重视教育的家庭，一定能培养出一个热爱学习的优秀孩子，所以，希望家长朋友无论多忙多累多困难，一定要抽出时间建设家庭里的教育环境，塑造良好的家庭环境要一直在路上，要努力去创造。

　　父母教育的公平、恰当策略，甚至包括父母对情绪的调节都对孩子的教育影响极其大。蔡元培先生说过："家庭是人生的第一学校"。父母是孩子的第一任老师，重视家庭教育，是所有父母的责任。我们千万别让"5+2=0"，别让孩子输在家庭教育的起跑线上。

　　我们应该可以看到在充满爱的家庭里长大的孩子，注定要比终日吵闹甚至不健全的家庭里的孩子更乐观、更阳光、更上进。父亲的格局，母亲的情绪，决定了孩子的将来，是一个家能否有最好的原生状态。一个整体焦虑的家庭培养出来的孩子肯定是焦虑的孩子；一个没有担当、责任感的家庭培养出来的孩子相信也是责任心不强的；一个做事随便，斤斤计较，凌乱的家庭肯定也培养不出一个优秀的孩子的；一个能包容、善良的家庭一定能培养出胸怀豁达、善良包容的孩子。

不过有一点要提醒大家，并不是所有的家庭都有统一的教育标准或者模板，家长的职业、性格不同，孩子的爱好、天性不同，就需要家长以优秀的家庭教育案例为参考，在实践中结合自身性格情况和能力水平，为孩子营造不同的家庭环境。家庭环境也不仅仅只对于孩子的教育而言，其中还包括夫妻之间的相处，这会影响孩子的情感观念。父母对于自己父母的态度会影响孩子对父母的态度；父母与朋友的相处会对孩子自身的交友情况产生影响。所以，当我们为人父母时想要孩子变成什么样的人，并不是强迫孩子听从自己的命令和要求，而是自己先变成什么样的人。"孟母三迁"的故事广为人知，也是很好的家庭教育案例。罗兰说："我不知道是否有别人比我从父亲那里所得的更多，我用父亲的豁达应对环境的变故，用父亲的乐观创造自己的前程，用父亲的鼓励与宽容的方法教学生和孩子，用父亲对大自然的爱来陶冶自己的性情。"这段话，我认为是家庭环境影响人的很好的写照。所以良好和谐家庭环境塑造的重要性不容小觑，这不仅仅有益于孩子成长，也有益于家长成长。

各位家长朋友，学校的教育需要家庭教育，学校教育需要家庭教育的融合，只有做到两者同步，两者做到平衡，家校共育做到和谐，对孩子的教育才有效，所以，各位家长要认真思考怎样给孩子塑造合适的家庭环境，给孩子怎样的教育，给孩子树立怎样的榜样，并付诸行动。

第七十三讲
家庭教育需要文化的浸润

各位家长朋友，上一讲我已经讲到了家庭教育需要营造家庭环境，其实，把这件事做极致了就是家庭文化，这也说明家庭教育需要文化，需要文化内化与文化润心。好孩子，一定是父母精心教育出来的。相反，不优秀的孩子一定是父母放纵溺爱出来的。再好的名校、名师，都比不上父母的言传身教，父母才是孩子一生中最好的老师！想让孩子成为怎样的人，您就得成为怎样的人。这也是家庭文化与家风的核心，教育就是要做到内化于心、外化于行。

文化是一种状态，是一种情怀，是一种温度，是一种意识，是一种生命影响另一种生命的内核。在家庭教育中需要把教育做到自觉、自然，那就是文化，也是一个家庭的家风的极致彰显。

各位家长朋友，我希望学生有文明礼仪，有孝顺之心，我不是给他们讲道理、讲理论的，而是带一部分的学生到"执茗舍"（就是我的茶艺室）。教他们如何泡茶，这无形中激发他们的兴趣及好奇心。在品茶的过程中给他们讲茶的品质，茶与器皿之间的关系，给他们讲茶的故事、茶的文化，在泡茶、讲茶、品茶、敬茶中去传递礼仪，感受浓情与孝道。一杯茶可以增进朋友感情，体会朋友之间的真与纯，领悟君子之交。通过茶缘讲到朋友之间的真诚及父母亲人之间的缘分，领略了雅趣，难得清闲，超凡于俗，乐于赋闲，体会了厚韵，懂得付出，明白付出才有收获，苦尽甘来的道理，执着追求过程的精彩，对美好生活的追求与不舍，期待美好结果的到来，领悟了与大自然融为一体，天人合一的境界。我认为这种方式比起说教效果好得多，也体现了教育不能急。这种方式体现了教育的自觉与自如，通过文化传承、文化润心与文化浸润达到了育人的效果，通过这种方式达到文而化之的作用，通过这种方式去感化、去内化。

各位家长朋友，我还希望同学们练好字，写好中国字，把一撇一捺写好。这除了领略中国方块字的文化底蕴与文明中国的智慧之外，还有让他们学会静，善于静，达到修心养性，领悟写好中国字、做好中国人的奥秘，领悟如何做人的道理，要做真诚有规矩正直之人，要做胸怀广大善良之人，领悟做事认真、做事脚踏实地，做事要在平凡、重复坚持之中去取得成功的品质。这也是文化熏陶，文化育人，也是外化于行，达到内外教育的平衡。

学校的教育教学管理需要文化育人，家庭也是如此。文化教育也许不是考试的重点，但恰恰是一个人一辈子成长当中影响最大且最需要的，有知识不一定是有文化的，学霸也不一定有文化。在家庭教育中，父母与子女之间的教育是通过文化、家风来做润滑剂的，达到润心而成长，教育就是需要这样的文化和智慧。

传承家风，挖掘文明中国之文化瑰宝，传承中华优秀传统文化，在传承与创新中去浸润，真正做到培根铸魂，文化熏陶，启智润心，真正把教育做到极致。其实，我们这样做也是一种快乐，一种进步，一种幸福，一种提升，一种享受。

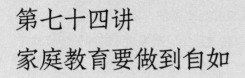

第七十四讲
家庭教育要做到自如

　　各位家长朋友，什么是自如呢？就是很自然，形成自觉，感觉舒服，就是在教育中做到春风化雨，春风潜入夜，润物细无声的境界。

　　各位家长朋友，当你知道孩子做错了，考试不理想了，说谎了。请问你会怎样处理呢？你会本能地很生气，狠狠地批评孩子，把之前讲的话可能又在孩子面前再重复一遍，这很普遍。当你了解到孩子考试成绩优秀，得到老师的肯定、表扬，你又会怎样做呢？我相信你会很高兴，一定会表扬称赞奖励，说不定会毫无原则、无底线地满足孩子提出的要求，可能忘记之前的所有约定。这两种现象就是一种本能的反应。本能的教育看上去很自在，很正常，但这种教育效果肯定是不好的，效应也不会长久。当孩子做错事情，有困难，成绩不好的时候，家长应该先自觉调节好自己的情绪，让自己的情绪平静下来，然后再与孩子沟通，引导、帮助孩子找办法，用平和、风度感染孩子，用情绪、情景、环境、文化影响孩子，做到春风化雨，这就是家庭教育的自然与自如。当然家长要自觉、自主管控好自己。当孩子表现好时，家长更是要理性地，有原则地肯定，不是给孩子造成功利的错觉。换句话说，孩子不如意的时候我们更要有感性，孩子表现好的时候我们有感性但更不缺乏理性。父亲的榜样，母亲的温度，两者做到平和与平衡，这种家庭教育就很自如且舒服，教育自然也在最好状态了。

各位家长朋友，我们管是为了不管，教是为了不教。我们不可能事事跟着，天天管着的，也不可能管一辈子，所以我们要引导孩子自觉、自主行为。比如，家长要求孩子作业要工整，作业要有速度，家长训斥孩子，有可能做得更慢，写得更糟糕。如果我们能采取一些办法，温情的策略，温和的情绪及态度，让孩子明确这些要求是自己必须做好，是自己的任务及要求，让孩子欣然接受，把孩子调整到舒服的状态，可能就会越来越好。孩子做好已经成为一种自主、自觉了，我们也就省心了，这就是教育的自觉与自如，也是家庭教育的一种文化。

各位家长朋友，我们家庭教育不是要孩子按照你的要求去刻模的，不是要孩子该怎样怎样的，而是导向激励的。家长是帮助孩子懂得社会，懂得生活，丰富经验，积累解决问题的经验和能力而奠定基础的，是要培养孩子高尚的道德情操，崇高的思想境界，遵纪守法有敬畏心；培养孩子有健康体魄、有天性、有个性和社会性，能与人合作、相处的能力；引导孩子学习科学文化知识，树立终身学习的意识。鉴于这些，家长在家庭教育中更要重视环境、文化、家风的作用，注意家庭关系的和谐与平衡，要让教育做到自主、自觉、自然，春风化雨，这也是教育的本质、教育的真谛、教育的灵魂。我相信大家一定会做得更好更出色更出彩。家庭教育不是强加，是一种自然，一种自觉，更应该是一种自如。

第七十五讲
家庭教育的润物细无声

　　各位家长朋友，本讲与大家一起分享一个家教案例。

　　冬天快过去了，春天即将到来。门外枯黄的小草，正在不知不觉中变绿，抽出嫩芽，焕发出勃勃生机。小时候的我，天真又好奇地问爸爸："草怎么变绿了，发芽了？"爸爸微笑地指了指窗下的地面，说："你看，地不是湿的吗？"我说："近几天可没有下雨呀。"爸爸说："这是春天带来的潮湿空气，把地面滋润了。"我若有所思地说："小草一天天吸收着这些水分，就长起来了。"

　　过了几天，爸爸又对我说："你还记得门前原来是有两棵小树，怎么现在只有一棵了？"我看了看门外，真的只有一棵树了；另一棵，皮已脱尽，只剩下光秃秃的树干和树枝，它已经死了。

　　爸爸看着我略带难过的样子，又问"那棵小树为什么会死掉呢？"我有点惘然。于是爸爸带我到门外观察。这时，我才发现，这棵干枯的小树是长在一个不大不小的凹坑内，坑内还积着与泥土混合着的满满的脏泥浆。于是我脱口而出："是被泥浆闷死的。"

与爸爸的这几段对话，埋在我幼小的心灵里，直到现在也没有忘怀。长大以后，我终于明白了，爸爸是对我讲了一个深刻的大道理。小草的长大是得到春天恰如其分、又持之以恒的滋润，那棵树的死去，是和着泥的水过多，润物过度的缘故。

记得在 20 世纪末，有一位亲戚向我诉说，她的孩子总是惹事，无心向学，经常招来老师的投诉。我认为，她的家庭条件可是不错的呀，父母都是有知识、有文化的人，怎么孩子会这样呢？于是我对她讲了小草和枯树的故事，安慰她，叫她不要心急，要恰到好处，循循善诱。我还建议她先放下自己的一些工作，多陪孩子玩，和孩子一起看书，一起谈心，一起参观有益的展览。

这位亲戚真下了决心，夫妇二人再也没有向孩子提过多要求，而是不声不响地开展了读书活动，交流读书心得。开始几个星期，孩子还是与平时一样，很晚才回家，回家后就等着吃饭，似乎家里没有发生什么引起他注意的变化。有一天，我到他家，孩子把我拉到一旁，像发现了什么似的，对我说："叔叔，爸爸妈妈近来好像变了，桌上摆了很多书，经常在看，又互相交谈书中的内容，对我也和气多了。"我听了孩子的话，心里可高兴了，我知道，他们的行动已经对孩子产生影响了。于是对孩子说："是呀，读书能使人不断进步。你也可以试试多读些有益的书呀。"于是，我又对他讲了古人"头悬梁，锥刺股"的故事，又讲了"管宁割席"的典故。这次他听得很入神。于是，我从书架上抽出了一本《中外小说大观》说："你先读这本书看看，下次来和你交流这本书好吗？"他捧着书，微微点了点头。

一个学期过去，这位亲戚高兴地对我说，近来老师的投诉少了，学习成绩也有了提高，并递给了我一篇孩子的作文，是一篇参观国画展的观后感。虽然字里行间不乏稚气，但可以看出他是在认真地审美，真情地描述，接受着一次"美"的熏陶。我兴奋地说："他知美了，爱美了，被你们感染了。"

这已是二三十年前的事了，现在，孩子已长大当上了一名人民教师。

各位家长朋友，故事讲到这里，你有何启发呢？真是小故事大道理啊！育人在其中领悟升华。这也是我一直倡议的教育是不能急功近利的，教育要有智慧，要换一种合适、舒服、恰到好处的方式，与教育要言传身教的道理是一致的，这也与我

上两讲所讲到的家庭教育需要家庭环境、家风、文化的浸润是一致的，所讲故事就是在家庭教育中做到了自觉、自然、自如的润物细无声的境界。从故事中我们也可以真正看到阅读可以改变一个人的成长轨迹，看到阅读带来的好处。共同关注家庭教育，共同分享教育孩子的经验，家长一定有所获，有所提升，有笑声，有快乐，也就不会再整天焦虑，天天如履薄冰，孩子也肯定会慢慢健康快乐成长的。

第七十六讲
教育孩子无须讲大道理

　　各位家长朋友，家不是讲理的地方，家是港湾，是讲情的地方。在家庭教育中，对孩子的教育无须讲太多的道理，我们需要记住：长篇大论不如言简意赅，滔滔不绝不如点到为止。否则，道理讲得越多，孩子越不喜欢听，甚至越叛逆。我认为，教育孩子上等的策略是做到给他看而不是讲道理给他听。

　　前些日子，一个朋友抱怨说她管不了孩子了，问我怎么办？我跟她说，管不了就别管了，不如管管老公。她说，老公也管不了了。我说，那就都别管了，管好自己吧，想想怎样活出自己的风采。因为我知道这个孩子在学校的时候总体表现是不错的，能尊重老师，听老师的教导，那为什么回到家就不听话呢？因为孩子有一个爱玩手机的父亲。当孩子需要在学习与玩手机两者中做选择时，肯定选择玩手机。于是，妈妈的话——也就是所谓的道理，孩子肯定不想听，也听不进去。所以我认为这位妈妈与其管教孩子，不如先与孩子沟通，减少玩手机时间。因为这样管下去，孩子会越来越差，说不定连学校的表现都随之退步。与其这样，不如先暂时不管，对孩子的表现冷处理，改变自身，管好自己，为自己多考虑，说不定孩子和孩

子父亲也会跟着改变。

上述的这个例子中，其实最大的问题在这位父亲身上，其失去了作为父亲的教育责任。天下没有不懂事的孩子，如果要孩子懂道理，家长首先要做得有道理。做得有道理比说得有道理重要得多。教育家杜威认为，教育并不是一件"告诉"和被告知的事情，而是一个主动的和建设性的过程。这告诉我们，父母不要仅仅把道理告诉孩子，更重要的是需要把正确做法示范给孩子看，必须首先让孩子有机会在实践中获得连续不断的经验，并从中去明白我们所讲的道理。

当然，家庭教育也不是说完完全全就可以"不用讲道理"，有时讲一定的"道理"也是必需的。如果真的要讲道理的话，我们可以把"硬道理"讲得巧妙，讲得有温度，把硬道理讲软讲润，让人认可，更容易接受。比如，家长总是希望孩子认真刻苦学习，也希望他能取得好成绩，如果我们一味地给孩子讲大道理，告诉他们要认真刻苦，学习的重要性等，孩子是不愿意听的，也听不进去。如果孩子真的学不了，作为父母、老师硬逼也没有用，反而会把他逼上绝路。所以，我是这样跟学生讲的，我们学习要努力，能学就学多点，学习若有困难那就尽力学，如果真学不了，那就请你一定要做个"好人"，做个对生活积极、有激情，做事态度端正认真，遵纪守法、敬畏规则的"好人"。其实，我们也得接纳有些孩子的确学习能力是欠缺的，或者说不是读书的料。如果真的能努力做到成为一个"好人"，相信他也差不了哪儿去，这比起讲学习重要的大道理容易理解，也更容易被接纳，更能拉近与孩子之间的距离。因为真正理解了孩子，所以在谈论学习这个话题上反而更容易和孩子沟通。

在家庭教育中，我们也可以利用好家庭成员的长处，彼此互补。每一个孩子都有自身的优势和见解，作为家长，要善于整合、互补、互学，把家庭中每一个人的优势发挥到极致。家庭成员在资讯获取、思维角度、习惯养成等很多方面，要相互促进，相互启发，优势互补。家长要有这个意识，不要高高在上，若能做到这点，其实也无需讲大道理。我曾跟学生讲，如果在家庭中爸爸妈妈不讲道理，难以沟通时，我们要学会"从内心去补齐时光的距离"，接纳父母的时代、观念和现在的有所不同，但尊重、孝顺是中华传统的美德，这点我们必须得做到。同样的道理，对于我们家长也是一样，我们不应该以成年人的思维去衡量判断要求孩子，要自觉缩短"时光的距离"。如果父母真能做到，哪用天天讲大道理呢。

第七十七讲

心中有教育，生活处处都有教育

　　各位家长朋友，一个人心中若有教育，心怀教育，生活中处处就会有教育，教育需要敏锐与智慧。

　　在生活中，父母常常会遇到孩子犯错的情况，可能我们的第一反应便是批评孩子，最后换来孩子不情不愿的一句"对不起"，可是孩子下次遇到相同的情况，依然会犯同样的错误。所以，遇到孩子犯错误时，我们可以更有智慧地处理，让孩子明白犯错后不仅需要道歉，还需要学会承担责任。

　　以下是一个很好的例子：一个5岁小男孩因为好奇，拿着墨水从家里阳台的窗户往外倒，结果把楼下邻居家的窗户和外面晾的衣服全部弄脏了。母亲知道孩子犯错后，并没有打骂孩子，而是带着孩子挨家挨户道歉，同时把所有弄脏的衣服都拿回家，要求孩子跟她一起洗干净。除此以外，妈妈还请了一个刷玻璃的工人，要求孩子站在阳台下面看着工人把所有邻居的窗户都擦干净。若是这位妈妈面对犯错误的孩子，采用打骂的方式教育，也许孩子当时会因为害怕和邻居道歉，但却没有真正明白错在哪里。这位母亲用温柔而坚定的实际行动让孩子懂得做错事情后说"对

不起"并不等于道歉，真正的道歉是"对不起"和"承担责任"。孩子犯错误并不可怕，关键是要让孩子懂得一个人犯错了是要付出代价的，要敢于承担责任和敢于改正错误。从这个例子中，我们也看到父母的言传身教，父母的处事原则等会影响孩子的一生。这就是教育，生活中处处充满着教育的契机和智慧，教育是父母和孩子共同的成长。

面对孩子犯错误，父母和老师除了要教会孩子勇敢承担责任，还可以抓住机会，教育孩子要努力想办法解决问题。前不久，有几个学生因为好奇把学校的笑脸墙弄坏了，老师生气且紧张，孩子也有点害怕。我得知后，和老师分析学生犯错误的原因，明确学生是因为好奇所致，既然是因为好奇心无意弄坏，学生们的本意并不坏，因此无须着急批评。接着，我找到了这几位学生，我问他们，原来会动的笑脸墙好玩吗？美吗？他们都说很好玩，很美。我再问他们，现在我们不小心把墙弄坏了，还像原来一样美吗？他们都说不好看了。那现在我们应该怎么办呢？学生们七嘴八舌说了好多办法，并最终同意其中一位学生的提议，用自己的画笔将其修补好。第二天，这几位学生，用纸皮板和笔把缺的图案画好并贴回去。虽然修补后的笑脸墙有些突兀，但感觉孩子们还是很用心的，并且不完美的墙体也记录了孩子们成长的印记。这个案例中我们可以看出，孩子犯错是一个很好的教育孩子、帮助孩子成长的机会，如果处理不当，或者方式不对，同样的事情，可能会造成恰恰相反的效果。大家记住，为人父母，为人师，是负责孩子成长的教育者，所以，我们要善于用对的方式，用好的办法教育引导。

教育除了需要教育机制，还需要我们在生活中创设平台，搭台让孩子真正求学问道，启智润心促成长。之前，有一位家长和我说孩子学习成绩优秀，但就是比较内向，不够自信，问我该怎么办？我想了想回答说，其实自信也好，外向也罢，都是锻炼出来的。我找到这位同学，但并没有直接提醒他要自信一点，因为我觉得这样的话并没有什么实质性的作用。我送了他一本书，提醒他认真阅读并在完成书本阅读后，给同学们做一个讲座，与大家分享看这本书的体会，告诉同学们如何有效学习、如何阅读、如何科学管理时间等。两个月以后，这个学生把课件给我看，课件做得精美漂亮、内容丰富，我让他在年级大会上做了一次读书分享。分享会后，我安排老师找一些生活中的话题让他来采访同学、老师、校长，有时还会让他做活动的主持。经过一段时间，孩子大方自信了很多。各位家长朋友，其实这个过程就是让学生在体验中进步，教师在活动中给予教导，在教育过程中，我并没有在学生面前提到自信、外向这类字眼，但是通过活动和行为教育，确实比整天唠叨说教效果要好得多。

　　各位家长朋友，教育的本质意味着：一棵树摇动另一棵树，一朵云推动另一朵云，一个灵魂唤醒另一个灵魂。教育是需要渗透和浸润的，不是单纯的说教，要注重时机，顺理成章，水到渠成。生活处处有教育，这需要我们善于发现，善于发挥，让孩子真正达到浸润成长。

第七十八讲
家庭教育乃父母一场爱的"共融体"

　　各位家长朋友，本讲聊的话题是：家庭教育乃父母一场爱的"共融体"。

　　家庭教育，不是负担，更不是为了完成任务的任务，其本质上是爱的延续，是父母一场爱的"共融体"。一个和谐稳定的家庭，需要经营，靠的是夫妻双方的付出和热情，这就是我一直讲的家庭教育中夫妻谁都不能缺位的缘故，也是我提倡开家长会最好夫妻手挽手一起走红毯参加的理由。而一个和谐稳定的家庭，更能成就一个身心健康、性格乐观、人格发展健全的孩子。如果家庭教育中出现了缺席的爸爸，焦虑的妈妈，自然而然就会出现叛逆的孩子，家庭模式也自然而然决定了孩子的模样，最终只会养育一个失控的孩子。父母应该尽快认识到：家庭，其本质代表的是"爱"；教育，其本质是"规矩"，所以，家庭教育就是"爱"与"规矩"的"共融体"。

　　孔子只说了两件事：曰仁，曰智；佛陀也只教世人两件事：一智慧，一慈悲。我们做教育，只要做两件事：提升自己，关爱学生；家长教好孩子也只需要：做好自己，爱孩子。其实这些都是一个道理，放之四海而皆准。其实说白了，我也认为教育哪有什么秘籍诀窍，所有的诀窍都写在社会主义核心价值观里，也是在父母有"爱"的心中。作为父母，我们要正确地爱孩子，营造温暖有爱的家庭氛围。一个不缺席的爸爸，给予了孩子生命中最初的安全感，并将伴随和保护孩子一生。一个不焦虑的妈妈，用平和的心绪，传递着人世间最温柔的情感，在孩子的内心，铸就温暖的一角。爸爸妈妈互爱互尊，父母合力，一起教会孩子什么是爱，如何去爱。相信在爱里长大的孩子，总会得到岁月的特殊厚爱，那将成全一个孩子的健康成长，成就一个家庭的幸福，同时也就会共同孕育"幸福的共同体"。

热播剧《乔家的儿女》所反映的几个家庭中，我们也可以看到影响孩子一生幸福的依然是家庭教育，同时也可以看到一个不完整的家庭，一个缺爱的家庭里很难培养出优秀、幸福的下一代；还可以看到恰到好处的家庭鼓励就会成就自信且快乐的孩子；又可以看到父母的不负责任，自然而然会催化孩子的"早熟"，当然这与穷人的孩子早当家是两码事。从剧中我们可以看到对孩子太过溺爱和包办，也必将培养出一个自私自利、不孝顺的孩子，从而也摧毁了一个孩子。剧中也反映了另外一个问题，在家庭中，父母不拖后腿就是给孩子最好的支持与爱，当然孩子的读书与自律依然是很重要的。从剧中我们看到，贪婪的父母、专制的父母、懒惰的父母难以培养出有大出息的孩子。这部剧真值得我们家长站在家庭教育的角度去看和反思啊。

各位家长，通过这部电视剧，我们是不是觉得更不应该把家庭教育看作一个任务，一种负担，而应该是"爱"的"共融体"，是夫妻共同努力培养出"幸福共同体"呢！家庭教育与学校教育共同培养出"幸福共同体"。这也说明父母与学校的关系是息息相关的，缺一不可，都是关乎孩子的未来。

第七十九讲
生命诚可贵，安全价最高

各位家长朋友，本讲聊聊安全教育、生命教育。

生命是可贵的，安全教育更为重要，安全意识人人都需要有。一直以来，尤其这十几年来，教育部门、学校及全社会都很关心、关注青少年儿童的成长问题、安全问题，学校也一直在开展这方面的教育主题活动，特别是对下一代的生命教育。我们希望下一代大有作为，是社会主义建设者、共产主义接班人，我们希望下一代要幸福，但是前提是生命安全。

何谓"安全"，对于我们家长来说，那就是确保家里儿女及亲人健康、踏实生活，完好、完备，齐全、保全。生命教育也好，安全教育也罢，尽管学校要充分做好这方面的教育，但家长也要重视这方面的家庭教育引导并配合学校的教育，同时更要有这方面的安全意识和生命意识，教会孩子珍爱生命、保护生命。每年的暑假，尽管每一所学校都有假前的安全教育，但还是时有报道各地出现中小学生溺水身亡的事件，交通事故导致身残、身亡的事件。宝贵的生命，一念之差，酿成悲剧。这些究竟有没有引起所有家长的重视？有没有进行安全知识的普及呢？尤其是当家长过马路闯红灯、去水边玩时不做好安全措施、家里用电用气不规范的时候，有没有意识到言传身教的重要性呢？

2021年12月2日是第10个全国交通安全日。今年的主题是"守法规知礼让，安全文明出行"。在这里我呼吁全校师生和全体家长、家庭都来学习安全知识，高度重视安全教育。有时，我看到小朋友上学踩着滑板车或骑着自行车，家长在后面看着、追着，孩子横冲直撞，真是每看到一次都是捏一把汗啊！作为家长的你，就不担心万一有安全的闪失吗？不要酿成悲剧才后悔莫及！安全不仅仅是交通安全，还包括用电用火安全、防溺水安全、财产安全、网络电信安全、毒品防控、食物中毒防控等，家长真的要重视，要有防护意识，教会孩子自我识别、自我保护。

我相信，世间万物没有比生命、安全更宝贵的事。古人说"生命诚可贵，爱情价更高"，我想改用一下："生命诚可贵，安全价最高"。人的生命只有一次，不能重来。安全高于天！安全无小事，安全重于泰山！我所长在校一直倡导"安全至上，生命至上"的理念宗旨，把安全教育纳入班课（队课）和日常教育教学中，以多样的形式开展安全教育，给学生播下"安全教育""生命教育"的种子。孩子是爸爸妈妈的希望，是国家的未来。现代社会日新月异，但安全隐患无处不在。诚如交通安全主题，教育我们要做到"守法规知礼让，安全文明出行"，这样我们才能拥有幸福，享受美好的生活。各位家长朋友，我们都做到了吗？父母是孩子的榜样，在安全问题上家长要起到引导作用。

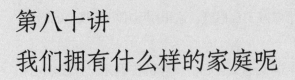

第八十讲
我们拥有什么样的家庭呢

各位家长朋友，请问你对现在的家庭生活感到满意吗？对家庭教育的现状满意吗？你拥有怎样的一个家庭呢？这些问题都是相关联的，都与家庭成员及家庭教育有关。

我们都应该知道家庭教育是指父母或其他监护人为促进未成年人全面健康成长，对其实施的道德品质、身体素质、生活技能、文化修养、行为习惯等方面的培育、引导和影响。于是，家长就应该以此为宗旨，努力让家庭的氛围和谐一些，正一些，好一些，实一些。养而不教，父母之祸；教而无方，父母之过。为人父母最大的责任不在"养"，而在因"教"而"学"。不学而"教"，教而无方，那伤害的是亲子多方。最好的亲子关系，和睦和谐，当然过程在于"共同学习，一起成长"，享受过程的精彩，这样的家庭关系会让人喜欢与舒服。

2022 年元旦，是中国第一次家庭教育立法实施的第一天。中国从几千年来注重"家教家风"的建设，而在当前却是第一次把"家事"上升为"国事"，确立了家庭教育的根本任务是"立德树人"，从法律层面明确了父母的责任与义务。这说明在家庭教育中未来急迫，未来已来，未来可期。面对《家庭教育促进法》，我们都应该知道，家庭教育中父母处于主体地位，家长更应该意识到，教好孩子不再仅仅是学校的事，父母才是孩子最重要的老师。父母在享受着教育成功带来幸福与荣耀的同时，也是教育失败最大的承担者，这也是与营造怎样的家庭环境和家教家风有着莫大的关系。

和谐家庭大家无所不谈，随意倾吐，彼此接纳鼓励，家人之间没有年龄的界限，但不缺乏尊老爱幼，不缺乏彼此之间的尊重，让人感到希望、活力、自信、真诚、爱意，哪怕是批评都成为聊天式的。这样的家庭我相信大家都喜欢。

我们不妨对照一下，如果今天妈妈心情不好，下班回家，家里人看到你的状态是立马紧张起来缄口不言呢？还是女儿不担心被你训斥而敢于这样说："嘿，亲爱的老妈，你今天下班回到家可不太对劲哦。"你的反应也不是训斥，而是坦诚地说："我今天因为什么原因，确实导致心情不太好，今天实在是太糟糕了。"而这时，家庭成员都能与你一起分析，鼓励、安慰你，轻松聊天，而不是因为你的情绪、心情不佳而紧张，变得一声都不敢吭呢！这两者你是属于哪种呢？这两种家庭你会选择哪种呢？当然，这要靠平常的用心经营成为习惯而积淀形成的。

我们再来看看，假如你某一天下班回到家，看到两个孩子在吵架，请问作为家长的你，看到这样的情景，你会怎样处理呢？聪明有智慧的妈妈，和谐家庭的父母是这样处理的：先冷静地把他们分开，两只手分别牵着他们的小手，耐心地听他们讲到底发生什么，为什么原因而打起来。父母弄明白以后再来给孩子分析，说出他们之间的委屈，相互道歉，重归于好。因为和谐家庭的父母不会认为孩子有意犯错，而是行为不当，能够抓住时机给予教育、引导，举一反三，这样，孩子的自尊心也不会受到伤害，问题也能迎刃而解。

各位家长朋友，现在，你的家庭如果属于问题家庭，也大可不必担忧，不要焦虑，只要找到问题的根源，正视家庭生活，正视家庭教育中的苦与乐，正视自我价值，下定决心做些改变，采取行动改变，努力学习，依法带娃，寻求途径，整合提升，问题家庭依然可以变为和谐家庭的。

第八十一讲
家长要致力于让孩子为"爱"而努力

各位家长朋友，本讲聊的话题是：家长要致力于让孩子为"爱"而努力。

首先请问各位孩子的爸爸，当你带着疲惫的状态下班回到家里，你的爱人叫你立马晾衣服，拖地，或煮饭，请问你会有怎样的反应？各位孩子的母亲，你累了一天下班回到家，就想休息一下，不太想做饭，这时家里人，或孩子跟你说肚子饿，叫你赶紧做饭，你会怎样呢？但如果家里人，尤其你的丈夫充满爱意地跟你说："老婆，你很累吗？累了那就不要做饭了，我们干脆出去吃饭吧！"此时你又会觉得怎样呢？你会觉得老公真好，内心的疲惫很快会消失："算了，别出去吃了，还是我赶紧去做饭吧"！这说明了什么呢？这是因为讲话方式不同，这是交流中的一种共情，这是站在对方的立场去理解、关心他。各位感觉如何？听起来怎样？当一个人被理解被关爱的时候，是最愿意为对方付出的，是致力于为关爱和理解自己的人付出的。

同理，倘若你回到家，看到孩子在玩，你的第一句话就是大声问孩子，你的作业做完了吗？没做完还好意思在这里玩，还不赶快做作业去！各位家长，将心比心，试问一下，孩子愿意听到这样语气的话吗？久而久之，孩子最不喜欢父母早下班，慢慢也开始讨厌父母，同时也就开始讨厌学习。可以说：讨厌学习就是从讨厌父母"乐此不疲"的嘟囔开始的，讨厌学习就是讨厌父母的结果。因为孩子永远没有得到认可，永远没有达到父母的要求，永远得到的是假关心，有条件的"爱"，哪怕迫于无奈努力学习，也是一种假象，不是发自内心的努力。相反，如果家长下班回到家，对着孩子说："你今天累吗？别那么着急写作业，玩一会儿再写吧。"说不定孩子会给你意外的惊喜回答："妈妈，还行，不是很累，我写完作业再玩吧。"孩子往往会因父母理解自己而努力，可以说孩子更愿意为"爱"而努力，这种努力才算是"真的努力"、真正的努力。其实有人认为：孩子不愿意做作业，不喜欢学习，那不是"作业""学习"出了问题，而是"爱""理解"出了问题。所以，各位家长朋友从今天起，我们不要再追问孩子"作业写完了吗？"请记住一句话："孩子不怕累，不怕苦，怕的是不被理解，不被真爱！"

有些家长可能会认为，自己的孩子自制力不行，包括玩耍、玩手机等都必须给孩子限定时间，总担心孩子不自觉，不太愿意相信孩子。请问各位家长，有多少孩子、有多少次会因你定的时间而和和气气收场呢？大多情况下最终还是因为时间限制问题吵起来。难道真的是孩子的问题吗？就没有解决的办法了吗？我觉得还是一开始的规则、规矩就没确立好。毕竟家长自身的出发点就是不愿孩子玩手机，是迫于无奈，是一种施舍，也许是一种奖励，无奈的奖励，但其实根本是不够信任孩子的，总认为孩子自制力差，于是彼此就开始捉迷藏，孩子就学会耍赖。其实，也许孩子自制力差就是在这样的氛围、环境下影响而成的。我们不妨跟孩子限定玩手机的时间，不如来个问他自己需要多长时间，一次、两次，只要家长先酌情遵守了规则，我想他也会自觉遵守的，会讲信用的，会把这种规则养成为习惯的。

各位家长朋友，在平常与孩子的沟通对话时要注意方式、方法、注意语气，站在理解、接纳、对孩子的真爱、真正关心的角度去沟通、聊天，让孩子为"爱"而真正努力。比如，今天感受如何？今天有遇到什么困难吗？你今天收获到了哪些新

知识？你今天在学校发现了什么有趣的事情？今天你有什么好的表现？有什么需要爸爸妈妈帮助的吗？在学校又交到了哪个新朋友？在学校吃了什么？今天老师和你聊天了吗？还是，你今天被批评了吗？你今天犯了什么错误吗？你的作业完成了吗？等等。请问各位家长朋友，这些话哪些听起来舒服点，更容易让人接受、认可呢？我相信此时的你会有所选择，也许会有所掂量及改变！

第八十二讲
"隔代教育"的思考

各位家长朋友，本篇谈谈"隔代教育"的话题，希望大家能够重新审视"隔代教育"。

央视春晚小品《父与子》中，爷爷问小孙女："我和你爸爸、妈妈，你最喜欢谁？"小孙女开心地回答："爷爷您！"爷爷再问："爷爷和你爸爸、妈妈，你最听谁的话？"小孙女理直气壮地回答："听爷爷您的。"随后小孙女要骑马，爷爷毫不犹豫、开心地答应小孙女的要求。这是不是生活中普遍存在的现象呢？是不是父母在孩子面前也同样问孩子呢？生活中，父母会不会问孩子："爷爷、奶奶有没有说我坏话呀？"偶尔通过孩子了解自己在祖辈心中的印象；同理，祖辈会不会也通过孩子了解孩子父母怎样评价自己的呢？我想这种现象也肯定存在。无论怎样，我认为这样的教育方式肯定不好，对孩子的成长不利，是不是会无形中孩子就慢慢学会"见风使舵"或者说谎呢？是不是亲人中就只能有一个最好呢？只能听一个人的话吗？

"隔代教育"是当下社会的一种家庭教育现象，或是因为爸爸妈妈工作太忙无

暇照顾孩子，或是因为老人家喜欢孙子孙女，也就是所谓的"隔辈亲"，使得老人带孩子成了很多家庭的一种选择。俗话说：家有一老，如有一宝。家和万事兴，在家庭教育中父母、祖辈应该保持一致的意见，互相支持，不拆台。我认为祖辈应该是养，父母应该真正承担教育的职责，父母在教育孩子时，祖辈不插嘴，最好是暂时回避。同样的，父母在教育孩子时，最好选择祖辈不在场的时机。

在家庭教育中，祖辈的教育毕竟会受到时代、生活背景、受教育程度的限制。如果有条件的话，祖辈也可以多学习有关教育的政策、教育的策略，培育的方法及规律，这样可以更好地与父母站在统一战线上，换位思考，有效沟通，责任明确。这样在家庭教育中家庭成员才能科学、合理、和谐应对，求同存异，对者优先，从而实现三代共赢。父母工作忙，生活不容易，这也是事实，但我们也不能以此为理由不管孩子，还是要克服困难承担起教育孩子的责任，绝对不能甩手不管，全盘交给祖辈，因为父母才是陪伴、教育孩子的第一责任人。父母真正投入教育中，孩子才能有正确的价值观、情感观、世界观。祖辈应该支持、适可而止，更不能拉着孙子、孙女经常与父母"对着干"，反而会"帮倒忙"，这样久而久之，会破坏和谐的家庭氛围，对孩子的健康成长很不利。在《家庭教育促进法》实施后，我们应该一起学习这个法，学习如何教育孩子，明确责任，同时要树立家庭是第一课堂、家长是第一责任人的意识。

各位家长朋友，今天我们谈"隔代教育"不是把教育责任推卸给祖辈，也不是要求祖辈学习教育知识后直接教育孙辈，而是为了更好统一态度观点，解决问题，缓和祖辈、父母和孩子三方之间的关系，同时，也让祖辈获得付出的那份幸福感和价值感。我真心希望祖辈和父母相互支持、相互学习、相互补充、相互促进，珍惜三代同堂的美好时光，发挥隔代教育的优势，妥善处理好隔代教育的关系，合理地处理好隔代教育中存在的问题，为孩子的健康快乐幸福成长助力、赋能。

新时代，新时期，家庭教育要给家长提供学习机会，获得知识，获得帮助之外，我们还要关注隔代教育和未来家长的教育。

第八十三讲
请问你有家庭蓝图吗

各位家长朋友，本篇聊聊关于家庭教育的蓝图。

其实，每一年的寒假，我都会给各位家长一份"暖心·回声"，希望各位家长朋友在春节期间，组织家庭成员坐在一起交流、沟通，大家畅所欲言，畅想在新一年里家庭成员的成长愿望，家庭的发展目标，就是家庭发展规划，乃至家庭教育的蓝图。我为什么要有这样的希望呢？因为总结就是一段全新的开始，一年之计在于春。不知道各位家长朋友有没有这样做？有没有想到自己家庭的蓝图是什么呢？家庭教育的蓝图又是什么呢？

也许有很多家长因没有空闲时间，所以在忙碌过程中有意无意地忽略了这项安排，也没有构想家庭的蓝图。的确如此，做父母是这世界上最艰难、最复杂、最令人忧心忡忡的角色，但又是甜蜜、幸福的职业。其实每一个家庭都有着这样的共同特点，那就是"家长希望孩子怎样"，"家长希望孩子将来成为一个什么样的人"和"家长将要怎样才能实现这个目标"，把后者的说法具体化，把"什么"与"怎样"有机结合，其实就是家庭教育蓝图。当然家庭教育蓝图的制定不能功利化，要

有计划性，要有科学的做法及合理目标；做父母是两个人的事，就更要求父母统一意见，与孩子沟通，共同认可，形成有现实意义的家庭教育蓝图。家庭教育蓝图的制定会因人、因家庭、因背景、因时代的影响而异，随着孩子的成长，也要适当调整。所以尽管每个家庭教育蓝图不同，都一定会给孩子的成长带来帮助，会带来成熟、有智慧且温馨幸福的家庭教育氛围。但大家一定要注意，若大人所有的想法、做法都是要去计划孩子的每一件事、每一天，甚至孩子的人生，这对孩子是很不公平的，就像是给孩子穿上了一件看不见摸不着的"束身衣"，那是失败的、痛苦的。

很多没有结婚、还没有孩子的人，都会认为教育、养育孩子必须具备一定的条件。但其实不然，不是一定具备怎样的条件就能把孩子教育好的；也许当你具备了条件那一天有孩子了，将会不断改变看法，也许会把必备的条件改成养育孩子的建议，养育孩子的提示，也许不知道如何表达了。这说明，家庭教育里家长需要学习，需要各种帮助、知识和支持；这也说明，养育孩子、教育孩子根本没有必须遵守的规则，是因不同家庭、不同父母，不同孩子的成长而作出决定，作出改变的；这也说明，家庭如果有了蓝图，哪怕简单一点的蓝图的作用和意义，假如再提炼一下也许就是家风。

在制定蓝图之前，父亲和母亲，不妨自己各自找一找，在你们经历的成长过程中或周围环境里，罗列出五个对你有启发或帮助的家庭经历；罗列出五个你认为很糟糕的家庭教育的经历，然后对他们进行分析、对比。然后，想想如何代替或如何运作，如何改变，我想这样的蓝图更适合，更实用、更有效、更有温度。

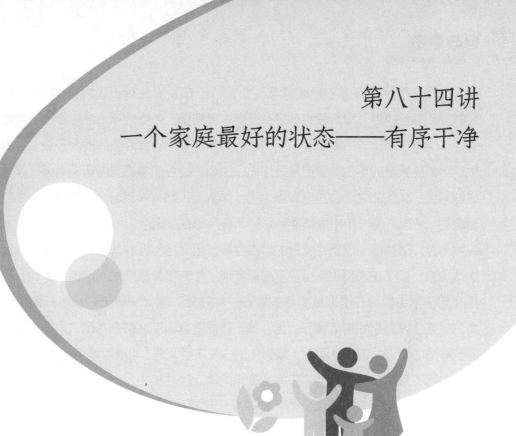

第八十四讲
一个家庭最好的状态——有序干净

各位家长朋友，一个家庭最好的状态会是怎样的呢？其中不乏有序而干净。

《钱氏家训》有言："欲造优美之家庭，须立良好之规则。内外六闾整洁，尊卑次序谨严。"这句话说的是想要家庭幸福，就必须建立良好的家规。家里的里里外外都整齐，上有老下有小，长幼尊卑有序，对人相敬有礼，对事以和为贵，这样有礼有规，有章有序，家庭何尝不温馨，舒服呢？这样不就是很好很舒服令人向往的状态吗？的确，只要有序，才能无论物、事、人都会给人舒服和自由的感觉。

家规也好，家训也罢，社会公约也好，规章制度也罢，这些不就是让大家自觉遵守，形成有序的空间吗？秩序无处不在，从物件的摆放到社会生活，从言论到行为，从社会到家庭，都离不开礼而有序。现阶段，很多人就对自由与秩序在理解上存在片面的认识，担心做一个有序之人，在处事有序上会吃亏、受到损害，其实这样的人是走不长远的。有序不是刻意的，有序是一种自觉的言行，有序之人，君子也。天乃君子之表率，运转不息，刚健有力，地乃君子之表率，厚德载物，有容乃大，此为有序也！

虽然，秩序、有序不代表智慧、善良，但却是通往善良、智慧的必经之路。"无规矩不成方圆"。父母要想孩子有规矩、懂规则、敬畏规律，那就要从整齐摆放物件，保持干净整洁的家做起，从做事有幼小尊卑、彼此尊重的规则开始，在日常生活中抓住教育的契机，营造良好环境以熏陶，让任何事都有规矩可遵循，养成良好的习惯。久而久之，自然是有序之人。如果人人都有序而为之，家庭必将是和谐温馨的。所以，每一个家庭都要有好的、有序的家庭氛围。

当然，最关键一点就是父母的言传身教。因为言传身教就是最好的教育。我们应该清楚，孩子在家没大没小，自由散漫惯了，到了外面自然而然也是如此。学校需要给予学生教育，但家庭更是教育孩子的基础，故此父母务必从小开始引导教育，营造良好有序的家庭状态，也许孩子慢慢就有规矩，做事有序，对人有礼，是遵纪守法的好人。若这样而为，难道还怕孩子不优秀吗？我想至少差不到哪里去。

家庭不单要有序更要整洁干净。干净的家，居住其中，会令人神清气爽，烦恼全无。《弟子规》中说："房室清，墙壁净，几案洁，笔砚正。"干净的家，不仅藏着一个人的福气，更预示着一个家庭的兴衰。因为家如明镜，照见了每一个人每一个家庭的生活与严谨做事的风格。一个人能将自己的家收拾干净，说明他勤劳、自律、讲规矩。所以家长不单要保持家的干净整洁，更要培养孩子爱干净的习惯，培养他们会清洁、会打扫的能力。一个人如果爱干净、爱干家务，我认为他也差不了哪里去。这也是对孩子的教育，是父母给予的成长的陪伴，教育不是只有道理与分数。

古往今来，但凡兴旺的家族，必有良好的家风。正如《朱子家训》开篇写道："黎明即起，洒扫庭除，要内外整洁。"家中窗明几净，内心也会温煦清明，为人处世自是磊落周全。这样的家庭，何愁无福？何愁不温馨、不幸福呢？这就是一个家庭最好的状态，各位家长朋友，你做到了吗？你拥有了这样的家庭状态了吗？各位家长朋友，有序而干净贵在坚持！

第八十五讲
新时期家庭教育更要注重家风建设

　　各位家长朋友，家风是什么呢？家风其实就是"门风"，家风的功能、本质就是教育、转化、引导与熏陶浸润。家风可以说就是一个家庭或家族在共同生活中，经过培育与沉淀并一代又一代相传下来而形成的家规，真正展现了家族成员的精神风貌、道德品质、文化风格、生活方式和生活习惯。什么是"好家风"呢？有专家认为是：以和谐为核心精神，以亲爱为主要纽带，以孝道为基本伦理，以诗书礼乐为情趣，以家国情怀为境界。我很赞同，简单说就是待人之道，礼仪之道，处事之道，生活准则。

　　新时期，在《家庭教育促进法》落地实施之际，家庭教育更要强调家风建设，家风的形成与发扬，让家风浸润孩子的成长，促进亲子关系的融洽，构建家庭的和谐。可以说：家风建设、家庭教育是功在当代、利在千秋。梁启超先生这样讲过："少年强则中国强"，可见在实现"强国梦"和新征程道路上，强调家风建设和加强家庭教育是具有重要意义的。

　　家庭既是社会发展的"缩影"，也是社会核心价值的"风向标"，更是时代精神

风貌的"显示器",这些都离不开家庭教育的支撑。"望子成龙,望女成凤"是每个家长的共同心愿,但要实现这心愿,前提必须是孩子健康且快乐,家长必须努力学习且懂得家庭教育策略和家风之道,必须有科学的理念指导和正确的方法指引,这需要家长自觉学习提升,需要社会关注与帮助。

俗话说:"三岁看小,七岁看老。"这说明孩子的教育就要从胎儿开始,从小就要培养他、教育他、引导他。"幸福的家庭都是相似的,不幸的家庭各有各的不幸。"这个不幸的根源往往也是家庭教育方法不得法、不规范,在于家风不好。这更说明家庭教育要从小着手,从长远着眼,方法恰当,教育行为得体,教育恰到好处,而其中不乏家风的传承、发扬与建设、创新。俗话说:"一门好家风,三代好儿郎。"这不是恰恰说明了好家风是培养一代好子女的必备条件吗?

著名积极心理学之父马丁·塞格里曼在他的著作《真实的幸福》一书中讲,"真实的幸福来源于优势和美德",也就是说,孩子真正的幸福来自他的兴趣、爱好和特长,以及良好的美德。家长建设家风的基础是孩子的健康、快乐,要从美德着眼,兴趣着手。同时,家长应该注重家风建设,家庭教育的过程中要长幼有序,尊卑有爱,有情有礼,有文有德。正所谓积善之家,必有余庆;积不善之家,必有余殃。家长都希望孩子优秀,成为学霸,所以家长在教育孩子过程中,务必要避免"常攀比""分数论""道理控""强要求""命令式"等不切合实际的观念、杜绝不具有科学规律的做法。每一位家长都应秉持"每个孩子都是独一无二"可造之才的理念,树立"为党育人,为国育儿,为国育才"的责任感、使命感,这样的家庭教育才会更有效,才更显人文关怀,有温度,效果好,家风自然得以形成与发扬,家风自然促家庭教育,家庭教育自然滋养家风的形成。

在家庭教育中,家长是孩子安全成长的"第一监护人""第一责任人"。《家庭教育促进法》明确提出,在家庭教育、家风建设上各位家长要明确自己的定位及责任。同时要在学习的基础上帮助孩子"扣好人生第一粒扣子",努力成为完善家庭教育、陪伴孩子成长的"引导师"。

《学记》中讲:"禁于未发之谓豫,当其可之谓时;不陵节而施之谓孙;相观而善之谓摩。此四者,教之所由兴也。"指出要在孩子的错误未发生时就加以防止,叫作预防,也就是防患于未然;在适当的时机进行适当的教育,叫作及时;不超越受教育者的才能和年龄特征而进行教育，叫作合乎顺序；互相之间取长补短，借鉴学习，叫作观摩。这道出了教育的真谛，家庭教育需要抓住时机，更要尊重孩子的权利、需求、年龄特点等，要尊重孩子的成长规律，认知规律、更要符合教育的科学规律。这也是家庭教育的基础，家风建设的根基。

各位家长朋友，家风建设、家庭教育看似简单，其实大有学问，当然也是有底线和准则的，不过关键是要必须人人努力学习并加以提升，要以情怀为基础，以能力为依托，以境界为力量，要在家校共育，家校社协同育人的基础上、机制上用心、用力、用情耕耘家风、家庭教育这一片沃土，共同托起明天的太阳。要以浓情厚爱、仁义礼智信和家国情怀，共同传承发扬中华好家风。让我们在新时代新征程上为每一个家庭更加注重家风建设而努力吧！

最后，请大家记住每年 5 月 15 日这一天！这一天是国际家庭日，而《家庭教育促进法》中规定这一天所在周为全国家庭教育宣传周。各位家长朋友，大家可要好好利用这一周！让家庭教育、家风建设在这一周彰显与升华。

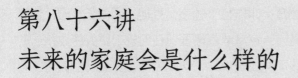

第八十六讲
未来的家庭会是什么样的

　　各位家长朋友，请问大家有没有想到未来家庭将会是怎样的呢？有没有想到未来的家庭教育又会是怎样的呢？

　　大家都会在探索或期盼未来的学校会是怎样，或者未来我们将会遇见怎样的学校呢？未来已来，未来可期，未来也急迫。未来的学校首先应该是一种全新的视野、视域、境界。未来的学校是"社会社区"的学校，让学校回归社区并融入社区，是协作者、建设者，协同育人，共同担责，可以借助、开发通过人工智能去打破壁垒。无论学校发生怎样的改变，学校的教育责任与使命是不会改变的，始终与学生同在，追求教育公平是不变的初心使命。学校也将要成为融合技术、人文、社会、自然的平台，成为安顿生命，温暖生命，超越生命价值的育人之所。

　　学校在变，在进步，家庭在改变，也在进步。未来的家庭将是人工智能家居生活，全新的现代化。但我们相信无论怎样地变革，家庭教育的温情是永不可更替的。未来的家庭教育也许可以借助现代化的手段，可以用人工智能去牵线搭桥沟通的渠道；可以借助智能家居评估衡量亲子关系、家庭成员之间的相处情况，关系紧张度。同时，系统给出应该做怎样的及时调节，避免不愉快发生；可以借助现代功能处理家庭成员之间的矛盾，家庭教育中的矛盾；可以借助人工智能让孩子自觉观察如何做人，学会更高水平的尊重；可以去评估教育的合理性；可以给父母提供育儿手段、育儿资源；可以给孩子求助的功能；可以借助人工智能以故事形式教孩子如何处理事情，如何与父母沟通；可以借用人工智能对孩子的情绪变化、行为、心理状态随时给予预警，给予研判，给予帮助；可以通过新的方式、手段、数据分析给予父母教育预警，及时调整情绪、策略；未来可以借助人工智能，营造和谐温馨的家庭氛围，为家庭教育赋能。

　　只要我们能想到的，一切都有可能实现，但无论怎样，不变的是家庭教育的职责，不变的是家庭教育的亲情，不变的是家庭教育的人文关怀及温度。未来的家庭教育必将是与社区的结合，学校将形成家庭与社区的纽带，把"技术热""社区闹""人文冷""自然淡"的现象进行调节整合，实现科技与人文的平衡，社会与自然的交汇。家庭成员地位将更趋于平等，家庭就变得更强，就会培养更有人文素养、更有竞争力的孩子。不管社会和科技怎样进步，家庭的发展、人类的发展更是处于一个更积极、正能量的轨道。

　　各位家长朋友，本篇我大胆抛出这样的话题，也许是幻想，旨在引起大家对未来、社会进步的思考和假设。无论怎样，我们每一个人都能看到成为一个真实、完美的人将意味着什么，并能自觉发展出促使改变发生的途径、策略，未来的每一个家庭都是有光的，更是光明的。我相信，到那时，越来越多的人会感到爱与被爱，了解到人类的善良与智慧、完美与真实、效率与责任的本性，世界更加美好的感受。我相信，当我们想象到未来的人们在具有关爱的家庭中被抚养长大后所长成的模样，我们心中就充满了企盼、激情、敬畏。

　　无论怎样的改变，家庭成员的亲情是永远不变的。

第五篇

家教有法
父母应对有准备

教育界"双减"政策的落地掀起了千层巨浪。有人欢迎，有人不解，有人惶恐。无论怎样，一个新的时代终将到来。被时代洪流挟裹着向前的家庭，若还想托举起自己的孩子，有两样东西必须自备：一是自由的灵魂；二是独立思考。随着 2022 年 1 月 1 日《中华人民共和国家庭教育促进法》的正式实施，家庭教育也从"家事"上升到"国事"，父母们开启了"依法带娃"的时代。作为一名普通的家长，虽然我们无法以个人意志去左右政策和大环境，但通过努力去实现自家教育的小自由还是没问题的。那么父母该如何依托国家政策的支持去实现小家庭的"自治"呢？让我们一起走进本篇了解、学习。

第八十七讲
家庭教育中家长最需要成长

　　各位家长朋友，中国有一句老话：活到老学到老。这说明我们每一个人都要有终身学习的意识及能力，一辈子要在成人到成才的过程中不断成熟和成长。在学校教育中，我们提出教学相长，这就要求老师要自觉学习，具备终身学习的能力，要求老师要不断学习，与学生共同进步，与学生共同成长。苏霍姆林斯基说过：最完美的教育是学校与家庭的结合。家庭是人生的第一所学校；家长是孩子的第一任老师；要给孩子讲好"人生第一课"；帮助孩子"扣好人生第一粒扣子"；家长要学会了解孩子，走进孩子的内心世界；家长要学会情绪调节，遇事有智慧处理解决；孩子是新的生命起点，也是父母生命的延续。在家庭教育中，父母最需要学习不断成长，陪伴孩子一起成长。白岩松在 2019 年接受《财经时间》节目采访时这样说过："家长在一个孩子的成长过程中，起码要承担 51% 的控股责任。但是你看，大部分家长都在抱怨，都说是别人的原因。我认为中国的父母需要成长，我们生活中有多少父母总是在抱怨孩子不够进步，然后把责任说是社会问题，是教育的问题，当然是问题了，全世界没有一个国家不抱怨教育。但是，我们的抱怨里还藏着推卸自己的责任，这占相当大的比例。"所以说：没有教师的成长、没有父母的成长，永远不可能有孩子的快乐健康成长。

父母怎样做到与孩子一起成长呢？

第一，父母应该有自己的规划，如工作规划。父母要有良好的生活习惯，兴趣爱好，如运动、阅读等。孩子在做作业的时候，建议父母不要玩游戏、看电视，因为这样的做法就是我们下意识认为：成长只是孩子的事情，与自己无关。所以，可以在孩子学习的时候，我们也在旁边安静地看书。阅读是可以改变彼此的成长轨迹，尤其提倡亲子阅读，也可以营造家庭教育温馨氛围。优秀的父母，不仅自己喜欢阅读，而且会努力打造一个"书香门第"的阅读型、智慧型的家庭，从而建设一个美好的精神家园。

第二，孩子喜欢玩的、看的，家长也要学习了解，这样才能跟孩子有共同语言，容易与孩子沟通，同时也可以给孩子以引导。这样的教育方式容易被接纳，有效果。

第三，父母要学会向孩子学习。时代在发展，孩子了解的东西也是很多的，作为家长要懂得放下身段，虚心向孩子学习。有一位退伍军人，他说他儿子是他的老师，儿子教他唱歌、玩电脑、上网；他又是孩子的老师，教他站军姿，教他吹军号。这样的家庭多么和谐、温馨。

第四，父母要敬业，有正能量。敬业，是一种态度、一种精神，也是一种习惯、一种能力。所以家长要努力做好本职工作，要养成敬业精神，要多一点正能量，少一些埋怨、抱怨，要阳光自信，学会包容。在工作、生活中，父母要力求成为孩子的榜样，竭尽全力做好每一件事，执着追求，给孩子树立标杆。好的家庭教育，要给孩子宽阔的心胸，要给孩子强大的精神力量和正能量。

第五，父母要有人生的理想。理想是成长之魂。有了理想就有了追求，有了追求才会有动力，有动力就有了生活、学习、工作的激情。家庭教育中，我们要学会用理想点燃理想，用激情引发激情。希望孩子有追求、有理想，首先父母必须有追求，有理想信念。

独行速，共行远，成长也是这个道理。一起成长才能更好地成长，学校教育也行，家庭教育也好，都需要共同成长。父母与孩子一起阅读，与孩子一起锻炼健

身，与孩子一起郊游走进大自然，与孩子一起旅游体验。这些亲子活动，不仅能够让孩子开阔视野、增强体质，自己也会收获成长，收获其中的快乐时光，收获家庭教育的成功。

各位家长朋友，家庭教育不是简单的说教，更是父母的自我教育与成长。与孩子一起成长，才是家庭教育最美丽的风景，才是父母最美好的人生姿态！成长是人生重要的使命，生命不息，成长不止，这才是一个人生命最美的姿态。

第八十八讲
家庭教育不可忽略的现象

各位家长朋友，作为一位老师，同时也是一位家长，我时常感慨：家长真的不容易，既要忙于工作，又要操心孩子的教育，还要照顾老人。家长的工作在左，家庭教育在右；对孩子的教育，老师在左，家长在右。这足以说明家长需要权衡好工作、生活、教育的关系；对孩子的教育，家长要平衡好学校教育和家庭教育。只有一方使劲儿，对孩子的成长都是不利的。

以下便是一个家庭教育不到位的真实案例：有一天晚上，我看见一位妈妈带着孩子回家。孩子一路上边走边踢饮料瓶，发出的声音很刺耳，影响了周围散步的人。但这位妈妈却视若无睹，毫无意识要教育孩子，甚至路过垃圾桶，也并未提醒孩子将饮料瓶扔进垃圾桶。其实，这位孩子并非个例，我们经常在公共场合等地看见随地乱扔废弃物的。如果作为父母没有利用这个机会去教育孩子，如果父母不在意孩子良好生活习惯的培养，单靠学校老师努力，孩子的良好意识和习惯是无法真正形成的。所以，我看到当时的情形，便加快脚步，走在他们的前面，把饮料瓶捡起，按垃圾分类投放在垃圾桶里。我想通过我的行为告诉这位家长及孩子，要举止

文明，养成良好的卫生习惯，考虑他人的感受。在学校里，我要求学生要讲卫生，不乱扔垃圾，同时希望学生们看到地上的垃圾主动捡起，美丽的校园需要大家一起努力守护。这其实是在培养孩子的良好行为习惯、卫生习惯、环保意识及社会公德，这些优良的品行，需要家长和学校一起努力。

如果家庭教育不足，对孩子的影响是极大的，同时也让学校的教育起不到真正的效果，因为孩子在潜意识里不尊重、不相信学校老师的教育。教育的根在家，家是培育孩子成长的土壤，家长的言传身教很重要的，家校共育的目标一致、步调一致才会起作用。负责任的父母，不仅要做好孩子的"第一任老师"的工作，还要时刻准备做好孩子的"终身老师"的工作，所以家长朋友们不要忘记努力学习，养成"终身学习"的习惯和能力，给孩子树立榜样。

在家庭教育中，尤其在孩子面前，父母长辈要时刻注意做好自己，这些细微之处将会对孩子的成长产生潜移默化的重要影响。以下这个事例便可以说明：有一天我正在等红绿灯，前面有一对爷爷奶奶，他们正牵着孙子。由于红绿灯等得比较久，爷爷奶奶准备带着孙子闯红灯。他们的孙子刚开始反对，奈何爷爷奶奶还是打算闯红灯。于是孙子继续劝阻："老师说了，不能闯红灯，很危险！"这时爷爷奶奶一人一只手把孙子抬起来，直接闯过红灯过马路。孙子急了，大声吼："你们跟我爸妈一样，就喜欢闯红灯！老师明明说了，过马路一定不能闯红灯！"这时奶奶居然这样回答："你们老师也是不看红绿灯的！"我当时听了哭笑不得。毫无疑问，这位小朋友是好样的，但我很担心长此以往，孩子受到不良家风的影响，品行也会受到影响。同时，这位奶奶不仅自己没有做好榜样，还诋毁老师，这会让不信任老师的种子埋在孩子心中，为以后学校教育的顺利开展设置障碍。

从上述这两个案例中，我们可以明白，作为家长，我们要时刻提醒自己，尤其在孩子面前，我们要更加自律，加强自我行为控制。当然，这两个现象也折射出家庭教育中的隔代教育问题，教育孩子是父母的责任与义务，陪伴孩子成长是父母的责任。中国有句古话：家有一老如有一宝。没错，在很大程度上老人能给我们带来很多的帮助，但作为老一辈，他们的教育理念有时可能并不能很好地适应现代社会，对孩子的成长是不利的。所以我们鼓励老人家少操心，多走出去参与活动，尽享天伦之乐。有些家长的确很忙，需要老人的帮忙，但作为父母，要把握好度，有主次之分，无论多忙都要过问关心孩子的教育，不能把教育孩子的权利全部交给老人。

在家庭教育中，父母角色的重要性无人可以替代，老师不能，爷爷奶奶等其他长辈也不能。我们有时会听到父母抱怨：我们这么忙，这么辛苦，一直都在努力创造条件让孩子未来美好、成功。这说法没错，但父母往往关注的只是孩子的未来和外在，却忽略孩子的现在和内在，忽略了孩子现在的感受，缺乏了陪伴与教育，缺乏了关心与尊重，其实，没有了好的现在，怎么会有好的未来呢？

第八十九讲
请问我们的家庭教育
是否在"状态"上呢

　　各位家长朋友，教育孩子最重要的不是孩子成绩有多么优秀、取得多大的成就，关键是教他好好做人，做一个能有独立生活技能、懂感恩、会奋进、有善良之心的人，因为感恩就富有，奋进就会拥有。家庭教育的成功在于能够把孩子培养成有能力、善于追求幸福的人。

　　试问一下，我们的家庭教育是不是在这个"状态"上呢？是不是一味地努力在开发孩子的大脑，增加孩子的知识，而对生活的技能、应具有的品质与素养重视了吗？如果存在问题，那么就可以说我们的家庭教育还是不在"状态"上的。有些父母借用其他父母的做法教育孩子，说教孩子，孩子不听，或者孩子听起来别扭、不舒服；家庭成员沉默，都知道孩子没有做好，但作为父母不敢说、不能说，孩子故意不听，故意不做好。这些都是家庭教育不在"状态"上，缺乏一种教育氛围、气场。家庭教育急功近利、一味追求成绩。比如，有些家长认为本书所述内容不适合自己，孩子还小，或者觉得自己孩子已经长大了，这种现象足可以看到"急功近利"，只是表面阅读，缺乏了思考、方法的迁移及现象的对比与分析；有些家长过分强调了夫妻双方都很忙，每天晚上都要加班、应酬很晚才能回家。像这种现象就是对孩子的不负责，是不称职的父母，也可以说这种家庭教育依然不在"状态"上。家庭教育不在"状态"上也有一个原因是家长因为"面子"的问题所导致。各位家长朋友，家庭教育缺乏教育的状态，这种情况下教育的孩子能健康快乐成长吗？

家庭教育中，家就是土壤，孩子就是树苗，教育需要关注的是土壤、树根，土壤需要土质好，需要有营养，父母的素养就是保障土壤的营养及成分。所以在家庭教育中，父母要从这个成分入手，从自身的素养、智慧及家风入手，而不是一味关注树苗如何长大、怎样才能长得漂亮而随意在给树苗修剪、嫁接、移接，更不能拔苗助长。家庭教育的核心内容是"养"孩子的心，以心养心。在这个过程中家长要注意方法、技巧；家长要学会坚持原则、守住教育的底线；要站得高看得远看得广。往往浮躁的家长、家庭氛围，自私自利、急功近利的家庭教育出来的孩子或多或少也会浮躁的，所以我们的教育只要做到"点"到就好，剩下的就是等待，耐心地等待，静待花开。有专家这样说：所有的教育是三分点悟，七分等待，不需要忙活太多。整个教育过程中，家长、老师不需要做太多，关键是要抓到教育的"点"上和学会耐心地等待、观察和思考。

孩子特别内向，胆小、霸道、强悍，习惯不好，习惯强占他人玩具，不如意就大喊大叫，字写得不好又不喜欢阅读，不爱学习、兴趣不广泛等，这些可以说都是让家长头疼的问题。有些家长觉得自己是高才生、性格好，人缘也好，这种现象绝对是孩子的问题，从来就不从自身找问题，而是习惯从孩子身上去找原因，从不会看到父母自身存在的教育问题，这就是家庭教育的缺陷。其实，孩子有小问题再正常不过了，因为他们毕竟是孩子，需要在不断犯错中有老师（父母、教师、贵人）的"教"与"导"，"领"与"陪"，有过程有方向有目标，形成合力帮助孩子不断在修身正己中成长。大多数父母缺乏这方面的思考，而是给孩子贴标签，单纯认为是孩子有问题，而看不见其实背后是有父母自身的问题。

父母教养孩子的重任是学以致用，以身垂范，重视示范，传递正能量，对孩子

安身立命的教育与陪伴，承担着孩子获得追求幸福的能力，懂得大事有智慧，小事懂糊涂，善于选择大平台成长自己，与优秀的人为伍、和靠谱的人共事、同懂自己的人相处，提升自身格局。有些新闻报道说，家长带着年幼的孩子乘坐地铁，趁着工作人员不注意，让孩子从闸机下钻过，或紧贴在自己身前一起刷卡进站；还有在酒楼免费小吃、超市免费试吃柜台前，领着孩子吃个没完；看到公共卫生间放置的卷纸，卷得多多地塞进包里带走；带孩子出去玩，为了不给孩子买门票告诉孩子故意低一点……看似精明，结果却培养出了一个小事精明、大事糊涂，最终算计父母和身边人的孩子。所以，家庭教育中父母的言传身教尤其重要，榜样的教育影响力无穷。

世上从来没有天生就"坏"的孩子，往往是父母的修养决定了孩子的教养。父母才是孩子的起跑线。为孩子好，为孩子的健康快乐成才，我们毫无疑问要从努力成长自己开始，才是给孩子最好的教育。俗话说：对孩子的教育不能输在起跑线上，就是不输在父母自身的修养、素养上，以及不输在父母对孩子正确的引领和合适的教育；让家庭教育永远保持在"状态"上，自然而然孩子也不会输在起跑线上了。有一句话说得好：只要我们还在努力，我们就会拥有人生无穷的可能。家庭教育也是如此！

第九十讲
从全国两会看家长的"焦虑"

各位家长朋友，孩子的健康成长，家庭教育，家长的焦虑，在 2022 年的全国两会中得到很广泛的关注，成为人大代表、政协委员关注民生的热点问题，尤其家长教育孩子的焦虑得到普遍的关注。从一线教师到人大代表、政协委员都关注着下一代教育的问题，关注着教育的未来话题，在聊家常、聊心里话中道出了家长的焦虑。

是焦虑于教育呢，还是因教育而焦虑呢？的确，我们可以看到当今家长真的很不容易，尤其自从孩子准备读幼儿园开始，家长就陷入了孩子教育的纠结与困惑焦虑中。希望孩子不要输在起跑线上，从还没读幼儿园就开始让孩子背古诗、识字、练字，甚至背圆周率，同时在同龄的家长中因自己的孩子能歌能舞、能文能背而沾沾自喜，充满了成就感、自豪感；有些家长认为孩子必须在最好的幼儿园，最好的学校读书，进名校，要求孩子必须进重点班，要求孩子必须跟学霸同桌、成为朋友，因而从孩子正准备读幼儿园就开始陷入了择校的纠结、焦虑，陷入择校的困惑旋涡中。给孩子报的兴趣班、补习班，从周一到周日都安排得满满当当。这些都

是围绕选校就读而"量身定制"的。有些家长说再苦再累、想尽一切办法也要让孩子读名校进重点班。家长多累啊，多辛苦啊，真的是该焦虑该纠结。但请问父母有没有考虑孩子的辛苦和压力呢？有没有考虑孩子的实际感受及需要呢？你报的兴趣班，学习班，请老师课后补课等究竟有没有征求孩子的意见呢？各位家长，我们希望孩子读名校进重点班这种想法合情合理，但我们必须看看孩子是不是真的适合读名校、进重点班。其实，所有学校都是好学校，适合自己的就是最好的选择，孩子能在这所学校有所进步，健康、开心快乐、阳光自信，这就是最好不过了。父母不考虑孩子的实际，盲目强加给孩子，孩子从小就背着这么重的负担，无形中也造成孩子的畸形发展，造就家庭教育的不愉快，孩子的不听话、叛逆。孩子越没达到预想的目标，家长就越来越困惑、焦虑、纠结。

家庭教育中父母为什么这样纠结，为什么这样困惑焦虑呢？家长的虚荣心、攀比心；家长的观念没更新；家长的学习，知识水平限制；家长的"三观"不同；家长的教育方式因人而异；家长与人沟通及交往的方式；社会的虚假广告、制造焦虑、贩卖焦虑；等等，这些都是导致家庭教育中家长的困惑与纠结，从而使家长患了焦虑综合征。

"家长焦虑"的背后，是"唯分数论"的指挥棒。教育，无论学校教育还是家庭教育，都不能过于注重分数。分数是一时之得，要从一生的成长目标来看。如果最后没有形成健康成熟的人格，那是不合格的。现在的孩子心理问题是比较多的，有的很小的孩子就出现心理问题。青少年阶段是人生的"拔节孕穗期"。今天的他们，身处"数字化、网络化、智能化"深入发展的时代，云端课堂打破了教育围墙，但那些"成长的烦恼"也不容忽视。所以我们对孩子的一切教育都要围绕孩子拥有健康的体魄、健全的人格这个中心，培根铸魂，启智润心。笔者坚持以活动为主线，以劳育美，以美养德，以德启智，我们永远在路上。

孩子的成长是不可逆的，父母的教育是有有效期的。教育是给生命提供一个空间，一个时空而已，给成功提供了一个成长的机会。成功不是教出来的。家长适当地陪伴，该放手就得放手，不能一直纠结在成绩上。人生的精彩有千千万，不要总以自己为标准。用过去、现在的标准去要求明天和未来孩子的做法，那是极其不明智的。各位家长，我们能不能阳光点，看开点，自信点，调整好自己的心态；我们能不能乐观点，健康点，换一种方式做父母，换一种眼光看问题，换一种思维做教育，也许我们会迎来不一样的风景。

江苏锡山高级中学唐校长所提到的让幼儿园的小朋友学会整理收拾东西比早识字重要，让小朋友多读书远比做那些阅读理解题更重要，很有道理。我们要培养孩子有生活的条理性，养成学习、阅读的好习惯，有规矩、敬畏规则，阳光自信、诚实守信，这些比成绩重要得多，这跟我之前说教育不能只看成绩，教育不能急功近利是相吻合的。他所倡导的教育就是培养学生是终身运动者，责任担当者，问题解决者，优雅生活者，培养健全而优秀的人格，赢得未来的幸福，造福国家社会。这与我所提出的培养学生"三趣四品质"，"三管六目标"，让学生具有幸福生活一辈子的能力也是一致的。幸福和美好未来不会自己出现，成功属于勇毅而笃行的人。教育也是如此。让我们一起携手努力，学习共奋进，相信你的孩子、我的学生一定会拥有健康快乐幸福的一生，拥有美好的未来。

第九十一讲
"双减"政策的落地，家长应如何应对

　　家长朋友，大家都知道，陆续出台了很多教育有关的政策，尤其"双减"政策的出台，"五项管理规定"的落地，更是大家关注及重视的，特别是家长们。我认为这些教育改革是非常好的，因为只有改革才能更好地体现出教育公平和减轻家长的辅导负担，消除家长的纠结与焦虑，才能更好地提高教育教学的质量，把空间还给学生，让学生拥有自主能力，确保学生健康快乐成长，学有所成。这也体现了国家对教育的重视，对青少年儿童成长的重视，真正体现了"从政治上看教育，从民生上抓教育"。

　　家长朋友们，"双减"政策落地，我们一定要以积极的心态接纳，以积极的态度学会"变"，也就是要学会换一种方式教育了。我们可以从以下几个方面去努力尝试。

　　首先，家长更要培养孩子的自主学习习惯。新的教育改革要求学生学会自律、自控、自觉、自信、自主、自立，所以，家长要把以前整天要求孩子学习的策略加以修正，要从孩子的自律性要求入手，用教育引导的方法，让孩子树立锻炼做事的

恰当方式和适度自觉。这也需要我们家长学会放手。不过当然不是放弃不管。

其次，家长务必要杜绝"三心"——虚荣心、攀比心、嫉妒心。要合理客观分析孩子的实际情况，接纳孩子的优缺点，要有方法和智慧去引导孩子养成奋斗之心、感恩之心、施恩之心、雅趣之心，心心相印，心心玉品，努力引导孩子"自我雕琢其本心而成大器"。否则，痛苦的是家长，伤害的是孩子。

再次，家长更要注重家校共育。"双减"政策的出台，家长不仅要更注重家庭教育，对孩子的教育引导要尽责任，同时也要加强与学校老师的沟通，全方位、多渠道了解孩子的情况，积极配合学校育人工作，更好营造家校共育的和谐氛围。

最后，家长可以尝试换位思考。家长可以想象，假如你是老师你会怎样做，假如你是孩子又会做什么。换位思考很重要，也许很多困难会由此迎刃而解。这也需要我们家长具备主动学习的积极性，不断与孩子一起进步，主动、虚心向孩子学习。这也需要家长要做到真正的、有效的陪伴，在孩子需要的时候能及时出现。家长朋友，能被需要是一种幸福。

各位家长，教育很难，但其实也可以很简单，我们可以从细节处、细微之处入手。我们可以营造阅读的氛围，创建书香型家庭；我们可以从阅读中学习文化知识，可以在阅读中改变孩子的成长轨迹。我们可以通过运动增进与孩子的感情与交流，以运动去培养孩子的意志品质，以运动养成较强的时间观念，以运动培养孩子学会情绪的调节，以运动去扩宽孩子的胸怀，以运动培养孩子的团队合作意识。

"双减"政策一定是好的，"双减"是政策，主体是学校、老师，核心是家长、家庭，共同体是孩子们。我们只有目标一致齐努力，共同献策于"双减"，才能共同构建幸福的"共同体"。当然，我们可以很好利用运动、劳动等"五育"融合，用体验式、项目式学习为"双减"的落实实施提质增效。

第九十二讲
"双减"政策的实施，家长可以这样做

　　各位家长朋友，这段时间，近年来国家对"双减"政策的实施力度较大，从国家到地方，乃至学校，都陆陆续续出台多项措施给予保障，也出台了很多指导意见。从家长朋友中了解到，现在孩子作业少了，周末不补课了，孩子好像无事可干，尤其周末，反而家长更焦虑了。其实，一个素质高的人，做事的动力来自精神。正义、善良、诚信、踏实、正直、毅力、顽强等品质都比学习知识更重要！缺少这些素质，即使能考高分，也会一事无成，这些新政的出台就是为了更好地让孩子拥有精神上的财富和品质。上一讲讲到家长如何应对，是从长远的目标及根本入手的，这一讲告诉家长具体怎样做。

　　首先，家长要下定决心更新观念，我们应该充分意识到"双减"政策的出台与实施是正确的，方向是对的，所以要坚定不移找准突破口，不能因为刚开始出现的不适应情况就开始动摇了。孩子作业少了，其实是给孩子更多的时间，根据自己的实际情况和兴趣爱好自由支配，自主学习。要让孩子多运动、多锻炼、多看书，每天多练字养心性，周末也可以让孩子好好学一学自己真正感兴趣的内容，开阔视

野。家长可以引导孩子在家或在小区每天坚持运动，亲子运动效果更好，可以设计每天的运动项目内容，做相应的运动打卡记录；周末可以与孩子商讨适当做些家务。但千万不能看到孩子作业做完了，没事干了，为了省事少操心，就让孩子玩手机，万一没处理好，很难解决矛盾。某位教师说，"双减"之后有了时间，"想干什么"和"能干什么"还是有区别的，所以我们务必改变以往的"想要孩子干什么"，要努力让孩子慢慢延伸到"让孩子想干什么"和"能干什么""喜欢干什么"，家长要努力为此创造条件。

我们都听说过，21天就基本能养成一种习惯，各位家长务必要抓好孩子开学的第一个月，在这一个月里要落实到每一天的要求，合理安排每一个周末。开学第一个月，是为整个学期打下坚实基础的关键期。从调整孩子的心态、情绪入手，注意家庭氛围和家庭环境的整洁性，生活规律，结合"双减"政策的出台和"五项管理"的落地，制定合理科学的作息时间和学习计划。家长每天晚上要督促孩子早睡早起，让孩子更快更好地进入学习状态。"双减"政策的出台，除了要求孩子有较强的自律性外，课堂的教学效果也很重要，为了提高课堂效率，要提醒孩子养成预习的习惯，敢于提问，学起于思，思源于疑，带着问题去听课效果一定更好；养成整理笔记、课后复习的习惯，提高课堂的专注力、适应力和思考力也是提高课堂效率的重要条件。课堂效率高了，学习就轻松了，学习的动力就有了，无形中也就形成了良性循环。各位家长朋友要明确"双减"不是减轻父母对孩子教育的责任。

我认为各位家长朋友任何时候务必重视劳动与运动，用"双动"促进"双减"的落实，多元创新驱动增效提质，努力做到有动有静，能动能静，以动养静，以静制动，动静相融。若能做到动静自如，何愁"双减"呢！何必纠结焦虑呢！此时我们只有其乐融融！

各位家长朋友，"双减"政策的出台，"五项管理"规定的落地，最主要的目的是让学习真正回归校园，让孩子有自主学习与发展的权利，这也不仅是学校的事，而且需要家庭教育到位，家校齐抓共管。

第九十三讲
"双减"政策下的家教，
家长从做好自己开始

　　"双减"，减少的是学生负担，而不是老师的教学质量和家长的责任，"双减"绝不是"放养"。"双减"不减责任！"双减"不减质量！"双减"不减健康成长！优秀的家长不在于学历水平的高低、文化层次的高低，而在于是否有责任意识。陪伴是责任，养育是责任，以身作则依然是责任。家庭教育中，家长应该给孩子树立好的榜样，从管好自己开始；在教育孩子前，家长要做好自己，以身作则。包括调节情绪、控制脾气、学习提升、营造良好的家庭氛围等。

　　我收到很多家长的来信，其中有孩子与家长的聊天内容，我看到了很多家长对孩子教育的重视，看到我的学生在家里也都很懂事，很棒；我也感悟到在家庭教育中，就和在学校老师教育学生一样，身为生范。同样，作为父母想要孩子做到的事情，家长更应该首先做到，也就是家长首先要做好自己，树立学习的榜样；家长更应该用包容的心去对待事与人，这无形中也是对孩子潜移默化的教育；家长对孩子的爱是无条件的，对孩子的付出及为孩子做的每一件事都要考虑孩子的感受及需要，千万不要想当然，强人所难，这样会适得其反。家长管不好自己，很多教育都是无效的。教诲是条漫长的道路，唯有榜样是捷径。

妈妈看书，孩子在一旁也拿起一本书看；爸爸在一旁玩手机，孩子也凑过去盯着手机看。我想这就是教育的反差，我们也可以想象这两种情况下孩子的平常情况表现。在教育的道路上，家长的一言一行，孩子都会照单全收，然后从他们的视角，用行动和态度将真相粗暴直接地展现在家长面前。要管好孩子，家长首先要做好自己，管好自己。否则，家长越管就越头疼，孩子就越来越叛逆，不听教导。尤其在"双减"教育环境下，家长更应该时刻管好自己的一言一行，因为时代变了，我们也要学会与时俱进，学会适应，学会变通，学会进步。

大家都知道，"双减"政策的出台，更要重视加强家校合作，同时更要加强家庭教育氛围的创建与家长责任的明确。各位家长要不断努力营造这样的家庭氛围：首先，营造积极支持配合老师和学校教育的家庭，家长和老师保持默契配合，是好的教育的起点。其次，梁启超曾说过："以趣味为根底，凡人必常常生活于趣味之中，生活才有价值。"所以我们要营造兴趣广泛的家庭氛围，让孩子浸润其中。爱好众多，多才多艺的孩子综合素质会更突出，将来会更有出息。营造书香气息浓郁的家庭氛围，让读书、写字成为孩子的习惯与追求。营造爱运动的家庭氛围，柏拉图曾说：身体教育和知识教育之间必须保持平衡。运动是孩子成长路上的最佳助力器，运动让孩子更加优秀，家长不必担心因运动而影响孩子学业。有效的陪伴是一种教育，家长被需要是一种幸福，所以要营造用心陪伴及守规矩、敬畏规则的家庭氛围。没有天生的懒孩子，只有不舍得用孩子的"懒"父母。懂得适当放手，不包办，让孩子尝试做力所能及的事情，让孩子学会做家务，有意识地培养孩子的自理能力。

各位家长朋友，"双减"政策的实行，无疑对家长提出了更高要求。家长应尽快转变思想，更新观念，全力配合学校，更加深入地了解孩子成长需要，使其未来更有明确的方向。当然，我们要记住，我们作为父母要先做好自己，树立榜样，用心教育，用心陪伴，跟孩子一起成长，一起进步。为人父母以身作则，孩子自然会不断向父母靠近，孩子就会变得越来越优秀。

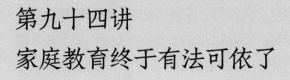

第九十四讲
家庭教育终于有法可依了

各位家长朋友，本讲谈谈《家庭教育促进法》。

2021年10月23日，十三届全国人大常委会第三十一次会议通过了《中华人民共和国家庭教育促进法》，于2022年1月1日起施行。在《家庭教育促进法》实施后，家长必须在"依法带娃"的同时，对孩子的成长也要有更理性的期待，为孩子规划适合的成才道路，将其身心健康、人格健全放在家庭教育的首位。《家庭教育促进法》贯彻落实习近平总书记关于注重家庭家教家风建设的重要论述，通过制度设计采取一系列措施，将家庭教育由传统"家事"上升为新时代的重要"国事"。同时，贯彻落实《关于减轻义务教育阶段学生作业负担和校外培训负担的意见》，真正实现学校教育和家庭教育相互配合、融合。家长从现在起就要好好学习这个法，做到知法、懂法、守法，做到智慧教育、用心陪伴孩子，促进家庭和谐，孩子健康成长。

家庭教育有广义和狭义之分。广义的家庭教育是家庭成员之间的相互教育；狭义的概念是传统意义上的家庭教育，是指父母或者其他监护人对未成年人实施的道德品质、身体素质、生活技能、文化修养、行为习惯等方面的培育、引导和影响。《家庭教育促进法》精准定位于未成年人的健康成长，其更加强调家庭中要注重亲子陪伴与亲子活动，要加强发挥父母双方对孩子的教育作用，强调家庭教育中夫妻的共同责任，父母更要做到言传身教，尊重差异，平等交流等，哪怕夫妻离婚也要履行监护及教育孩子的责任。

《家庭教育促进法》明确了父母或者其他监护人的责任：一是遵循未成年人成长规律，树立正确的家庭教育理念；二是应当与中小学校、幼儿园、婴幼儿照护服务机构、社区密切配合，积极参加家庭教育指导和实践活动；三是父母分居或者离异，应当相互配合履行家庭教育责任，任何一方不得拒绝或者怠于履行；四是依法委托他人照护未成年人，应当定期了解未成年人学习、生活情况和心理状况，与被委托人共同履行家庭教育责任；五是合理安排未成年人的学习、休息、娱乐和体育锻炼时间等。

家庭教育的内容主要包括：一是培养中华民族共同体意识和家国情怀；二是培养良好社会公德、家庭美德和个人品德；三是培养科学探索精神和创新意识；四是培养良好学习习惯和行为习惯；五是培养自我保护意识和能力；六是培养热爱劳动的观念；等等。

各位家长朋友，家庭教育终于有法可依了。"促进"两个字突出了家长的主体地位，社区、妇联等单位也要积极协同，整合资源，为家长赋能，共同关注青少年一代的健康成长。《家庭教育促进法》实现家庭教育由以家规、家训、家书为载体的传统模式，向以法治为引领和驱动、以社会主义核心价值观为主要内容、以立德树人为根本任务的新模式迭代升级。当然，家庭教育的主要责任在家庭，国家也不会过度干预，但需要一定的支持措施和监督机制。家长务必认真学习、领悟，要遵法守法，要担当起教育的责任，也要智慧育儿，毕竟家是每一个家庭成员温暖的港湾，是讲情的地方。

在"双减"政策落地，《家庭教育促进法》实施的背景下，我更提倡家长要重视给予孩子适当的劳动任务，做力所能及的家务，实现劳动育人，同时家长还要引导孩子与体育、阅读结为终身的朋友。当然，《家庭教育促进法》的颁布实施，不单是家事成为国事，更是调动全社会的力量、资源协助父母开展家庭教育，给予父母力量与方法。

第九十五讲
"同心圆"构筑幸福"共同体"

各位家长朋友，一提到做家长，大家都会感觉到很难，充满焦虑、迷茫、困惑。

家庭教育与学校教育密不可分，学校教育重要，家庭教育更重要，学校教育需要家庭教育的支持。家长和学校处于一种什么样的关系之中比较合适呢？是一种真正互相理解、互相支持的关系，还是一个表面和谐、实则对立，有很多冲突的关系呢？学校教育与家庭教育要厘清边界，做到不缺位、不越位、不错位、不退位。我觉得家校共育就是要有共同目标、有着共同的体验，那就是用"同心圆"原理，构筑幸福"共同体"，"同心圆"的半径所体现的就是孩子生命的张力。

在家庭教育中，家长朋友要努力做到以下 11 点。

（1）回归。要让家庭教育真正回归。回归就是遵循教育的规律。要让孩子真正回归家庭的生活，回归学校的学习。

（2）合力。家和校，父母与老师要一致，夫妻教育孩子的意见要保持一致，大家要形成一种合力，教育是需要融合的、相融的。

（3）有真正的"爱"。"爱"是无条件的，给孩子更多的"爱"，学会接纳不完美的孩子，学会合理表达自己的情绪，选择信任、相信孩子。

（4）换一种方式。换一种方式做父母，换一种方式进行家庭教育，同时学会换位思考，学会与孩子共情。

（5）阅读。让阅读改变其成长的轨迹。共创亲子阅读，构建阅读型家庭。大家要记住：家长看书时、阅读时的样子是最美的，这可以给孩子做榜样。

（6）适当的劳动。要发挥劳动育人的作用，适当让孩子做一点力所能及的家务。家长不要以促进孩子学习，提高孩子成绩为借口包办一切，剥夺孩子独立、锻炼成长的机会，要让孩子养成做家务劳动的好习惯。家长不用担心做家务会影响孩子的学习，影响孩子的成绩，其实，合理的劳动教育会促进孩子的学习能力和综合素质，提高孩子学习、做事的效率，提高他们的专注度。

（7）书信。书信其实也是很好的用来传递教育、弘扬好家风的好方法。不方便说，难于开口的事可以用书信表达，用这种方法既可以达到教育的目的，又可以起到教育渗透的作用，达到共情与浸润的目的。但大家千万不要用手机微信发过去，这种方式缺乏真正的亲情温度和用心的，最好是父母亲手书写的，可以定期或不定期，或者偷偷给孩子，这样可以给孩子带来一些惊喜。

（8）注重仪式感。日常生活中，要注重仪式感，要精心设计生活仪式，进而迁移到学习的仪式中，可以从一次简单的家庭聚会开始，可以从最美书桌开始。有了生活的仪式感，无形中是在营造融洽的家庭氛围，也是在培养孩子的生活态度。生活有激情，工作态度、学习态度肯定好。

（9）自觉提升自身学习。家长要自觉学习，要与孩子同进步，要主动自觉向孩子学习，这样才能真正走进孩子的心里，了解孩子的需求，才能真正与孩子成为朋友。

（10）请尊重对自己孩子严格的老师。家长不能拆老师的台，不能说学校、老师的坏话，哪怕有不同观点、不同意见也不能当着孩子的面讲。要始终与学校、老师结为同盟，保持统一战线，站在一起。

（11）请善待、尊重自己的孩子。

各位家长朋友，孩子不同的年龄特点，家长不同的角色定位，也蕴含不同的成长秘密。一般而言，孩子 7 ~ 12 岁，家长是走到孩子前面，教会孩子明辨是非，从而促进孩子健康成长，这是家长引领方向，守护成长。当孩子在 12 ~ 15 岁时，家长是站在孩子身旁，真正做到陪伴与共情。当孩子 16 ~ 18 岁时，此时家长应该是站在身后，守望相助，守护成长。

第九十六讲

再谈"双减"背景下，
家长的"减"与"增"

　　各位家长朋友，关于"双减"政策及《家庭教育促进法》的出台落地，在前文我已经谈到家长应该怎样应对，本讲继续谈谈关于这方面的问题。

　　"双减"政策已经出台，《家庭教育促进法》也已经出台，各位家长朋友应该更清楚看到家庭教育中自己的责任，也更应该明确家庭教育的方向及目标！"双减"政策出台以后，校内将不断减负，校外培训机构也逐步退出，家庭教育的重要性会更加凸显！其实，无论是"双减"政策，还是《家庭教育促进法》，都说明这些在教育上是急迫需要的，家庭教育从此"有法可依"；"双减"政策实施后，家长不能再当"甩手掌柜"，家庭、学校共同承担起教育的责任。

　　我们依然还是强调在"双减"的大环境下，应该不减父母的责任担当。"双减"之后，家庭教育更要及时补位。父母更要提高认知，父母的教育更要全面。教育，不能光靠老师，家庭教育非常重要。"双减"以后，父母不能再唯分数论，要想办

法提高孩子的综合素质和应变能力，要真正培养孩子的独立人格、自由思想、生活能力、创新意识等。

"双减"政策的出台，教育回归，家长更应该从小培养孩子的习惯，包括学习、生活、待人接物等。减负增效从培养好习惯开始。父母应该重点培养孩子独立生活的习惯、自觉学习的习惯、专注做事的方式，让孩子学会坚持、做事有计划、学习有方法，培养孩子惜时守时的正确时间观念。此时，家长就更要下定决心更新观念，从小为孩子的学习与成长打下坚实的基础。

"双减"政策的出台，教育回归，父母高质量的有效陪伴显得非常重要，父母的有效陪伴能够带给孩子的安全感。父母不懂高质量陪伴、有效的陪伴，对孩子的教育事倍功半。同时，爸爸"教"和妈妈"育"要合二为一，只有这样孩子才能健康幸福成长。其实，父母把时间花在哪里，未来孩子就会在哪里有收获。《孩子》杂志执行总编、广东省家庭教育讲师团副团长祁丽珠女士认为，应给孩子有温度的陪伴——陪吃，重在生活的仪式感；陪玩，寓教于乐，归还孩子玩耍的权利，呵护其学习兴趣和好奇心，让孩子开动他的"小马达"；陪聊，重在立志而非立欲；陪学，重在共同成长而非监督孩子学习。我很认同她的观点，家长的有效陪伴可以改变孩子的成长轨迹。祁丽珠女士指出，"双减"背景之下，面对青春期的孩子，家长最该做的是"守望"，学会把自己的嘴巴"闭上"，不要做"战斗型父母"。各位家长，此时我们应该有所学，有所思，有所为了吧！如果我们人人都能做到如此的自然，哪怕"多减，三减，一减，零减"，我们也依然淡定自如，也不会因此而焦虑，困扰，迷惑，疑虑了。

各位家长朋友，一个孩子最大的幸运，莫过于既拥有恪守职责、眼中有光、心中有爱的老师，又拥有以身作则、心中有爱、永不缺位的家长。

第九十七讲
家庭教育，家长不用焦虑

各位家长朋友，乘着2022年《家庭教育促进法》这股家庭教育的春风，有其保驾护航，有其为家长的自觉学习赋能，给予有效的陪伴，我们心里就会踏实，孩子就会在良好环境的孕育下自然成长。同时，新的一年，我们将有很多举措帮助家长，赋能家庭教育，送法到家、到父母身边，引导家长科学教子，支持家长履行家庭教育责任，把法律规定转化为家长的自觉行动；推动家校社协同育人机制落实，推进家庭教育指导服务体系建设，不断提升指导服务水平，更好地满足家庭教育需求。让我们一起努力，托起明天的太阳。愿我们能够减少家庭教育的焦虑，不再无效无理焦虑，保持平和心态，也希望孩子也不会再凭空被焦虑。

孩子健康快乐，家长就安心踏实，家庭就和谐幸福，社会就安定团结！作为一名教育工作者，从事这样一份有意义的工作，特别充实，特别幸福！我称自己是"校长爸爸"，因为我看到了孩子的天真可爱，也想以此带动家庭中的爸爸们多多参与到孩子的教育中。孩子的教育是父母双方共同的责任，爸爸不能缺席。几年来，我认为我的付出是值得的，因为看到小朋友的快乐成长；我是幸福的，因为能够陪

伴他们成长。各位家长，一起参与进来，努力陪伴孩子的成长！

各位家长朋友，其实，有时即使有适当的焦虑也不用太紧张，也很正常，只要不因焦虑而焦虑就可以了。焦虑也许会永远存在，关键是我们怎样看待与调节，取决于我们自己的心态。在家庭教育方面，焦虑源于孩子的成长现实与父母的期待之间的差距，而这个差距也会是永远存在的。其实，我每天也会焦虑、感到有压力，那就是我每天牵挂着每一个孩子的学习、生活，担心他们出这样那样的问题，同时有一个个的要求、一条条的规定、一项项的政策来到校园，这些都是我焦虑的源头。但我不会因焦虑而不为，我只有选择努力，实现目标，缓解焦虑，同时也自己下一次努力找到理由。家长不妨也这样，父母多关注孩子的成长，让孩子感受到自己的学习和生活都受到父母的重视与关心。

望子成龙、望女成凤是每个父母的正常心理，但如果我们始终按照百分之百的理想达成度去要求孩子，那永远是什么也得不到的，反而焦虑会越来越严重。我们是否能降低点要求呢？当孩子达到了一个小目标，我们再慢慢适当增加要求？如能否先用百分之六十的满意度来要求、看待、激励孩子呢？也许此时，孩子会让你有意想不到的收获与惊喜，说不定孩子已经自觉做到了百分之八九十了呢？我跟学生讲，如果真学不了，那就请你做一个好人，做一个对事认真、对生活积极、善良人的就可以了。这些看似我对成绩无所谓，但实际上反而会有意外收获、惊喜！

各位家长朋友，我们要接受孩子成长带来的焦虑，不要怕，也请不要拒绝，关键要合理、科学看待焦虑。我们要不断调整对孩子成长的期待，因为有了孩子，我们才能够成为家长，我们要感谢、接纳他们，因为他们，我们更要终身学习，尝试更新观念，调整心态，调节情绪。在我们的内心深处，孩子是我们的一切、是全部，但如果我们不真诚聆听孩子们的心声，他们的每一次厌倦、每一份逃避、每一次不屑与叛逆，都会给我们带来更大的焦虑，而他们也就无形中被带入焦虑了。不再焦虑是一件事关父母育儿质量的大事，但愿我们都能认真对待。

第九十八讲
每一个孩子的降临，都有着他的使命

　　各位家长朋友，其实，每一个孩子的降临，都有着他的使命，而作为父母都要感谢那个甚至愚笨的孩子，我们更应该感谢大家不愿意接受和认可的那些不出色、不优秀的孩子，为什么呢？也许这些孩子长大以后，更会懂得家长对他的不离不弃，对他的良苦用心，说不定他更会感恩父母。

　　电视剧《人世间》中，周家有三个孩子。大儿子周秉义，从小聪明伶俐，刻苦好学且有主见，不管是上学还是当兵，都是佼佼者；女儿周蓉，漂亮有才华，在校期间一直都是学霸，她的心里有坚定的信念、梦想和追求；小儿子周秉坤，老实憨厚，从小成绩远不如哥哥和姐姐，家庭里的大小事情，照顾父母，孝顺父母都是他一个人，有多大的困难都是自己扛。他认为这些是他的责任，哪怕哥哥、姐姐的缺席，他也从来没有埋怨过。照顾爸爸妈妈，他也从来没有喊过累，没有偷过懒。他没有多么远大的追求和理想，一心只想着照顾好父母、妻子和孩子，把简单的日子过得一天比一天好。他用自己的憨厚、善良、责任担当成全了哥哥、姐姐的成功人生，撑起了整个家，给了父母一个安稳、愉悦的幸福晚年。各位家长朋友，尽管周

秉坤从小不是很出色，不是很优秀，但他长大后依然有担当，有作为，这也是他的人生使命，哥哥姐姐也有各自的人生价值。所以，每一个孩子的降临，都有着他的使命，我们都要感恩每一个孩子，无论如何都要感恩自己的孩子，我们把他带到这个世界，就要毫无怨言地让他有"精彩"的人生，发展他的社会性，让他在不同场合、层次去履行与生俱来的使命。

现实中，很多家长最怕家长聚会，因为总会碰到有些家长在说自己的孩子优秀，总感觉自己的孩子不如别人，总觉得别人的孩子怎么就那么听话、优秀，其实这是心理作用，这是一种攀比，我们也要看到自己孩子的优点。心理学有一个自我暗示理论，如果认为自己的孩子不好，孩子就会真的很差，所以家长在这种场合就觉得没面子、沉默、焦虑，回到家就自然而然责怪孩子，缺乏耐心，无形中家庭教育就陷入了焦虑与困境中。孩子在打击中成长，慢慢就会缺乏自信与安全感，缺乏对生活、工作的积极态度。我们要明白，也许有出息的孩子会为了更远大的抱负，奔赴属于他们的远方；没出息的孩子却能时常陪伴在身边，带给你平凡的幸福。当然，我们不能用单一的标准去衡量孩子的好与坏，也不应该鄙视平凡。相反，我们应该欣然接纳孩子的不完美，接纳孩子的平凡，无论孩子聪明还是愚笨，优秀还是普通，乖巧还是调皮，我们都要无条件地接纳。

各位家长朋友，记得周国平曾经说过："人世间的一切不平凡，最后都要回归平凡，都要用平凡的生活来衡量其价值。伟大、精彩、成功都不算什么，只有把平凡的生活真正过好，人生才是圆满的。"其实，我们都希望我们的孩子能够出人头地，有出息，这不为过，可是我们也必须看清一个事实：99%的孩子最终都是会走向平凡，其实这才是真正的不平凡。如果你的孩子天生优秀，卓尔不群，那就请我们做开明的父母，放他远走高飞。相反，如果你的孩子始终平凡无奇，那就请努力放平心态。让我们好好珍惜与孩子的相处时光，真心好好抱抱身边那个看似愚笨、不怎么争气的孩子！或许不久的将来，他们会给我们惊喜，让我们看到他的使命担当，到那时，我们还都得感谢他。最后推荐大家阅读文章：《我的学渣儿子，妈妈相信，你是来报恩的》，也请各位家长朋友记住：每一个孩子的降临，都是带着他的使命的。

第九十九讲
寻求有意识与无意识之间的教育平衡

各位家长朋友，本讲我们一起探讨关于有意识与无意识之间的一种教育。近期，我在思考家长、老师对孩子教育的方式及目的。我认为，很多孩子尤其年龄更小的孩子，他们犯错或调皮不听话，都是无意识的，我们应该相信，几乎很少有孩子或年龄稍大的孩子天天故意表现不好、犯错，所以我把它称之为无意识的犯错行为。但往往我们家长、老师恰恰就以有意识的标准进行有意识的批评、教育，目的非常明确，这样就很难达到教育与接纳的平衡，孩子从内心很难接受、服气，要真正改变估计也难。于是经常会出现一种反复，家长、老师就继续说教、批评，无形中教育就出现了恶性循环。我认为教育要寻求一种平衡，要在有意识与无意识之间寻求策略、寻求平衡，也就是寻求一种有意识与无意识之间的教育。我反思这几年的管理与教育，恰恰就是在有意与无意中去开展的，也收到很好的成效。

有一个朋友和我聊天说起他单位的一位同事。这位同事的孩子是我们学校首届、毕业生，在小学阶段就比较调皮，学习不认真，成绩一般，经过三年初中的学习、生活，结果中考考得不错，被一所比较有名的区属高中录取，现在高一的成绩

也不错，这个家长开心又自豪地说：我这样的儿子，三年初中后都能考上这所高中，这个学校行，老师行、校长行。我听了这番话后很高兴，更觉得我的教育理念及目标是正确的。假如，这个孩子从小就不喜欢学习，又不听话，到了初中，如果我们依然很明确地教育他，要他听话，必须认真学习，我相信效果不一定行。恰恰就是我们用不一样的方式去引导他，既然他不喜欢学习，我也就不再跟他谈学习与成绩，而是用环境、氛围、兴趣无形中去引导他要遵守规矩，要学会听话。这样一来，让他感到初中跟以前的环境大不一样，老师、校长的说教方式不一样，慢慢地就打消抵触心理，学会接纳，转化为自己的行为，自觉去努力做好。各位家长，学习、听话、乖巧这些就是大家必须有意识的想法及明确的目标，我采取的是无意识的行为，避开有意识的想法，收到很好的教育效果，这就是有意识与无意识之间的一种教育。

几年来，我很自豪的就是学校自开办以来，无论什么时候，我们学校的校道和周边都很干净，无垃圾，学生的行为习惯、卫生习惯都很好。每天学生跑步、打完球、下完棋后都会自觉地把衣物、杂物、垃圾带走。同学们为什么会这么自觉、有这么好的习惯呢？因为我们创设了好的环境氛围去熏陶，开始进行无意识的引导，养成了人人自觉的习惯。干净、整洁、同学们的良好卫生习惯就是我的明确要求，这是有意识的要求，而他们顺手丢垃圾，是无意识的行为。如果我不寻求一种两者的教育平衡，我相信会很累，效果也不明显，成天就是小猫与老鼠，警察与小偷。这就是介于有意识与无意识之间的一种教育。有很多学生在校的卫生习惯很好，可惜回到家就没有这种自觉了，家长要好好反思一下。有人说，一个家庭的最好状态就是"干净"，我们做到了吗？我想，只要做到了，孩子的良好习惯就一定会形成。因为家如明镜，所以照见生活，就如《弟子规》中所说："房室清，墙壁净，几案洁，笔砚正。"干净的家，不仅藏着一个人的福气，保持安身之所的干净，是对自己的尊重，也是对生活的尊重，更预示着一个家庭中孩子的行为与品质，关乎家庭的未来。这也是家庭教育中的有意识与无意识。

各位家长朋友，我想说的是教育要改变，先从自身改变，不急功近利，要善于寻求教育中的有意识与无意识，在有意识与无意识中寻求一种教育的方式及途径，达到教育的一种平衡。

附录　家长分享

未来的家庭是怎样的

对大部分人来说，家庭是我们最亲密的人脉网络，由我们始终热爱、对我们了如指掌、在需要时能提供可靠支撑的人组成。但对有些人来说，家庭却让他们饱受痛苦。

我希望未来的家庭里都有合格的父母。

1. 父母言传身教

现在部分家庭的教育是"缺失的父亲＋焦虑的母亲＋失控的孩子"。孩子对于父母教育的渴求，是任何人都比不了的。家庭是人生的第一课堂，父母是孩子的第一任老师。孩子的良好品质，不是从书本上学来的，而是来源于父母的言传身教。孩子的行为习惯，不是老师说了他就会学好，而是根植于日复一日对父母的模仿与学习。父母是孩子最好的老师，陪伴是给孩子最好的教育。家庭教育涉及很多方面，但最重要的是品德教育，是如何做人的教育。也就是古人说的"爱子，教之以义方"，"爱之不以道，适所以害之也"。青少年是家庭的未来和希望，更是国家的未来和希望。俗话说，养不教，父之过。家长应该担负起教育后代的责任。

2. 父母和孩子平等相处

孩子不应该只有听话的权利，而没有与父母对话的自由。两代人对话与沟通的前提是民主、平等，确立彼此尊重的亲子关系。很多父母只重视学习成绩，面对孩子的成绩，喜欢打击孩子。"为什么这么简单的题都错！""你到底有没有脑子？""你看看别人，还有理由了！"长此以往，孩子便不愿意与父母对话和沟通。

3. 父母尊重孩子的兴趣爱好

每个孩子都有自己的兴趣爱好，有的爱好很正面，如看书、打球，也有的爱好很小众，如喜欢昆虫、爱写小说……不少父母会根据功利性目标，将孩子的爱好分类，对于那些有利升学的爱好，给予鼓励，对"有害"升学的爱好，则毫不留情地制止。实际上，只要不违背社会公德，父母应对孩子的爱好给予充分的尊重。父母应该学会换位思考，理解孩子，多鼓励和引导孩子。古人云：人无癖，不可交。有些爱好，虽然不能改变人生的轨迹，却能丰盈生命。一个有爱好的人，他的生活必定是鲜活的、生动的；他的精神也必定是充实的、幸福的。

正如习近平总书记所说的：家庭是社会的基本细胞，是人生的第一所学校。不论时代发生多大变化，不论生活格局发生多大变化，我们都要重视家庭建设，注重家庭、注重家教、注重家风，紧密结合培育和弘扬社会主义核心价值观，发扬光大中华民族传统美德，促进家庭和睦，促进亲人相亲相爱，促进下一代健康成长，促进老年人老有所养，使千千万万个家庭成为国家发展、民族进步、社会和谐的重要基点。

未来的家庭教育会是什么样的

国家越来越重视家庭教育，是时代的进步，改善孩子们的生长环境，是全社会都应该重视的大事。

从小的方面讲孩子是一个家庭的希望，美国的家庭治疗大师维珍尼亚·萨提亚女士讲过一句话：任何的成功都无法弥补教育孩子的失败。父母是孩子的第一责任人，养育孩子这件事没办法假手他人。从大的方面讲孩子是国家和民族的未来，少年强则中国强。培养一个对社会对国家有用的人才，也是为人父母的骄傲。

我的理想是培养一个内心丰富、有趣、幽默、乐观、有强烈的学习欲和探索欲、有卓越的专业能力、身心健康、懂得爱自己也懂得爱别人的拥有幸福能力的孩子。

我的家庭育儿经验

很多人都夸我的孩子有学霸基因，但是我觉得更为重要的是选择！

第一个选择是当全职妈妈。

我大学毕业就结婚了，婚后没多久就怀孕了，孩子爸爸跟我商量让我辞职，我也觉得孕育孩子是最重要的事情，回家当了全职妈妈，一当就是五年。

孩子生命的前三年，是他建立跟父母的依恋关系、构建他内在的安全感和价值感、秩序感的关键时期，我认为这个时期我们要尽力给足孩子爱、陪伴、安全感，积极关注、正面鼓励和认可。

第二个选择是教育上的投入。

孩子两岁的时候，我们就开始接触幼儿教育，想为孩子选择一个好的幼儿园，很幸运我们看了孙瑞雪老师的《爱和自由》，不仅孩子幸运进了孙瑞雪老师的爱和自由幼儿园，我也开始学习心理学知识。爱和自由、规则与平等的教育很赞，孩子在幼儿园里不仅度过了快乐的、有爱的童年，还充分开发了他的天性，培养了数学思维，空间感构建得很好，秩序感、尊严感、道德感也都建立得很好。

小学时为孩子选择了私立学校，这个学校的重视英语和数学教育，我在学校所在小区租了房。孩子在这个学校里数学的天分得到了很好的发展，同时英语也学得很好，但是语文稍差。他在这个学校里读到五年级，在爸爸的强烈要求下，孩子在六年级转入了公立学校，语文成绩也提高了。然后幸运摇号进了理想的初中，遇到了喜爱他的老师，进了很有爱和阳光的班级，从此学习热情更高。

公立学校和私立学校各有优势，很幸运，孩子很好地适应了不同的环境，也吸收了各自的优势资源。但我接下来要说的是第三个选择，这个选择也尤为重要。

第三个选择是良好习惯的培养。

一是早睡。可能是我自己小时候没条件早睡，留下一些缺憾，我对早睡这件事

盯得非常紧，我的孩子从小就被我培养了早早睡觉的习惯，小时候是九点半前，长大了是十点前，最迟不能超过十点半，孩子很遵守这一点。无论春夏秋冬，都是十点半前睡觉，六点起床，他几乎不赖床，自己睡，自己起，自己上学，很自律。

二是独立完成作业。我从来不陪孩子写作业，提供好的环境是父母的事，好好学习是孩子自己的事。孩子从小到大都是自己管理自己，他爸爸偶尔会辅导一下数学作业。

三是专注力和对学习的探索欲。从小我们很注意保护孩子的天性，孩子学东西非常专注，很容易一头扎进去，不太会受到环境的影响。他喜欢的东西，会自己去研究，比如数学和编程。同时他自学能力非常强，比如他自学了所有剪辑软件，学编程的时候他看了大量视频和很厚的编程语言类课本；他小时候痴迷过乒乓球、羽毛球，现在又痴迷篮球；他会泡在球馆，不停练习，在学习和练习中不断去琢磨，不断去提高自己，他还会看各种篮球视频学习技巧，走在路上也会模拟投篮。他的运动天分很好，他说，会运动，才会学习！他也学过网球，也打得不错。各种棋类游戏、电子游戏、音乐游戏他也玩得不错，孩子对学习（不仅仅是语文、数学、英语）保持了强烈的探索欲，肯花时间去钻研。我们不强迫他学习任何一种技能，但是只要他感兴趣、想要学习的，我们都全力支持，爸爸也会经常带孩子去运动，去探索大自然。

四是鼓励多于批评，认可多于打压，给孩子正向的、积极的关注。

我们不是完美的父母，也没有办法做完美的父母，孩子成长过程中或多或少都会有伤害，这是避免不了的，有时候受到一点挫折也是好事，毕竟，哪有一帆风顺的人生呢？

最后，借用美国家庭治疗大师维珍妮亚·萨提亚女士的一句话，与各位父母共勉——无论国王还是农夫，只要他家庭和睦，就是世界上最幸福的人！想要让孩子成为一个幸福的人，我们自己也先要成为一个幸福的人！

从"强权高压"到"携手共进"

教育儿子是父亲义不容辞的责任，也是父亲的一场修行，需要倾注心血和智慧。在陪伴孩子成长过程中，我走了不少弯路，目前仍然在教育儿子的路上摸索前进。相关经历分享给大家，以资共勉。

1. 儿子问题产生由来

至今清晰记得，当初接到执信琶洲中学录取通知书的时候，全家都异常高兴，关键是儿子自己非常喜欢执信琶洲中学。儿子小学期间总体表现不错，初中有了"喜欢"这个良好开端，我想一切应该都会挺好的。

但是，我的想法太过简单和美好了。进入初中后，儿子表现急转直下。最直观的表现就是成绩直线下滑，初中一年级历次考试成绩，一次比一次差。伴随成绩下降，其他问题也相继而来：迷恋上了玩游戏，如痴如醉，难以自拔，偷偷给网络游戏充值数千元；喜欢阅读，但读的基本都是科幻、武侠等娱乐性小说；习惯了撒谎，汇报情况经常报喜藏忧；住校期间，开始抱怨种种不好和不适应；与人交往，似乎也少了些阳光自信……一个问题儿子就这么产生了。

2. 调整改进教育策略

在儿子成绩不理想的初期，和大多数家长的做法基本一样，我采取聘请课外老师的办法应对，而且为了节约时间、提高效率，请老师到家中单独辅导。但是，辅导一段时间后，学习成绩竟然越来越差。课外辅导不见成效完全出乎我的意料，问题到底出在哪里了？我一下子感到束手无策。

常言道，儿子都是自己的好。对儿子曾经有过许多设想，但绝对没有想过会变成这个样子。面对儿子的问题，我无计可施，焦虑随之而来。焦虑曾一度让我失

眠、血压升高，脾气越来越坏。与焦虑相伴而来的还有对儿子的迁怒，我撕过儿子的作业本，严厉批评更是家常便饭。每次发生冲突之后，看着儿子坐在那里无助地掉眼泪，作为父亲真是生气、心疼，又无奈。父子关系越来越僵，越来越难以沟通。

焦虑和愤怒于事无补，儿子的教育问题总还是要想办法解决的。"能者智多，愚者气多"，关于打骂儿子，我也知道欠妥，也挺后悔和自责的，经常暗暗自我提醒：调整心态，控制情绪，不发火、不发火，一定会有办法的（现在虽然偶尔还有训斥，但已改进很多）。后经多方求教、多方交流，结合儿子和家庭实际情况，我重新调整了教育儿子的策略，总原则是在改善父子关系、戒除不良嗜好、支持兴趣爱好等方面用力。教育儿子的新策略从初一下学期期中考试之后开始实施，并适时调整。当学期就见到了成效，虽然期末成绩不如预期好，但开始止跌回升了。

3. 缓和关系亲自辅导

父子关系僵持，不能有效沟通，一切无从谈起。冷静下来后，我先从缓解父子之间的紧张关系做起。初一下学期期中考试之后，我与儿子进行了一次深入交流，我主动承认了作为父亲训斥孩子的错误，一起分析了他的学习状况和存在问题，一起讨论商定了解决问题的应对措施，包括学习、娱乐、打球、作息安排等各方面，其中一个重要决定就是停止课外辅导，由我这个当父亲的亲自辅导。

很庆幸，辅导初中的学科知识我还基本可以胜任。但困难也不少，当时我在外地长期出差，不能当面辅导。于是我就像上网课一样，每天晚上用手机和儿子视频辅导两小时。这样的辅导坚持了两个多月，其间我基本推掉了所有的应酬。现在回头想想，我自己都觉得不容易，为了儿子也真是挺拼的。

付出都是有回报的。通过亲自辅导，我对儿子的学习情况有了比较全面的了解，他的基础知识掌握也有了较大提升，更为重要的收获是，虽然偶尔父子还会起冲突，但辅导陪伴让我们父子有了有效的沟通渠道，僵持关系得到了很大缓解。

4. 督导戒除不良嗜好

儿子有两大不良嗜好：一是玩手机游戏，二是沉迷于娱乐小说。回想起来，儿子有这两个不良嗜好，我这个当父亲的要负很大责任，尤其是手机打游戏。小学毕业那个暑假，儿子申请要买一部自己的手机玩游戏，我居然爽快地答应了。当时我想，既然玩就让儿子开开心心玩个够，很多孩子都喜欢手机玩游戏，只要管控得当，应该没什么问题。这个决定让我至今后悔不已，我太低估了手机游戏的魔力了。

自从儿子有了手机之后，沉迷其中不能自拔。刚开始出现苗头性倾向，我还没有引起足够重视，在发现他充值千元后，他承认错误的情况下，我仅是加强了手机和零花钱的管控，并没有完全禁止他打游戏。但是事情远远没有这么简单，后续发现他省吃俭用，用省下来的钱继续充值玩游戏，尤其是在初二临近期末考试的时候，还接连几次被发现躲在被窝玩游戏，被我狠狠地训斥了一顿。

但更令我震惊的还在后面，手机刚刚被砸了没几天，他打着学习旗号，把笔记本电脑放在自己房间，待全家晚上都入睡后，悄悄起来玩游戏至凌晨两三点，而且持续了大约一周居然没有被发现。如果不是老师反馈他在课堂睡觉，我查询了电脑运行记录，很可能被他蒙骗更长时间。我意识到儿子玩游戏真的是着魔了！这次我没有揍他，在说教之后，终于下决心果断断绝了儿子与电子产品的接触。从给儿子买手机到砸手机，都是我这个当父亲干的，想想都有点荒唐。

关于儿子沉迷娱乐小说的事情，与打游戏的经历基本差不多，我们常教育孩子要多读书、读好书。儿子自小喜欢阅读，令我很欣慰，但进入初中后，却在读书的内容上出现了问题。家里诸如《酒神》《斗罗大帝》等娱乐小说，毫不夸张地说，真的是堆积如小山。在初二上学期期末，与断绝电子产品同步，我把家里所有无关书籍封箱打包，进行物理隔离，彻底断了他的念想。

5. 大力支持兴趣爱好

儿子成长的路上，学过绘画、书法、音乐、滑冰等，基本是能学尽学，但坚持到现在的仅有篮球了。儿子特别喜欢打篮球，只要条件允许，天天不停歇。喜欢归喜欢，但是篮球技术很一般，球场上缺乏对抗劲头和拼抢勇气，不能彰显自信心。

对于他打篮球的爱好，我一直挺支持。尤其是自从强制戒除他的不良嗜好后，我决定把他的打篮球时间安排得更加饱满一些，以释放旺盛精力、转移不良嗜好注

意力，同时提高篮球技能，增强自信心。初二春节寒假，我给儿子安排到专业的篮球培训机构训练，没想到他很喜欢，效果也不错。经过一个多月的训练，儿子的篮球水平有了明显提高，兴趣愈发浓厚，同时也基本适应了没有游戏和娱乐小说的日子，明显感觉他的精气神大有好转。

6. 学习贵有内在动力

现在回想起来，在儿子沉迷游戏和小说的日子里，他哪有心思专注学习，成绩必定一败涂地。课外老师辅导，成绩依旧越来越差。我亲自辅导，效果也是不甚理想。我意识到关键问题还是在儿子自身。但具体问题原因又是什么呢？

客观地讲，初中知识不算太难，学校老师讲了，又上了这么多辅导课，但是儿子还是不能有效掌握，毫无疑问表明他的学习效率太低。我个人总结认为，一直以来，对儿子的功课辅导都是采取强制灌输式的，他是在被动接受知识，他的主观能动性没有发挥出来，所以学习效率不可能高。

"知之不如好之，好之不如悦之"。如何在"好之悦之"上下功夫，如何将学习动力由外在要求转变成儿子的内在自觉主动，是我近来我一直在思考和尝试解决的问题。现在我已逐渐不再灌输式地给他讲解知识，更多的是启发和鼓励。我发现，当他独立完成了一道综合题，表扬一下，他如打了鸡血似的，效果是打骂惩戒不可比的。

7. 健全人格更重要

学习成绩很重要，我也希望儿子成绩优异，出类拔萃。但是与学习成绩相比，健全的人格应该更为重要。关于儿子的一次下跪事件，使我更深刻地认识到孩子健全人格的重要性。

初一春节寒假，儿子将2000多元压岁钱充值玩游戏，此事在半年后的暑假才暴露出来。至今清楚记得，当时我们家长很生气，但没有发怒和任何态度表露。这时发生了出乎意料的一幕：因为害怕，儿子扑通一下跪在我们面前认错，并且边哭边打自己！

这个场景让我震惊！我原本想，孩子充钱玩游戏，不是什么大事，批评教育一下就算了。可儿子这一跪，犹如在我心上扎了一刀，我的第一反应就是儿子敢做不敢当，太不刚强和男子汉了！这种性格长大后怎么办？怎能立足社会？他这一跪让我怒从心头起，彻底惹恼了我，进行了深入思想教育，让他铭记"男儿膝下有黄金"。

这件事对我触动很大，至今想起仍让我隐隐担忧，这种不刚强、不进取、不担责的人怎么立足社会，怎么能堪重任。学习成绩和健全人格并不矛盾，如果两者不可兼得，我真的宁愿儿子成绩差一点，但作为好男儿的本色千万不能丢了。因为人都做不好，学习成绩还有什么用！

8. 几点感悟

作为一个没有育儿经验和不甚称职的父亲，虽然儿子没有教育好，但在陪伴其苦乐成长的过程中，还是有些心得感悟。

一是没有不好的孩子，只有不称职的父亲。孩子的本质和天性都非常好，可塑性也非常强。在成长的过程中，各种好的、不好的诱惑太多，孩子心智尚未成熟，缺乏足够的辨别和自律能力，稍不留神极易走弯路甚至误入歧途。"子不教，父之过"，作为父亲就必须履行好监督和帮助的职责。

二是良好沟通是解决问题的基础，要真正走进孩子的内心世界。孩子教育出了问题，作为家长一般看到的是问题表象，如学习成绩差、沉迷打游戏等，很少深究为什么会这样，孩子到底是怎么想的。解决这些问题，没有父子之间的有效沟通是行不通的。

三是孩子没有内在学习动力，一切外界努力皆枉然。成绩优秀的学生，学习效率都是非常高的，自学能力也非常强。反观成绩较差的学生，学校老师、进校外辅导班和家长共同用力，可孩子是在被动接受知识，学习效率很低，更谈不上自学能力了。我们应该多想想办法如何调动孩子的学习兴趣和主动性。

从小抓起，培养孩子良好品格和学习兴趣

——略谈家庭教育心得体会

　　小学教育是一个人一生中最早接受的正规教育。搞好小学教育，对于孩子从小培养形成健康品格和良好学习情趣具有重要的作用。如何开好"头"至关重要，它有时可以决定一个人的人生以后走什么样的道路，决定一个人今后的品行如何。小学生像春天的花朵，天真烂漫，活泼可爱，纯真无瑕，而分辨是非能力差，同时具有极强的好奇心及模仿能力。因此，应根据小学生的特点因材施教，循循善诱，想方设法激发小学生的学习兴趣，促进小学生茁壮成长。

1. 注重孩子人文品格的培养与塑造

　　教育家陶行知先生说："千教万教教人求真，千学万学学做真人。"父母作为孩子的第一任老师，是孩子崇拜和模仿的对象，是影响孩子行为习惯最重要的信息来源。孩子的言行举止都体现着家长的思想意识形态。家长在日常生活中的行为习惯、是非标准、待人处世的态度、道德观念等诸多方面都在潜移默化中影响着孩子人生观和世界观的形成，对孩子今后人生道路的成长影响深远："当父母不容易，当好父母更不容易"。因此，作为家长应以身作则，自觉加强修养，将有关尊老爱幼、互帮谦让、宽容大度、待人以诚等优良传统道德品质示范于孩子。正如孔子所说："其身正，不令而行。"使孩子真正做到"父母呼，应勿缓；父母命，行勿懒"。要培养和塑造孩子良好个性品质，家长自己还必须言行一致，表里如一，为孩子树立最好的学习榜样，使孩子从小树立起远大的理想，从而激起心灵深处无穷的动力。只有这样，才能为孩子的健康成长发挥自己独特的教育作用。

2. 采用"严、宽"相济，因势利导的教育方式

胡适曾经这样说："一个人小的时候，最是要紧，将来成就大圣大贤大英豪大豪杰，或者是成就一个大奸大盗小窃偷儿，都在这家庭教育四个字上分别出来。"如今社会独生子女多了，家庭条件好了，而在孩子成长过程中，很多家长往往忽略了对孩子的严格教育。无形中造就了孩子这种"娇生惯养""以我为中心"的性格。小学时，孩子还比较听话，好管教，容易养成良好行为习惯，这个阶段是教育的关键期，这时我对孩子采用以严为主。教育孩子知道理，明德行，诚实守信，不染恶习，从要求孩子不说谎话、不乱丢垃圾这样的小事做起，在家尽量让孩子做些力所能及的事，比如给家人盛饭、洗碗筷、扫地等家务。出现问题时，要因势利导，及时对孩子给予严格指正，使孩子在明白道理中产生深刻印象，在挫折磨炼中慢慢体会人生并不是一帆风顺的道理，更能够明确目标，端正态度，树立方向。同时，要注重跟孩子进行交流，对孩子采取爱而不娇，严格而又宽容民主的态度，孩子的性格情操大多会表现为热情、直率、活泼、独立、大胆、自信，既不屈服权威、又尊重别人。这个阶段培养孩子的各种良好习惯最易见效，抓住这个环节就等于抓住了孩子的未来。

3. 培养孩子良好的学习习惯和独立意识

作为刚踏进校园的孩子，要教育孩子立大志。志向是一个人的奋斗目标。只有树立正确的学习目标，明确方向，才有不断进取的精神。因此，培养孩子养成良好的学习习惯尤为重要。而贪玩是孩子的本性，需要家长督促和引导，让孩子养成严格遵守学校的规章制度，上课专心听讲，课后及时复习，认真完成作业，独立思考，勤学好问等良好的学习品质，牢固掌握所学知识。同时，配合学校的要求，根据孩子的特性，制订计划，同步抓好孩子德、智、体等方面的教育。老师要求家长每天签字是很有道理的，这是督促和了解孩子的有效方式，是联系学校和家庭的一个互动的平台。家长可以及时了解掌握学校的教学安排、学习内容、学习进度，孩子在校的表现等，哪些方面做得好，哪些方面做得不好。与孩子一同分享老师的表扬，告诉孩子要再接再厉；与孩子一起分析表现不好的地方，告诉孩子为什么那样做不好，以后该怎么做。在实际生活中要随时随地注意磨炼孩子的意志品质，培养独立意识，善于观察自然，观察生活，鼓励孩子克服困难，努力实现目标，不断增

强孩子的自尊心和自信心，帮助孩子全面、真实地认识自己，形成良好的、持之以恒的学习习惯、生活习惯。

4. 激发孩子的学习兴趣

小学阶段孩子的理想、信念尚未形成，因而学习的动力多靠已形成的兴趣左右。小学时期的学习要有伴随愉悦的体验，要告诉孩子"学习真快乐"。其实人生最大的乐趣就是求知，心理学家研究发现，知识的获得对未知世界的了解构成了人类最大的精神享受。在福建的一所奥林匹克学校，学校的校训不是我们常见的"好好学习，天天向上"，而是"数学好玩"。这就抓住了孩子好玩的心理，让孩子觉得学习数学不是一件难事，而是一件好玩又令人开心的事情。因此，在平常的家庭教育中，要善于引导，创造条件，尽量把学习的内容应用到生活和游戏中去，让孩子感到学习的乐趣。如孩子的每一个小小的进步，我们都会表扬他："表现不错！很有进步！这个主意太好了！想象力真棒！你可以当爸爸妈妈的老师了！"等，让孩子感到高兴，觉得很有成就感。做得不够好时，我们会殷切鼓励他说："相信下次会做得更好。"孩子的学习情趣在无形中得到充分激发。积极的学习兴趣能丰富人的知识，开发智力和内在潜能，在人才的成长过程中，有着不可估量的作用。达尔文曾说过："我之所以能在科学上成功，最重要的就是我对科学的热爱，对长期探索的坚韧，对观察的搜索，加上对事业的勤奋。"孩子有了兴趣，有了信心，学什么都会变得容易起来。

5. 坚持与课余学习相结合，注重艺术教育的熏陶

知识是需要不断积累的，古人云：不积跬步，无以至千里；不积小流，无以成江海。除在学校汲取知识外，我们还为孩子在课余时间制订了学习、锻炼计划，让孩子参加兴趣班培训。如练习口算、背诗词、阅读文章、绘画、主持、武术等内容，按学期、周末交替进行，不断开阔视野，增长了不少知识。特别是引导孩子把兴趣触角伸向艺术领域，接受艺术的熏陶。美国教育专家曾指出："没有艺术教育的教育是不完全的教育。"因此，注重对孩子的艺术教育有助于智力开发，通过调节左右脑功能，促进大脑发育，提高孩子的思维能力和想象能力，增强记忆力和注

意力，激发孩子的学习热情，提升鉴赏、审美能力，陶冶情操，为孩子智力发展和完善型人格的形成打下基础。

6. 营造良好的家庭氛围，培育孩子的健康心理

家庭和睦、幸福，为孩子健康成长提供了良好的家庭环境。在工作过程中，我们也需要不断学习，获取新知识。作为父母，应起到表率作用。我们在家都喜欢学习并能长期坚持，不管书本知识还是网络知识，我们有意识地在家中营造一种浓厚的学习氛围，如多读书多看报，这样潜移默化中影响着孩子。努力给孩子创造一个学习小天地，使孩子感受到读书是种享受。同时，我们注重培育和塑造孩子的健康心理和健全人格。尤其在孩子遇到困惑、挫折及犯了错误时，及时与孩子沟通，予以正确引导，调整好孩子的心态。帮助孩子从容应对挫折和挑战，培养孩子的乐观精神，使孩子将来在逆境中能够保持良好的心态和意志，能以顽强意志对抗挫折，百折不挠。俗话说：宝剑锋从磨砺出，梅花香自苦寒来。一切创造与发明及事业的成功，绝不是一帆风顺的，要经历千辛万苦，克服重重困难才能实现。让孩子用良好的心态面对现实，真正去创造属于自己的美好未来。

家庭教育是一项复杂的系统工程。我家对孩子的教育还做得很不够，而且一些方法还在不断地摸索中。我们将不懈地努力，汲取别人家庭教育方面的成功经验，与老师、家长们共同探讨学习，使孩子能够全面发展，紧跟时代，成为一个"有智慧、有德行、有觉悟"的高素质人才。

关于家庭教育的一些思考和启发

坦白地说，家庭教育这个词，于我而言是比较陌生的。之所以陌生，是基于对自己儿时生活环境的某种程度的错误效仿，以及"孩子嘛，自己就会长大""最美好的童年是无拘无束的自由时光"之类的偏见的原因。于是乎，我家孩子从出生到

小学前的六年学前生活，基本属于"放养"状态，无真正意义的性格培养和精神引导，最多只是随大流地跟着朋友给孩子报个兴趣班，买点书回家让她"自学成才"，也没有深入地思考过"家庭教育"。

直到 2022 年 2 月 8 日，年仅 19 岁的中国选手谷爱凌在北京 2022 年冬奥会自由式滑雪女子大跳台比赛中夺得金牌，随着大众对她的关注和了解，越来越多的人讨论谷爱凌的家庭教育，我才相对认真地思考教育尤其是家庭教育在孩子成长过程中的重要性，并从爱凌妈妈的教育观念和方法上获得了几点启发。

1. 尊重孩子的爱好，尊重孩子的选择

在北京冬奥会上，谷爱凌的最后一跳是极高难度的两周空翻转体 1440 度，她也是凭借这个动作摘得世界杯金牌。后期采访时她说，当时她的妈妈建议她做一个难度相对较低的保守动作，但是她更想挑战一下自己，所以选择了这个超高难度的 1440 度。试想，如果当时爱凌妈妈以母亲的权威要求孩子听从她的建议，又怎会有后来的惊艳空翻，也许，爱凌也会和这个世界冠军失之交臂。

爱凌之所以勇于做出这个选择，是因为在平时生活中，爱凌妈妈充分尊重孩子的意愿和选择。尊重她选择自己更加喜爱的自由式滑雪而非速滑，并且付出实际行动全力支持她、陪伴她，从而培养了谷爱凌独立思考和选择的能力，培养了她勇于尝试和为自己的选择付出一切努力的优秀品质，也培养了她能够为自己的选择承担一切后果的责任心。

这点非常重要，我也深受启发。

2. 素质教育，提供多种课外活动让孩子参加，挖掘孩子优势特长

感谢国家和学校目前大力推行的"双减"政策，让孩子从繁重的课程和作业中解放出来，拥有更多的时间投入各种课外活动和体育运动中去。既能培养孩子广泛的兴趣、挖掘优势和特长，又能强身健体、开阔视野，并且在课外活动中提升毅力、耐力。

作为家长，我们暗自下决心要腾挪更多的周末和业余时间，陪伴和鼓励孩子积极参与课外活动。特别是体育运动方面，希望自己能够以身作则地带领孩子一起去

运动，克服惰性，与孩子共同收获完成目标的成就和满足感。

3. 鼓励孩子不断提高，超越自我

谷爱凌曾经说，她发现自己爱上了"恐惧感"。这个打引号的"恐惧"，指的是面对挑战和未知的紧张、焦虑和压力。那么，这个所谓爱上恐惧感的过程，其实是勇敢地直面困难和挑战，制定克服困难的方案，全力以赴追赶和超越目标，以及最终享受完成目标的成就感的全过程。

从事竞技类体育运动，挑战和困难可想而知，人生道路亦是如此。面对人生的挑战和困难，有些人害怕恐惧最终选择放弃，有些人迎难而上，芸芸众生，选择不尽相同。

莫说孩子，哪怕是成年人，面对困难时，人性本能是会逃避、抗拒和排斥的。放到孩子的世界，因为缺乏后天的训练和磨砺，这种本性更是会被放大。我家孩子，大概在她 3 岁时，因一时兴起去学了轮滑。头几节课程还兴趣满满，但是几次重心不稳导致摔倒后，就因害怕而选择了放弃。再后来大概 4 岁时，又去接触了舞蹈，可是后来害怕练基本功时的辛苦，再次选择了放弃。当她一次次因为恐惧或困难而放弃初始理想时，作为家长的我们没有进行正向的鼓励和引导，而是任由她直接放弃了也许通过努力和坚持就能继续的爱好，现在回想起来颇为遗憾。

在这方面，谷爱凌妈妈给我最大的启示就是：在孩子想放弃的时候，要鼓励她坚持追逐自己的梦想，令她懂得"没有一帆风顺的旅程，没有不劳而获的果实"的道理，并通过一次次的坚持，培养永不放弃的精神。

路漫漫其修远兮，吾将上下而求索。这是人生的旅程，也是为人父母的旅程。

听《温暖家讲堂》有感

　　黄培杰校长以"家教"为中心，针对家庭教育话题作了多期讲座，我怀着极大的兴趣听完了这些讲座，并发到朋友圈，引起了同行、亲戚朋友、家长、同学的围观，纷纷表示受益不少。这一系列的讲座之所以引起我的关注，除了"家教"这个社会广为讨论的内容外，还因为这些讲座具有以下特点。

　　第一，讲座做到有的放矢，能直面社会上的热门话题。例如，快放寒假了，家长应怎样管理和教育孩子呢，这是大家都不能回避的问题，于是黄校长连续作了题为"孩子放寒假了，家长应该怎样做"的讲座，努力帮助家长解决寒假中对孩子的教育问题。

　　又如，针对近几年来争先恐后进行课外补课的社会现象，黄培杰校长又作了题为"怎样看待小孩的学习成绩"的讲座，告诉家长，硬性的、被动的学习只会挫伤孩子学习的积极性，若要孩子学习好，重要的是启发他们对学习的兴趣，让他们自觉学习，这就需要有足够的耐心进行引导，不能急于求成；让孩子过量地补课，只会挫伤孩子学习的积极性。

　　第二，去年在讲座中，能抓准家长急需解决的问题，讲出自己的想法供家长思考。例如，黄培杰校长作了"父母要善于与小孩沟通"的讲座；又作了"你的小孩愿意跟你沟通吗"的讲座。这些讲座从家长及孩子的不同角度，帮助家长认识"我要你这样做"与"你能够这样做吗"的不同教育效果，这是既能启发家长，又是切中时弊的深刻思考。

　　第三，能从日常生活中，激发家长的自我反省。例如，"明事理的父母培养出小暖男"的讲座中，黄培杰校长选取一则新闻报道，这则报道讲的是一对母子与路边乞丐互送新年红包的事。黄校长赞美这位母亲，能以自己的行动引导孩子尊重别人，教育孩子做到平等待人；并由此强调孩子要靠父母的教育，父母是孩子一生中重要的老师。父母把孩子带到了这个世界，不是只供食宿就可以了，更重要的是要让他成为一个人格健全的人。父母是孩子成长的榜样，一言一行影响孩子的一生。

第四，讲座强调了解孩子心理特点，对教育孩子的重要性。黄培杰校长先作了"当小孩情绪失控家长该怎么办"的讲座，后来又作了"孩子不肯承认错误，家长该怎么办"的讲座，这两个讲座从孩子成长过程中，心理的变化特点所表现出来的性格与行为，引导家长认识到在孩子成长的幼儿阶段，他们的心理、行为往往是随意的，还时不时带有突发性。作为家长与老师，面对孩子的一些异常行为，就应该提醒自己要有一个正确的判断，从孩子当时的心理变化中找出原因，帮助孩子去除不良因素，培养并引导孩子正确对待和处理身边发生的事，给孩子在认识事情中自我纠错与成长的机会。

第五，讲座短小、精悍，言简意赅。一百一十六期的讲座，每期都只需花十分八分钟就可以听完，但信息量很大，很有针对性，我相信家长虽然工作很忙，也是有足够的时间听完的。例如，在《家长怎样培养小孩的体育兴趣》的讲座中，只用了不足八分钟的时间便从体育影响孩子的身心成长、良好的体魄与孩子的心理培养及学习毅力的关系，说清了体育对孩子智力发育的重要关系。接着便建议从父母做起，与孩子一起参加体育活动，在活动中要注意保护孩子爱动的天性。黄校长指出，帮助孩子进行体育运动，应以"动"为目的，不应以运动成绩为目的，更要时时保护孩子的运动兴趣。整个讲座让人懂得了引导孩子运动是为了健体，有利于学习，又要从孩子的兴趣去设计活动的内容，亲子互动，这个讲座告诉家长要以身作则。

第六，这一系列讲座主体内容覆盖面很广，涵盖了孩子心理、体质、学习、兴趣，家长的自身修养、孩子的假期生活、亲子互动等方面，听了以后受益匪浅。

最后还想讲一句：谢谢黄培杰校长的讲座。

后　记

孟子说过一句话："天下之本在国，国之本在家。"可见家庭教育非常重要，而现实的家庭教育往往是浮躁和功利的，家长也面临着很大的压力与困惑。我们如何走出家庭教育的误区与旋涡？我们如何走进教育的宁静与生态？如何在宁静中去追求教育的真善美，表达生命的可贵？如何从现实的焦虑及功利走向永久的从容与快乐，从教育的担忧走向教育过程的幸福与美好？这是我的期待与祝福，愿我的真诚付出及朴素的言语能给你带来帮助、带来新的家庭教育思考，从而促进孩子健康快乐成长，促进家校共育，增强家校合作。

这是一本能让大家成长为优秀父母的"教材"，通过阅读学习，让父母享受其中，又能与孩子同成长，与孩子融洽相处，让孩子健康快乐成长。该书语言真实、朴实、接地气，理论从案例、生活点滴总结、升华，通俗易懂，易理解、易操作，这是一本适合爸爸们阅读的书，更是一本适合爸妈共读的书，也是适合未来准备做家长阅读的书。

爸爸是家中的顶梁柱，也是教育孩子的顶梁柱。妈妈时时刻刻的陪伴与操心，很多时候不及父亲三言两语对孩子带来的影响之深远。

做一个好爸爸其实很简单：做好自己，了解孩子。做好爸爸很难：在我们做父亲的时候，很多人还是懵懂的大男孩；孩子的内心世界太新太奇，你捉摸不透。

我用 30 年教育经验和无数成功改造问题家庭的案例来手把手教你，如何做一个"爱孩子、孩子爱"的好爸爸，优秀的家长。

学校教育呼唤家庭教育，学校教育全面高质量发展需要家庭教育，无论未来学校怎样？家庭教育依然不变，不变的是情怀，亲情……

家庭教育，家风建设，弘扬中华好家风永远在路上……

谢谢各位读者朋友、家长朋友的厚爱！在此我还要衷心感谢给我来信、来稿的家长朋友们，部分家长的案例分享收入本书附录部分。

让我们一起致力于家风建设和家庭教育中，为学校教育、国家教育献出一份微薄之力。

黄培杰

2022 年 5 月于广州